# MATRIZES MÍTICAS NA OBRA DE BION

Blucher

SBPRP
SOCIEDADE BRASILEIRA DE PSICANÁLISE
RIBEIRÃO PRETO

# MATRIZES MÍTICAS NA OBRA DE BION

Coordenadora

Martha Maria de Moraes Ribeiro

Organizadores

Andréa Ciciarelli Pereira Lima

Cláudia Fernanda Bianchi

Débora Agel Mellem

Lídia Neves Campanelli

Paulo de Moraes Mendonça Ribeiro

Sônia Maria de Godoy

Acervo da Sociedade Brasileira
de Psicanálise de Ribeirão Preto

*Matrizes míticas na obra de Bion*



Editora Edgard Blücher Ltda.

Imagem da capa: iStockphoto

**Blucher**

Rua Pedroso Alvarenga, 1245, 4º andar
04531-934 – São Paulo – SP – Brasil
Tel.: 55 11 3078-5366
contato@blucher.com.br
www.blucher.com.br

Segundo o Novo Acordo Ortográfico, conforme 5. ed. do *Vocabulário Ortográfico da Língua Portuguesa*, Academia Brasileira de Letras, março de 2009.



Dados Internacionais de Catalogação
na Publicação (CIP)
Angélica Ilacqua CRB-8/7057

Oliveira, Flávio Ribeiro de et al.

Matrizes míticas na obra de Bion / Flávio Ribeiro de Oliveira et al. ; coordenação Martha Maria de Moraes Ribeiro ; organização Andréa Ciciarelli Pereira Lima et al. – São Paulo : Blucher, 2020.
292 p.

Bibliografia
ISBN 978-85-212-1921-7 (impresso)
ISBN 978-85-212-1922-4 (eletrônico)

1. Psicanálise. I. Título. II. Ribeiro, Martha Maria de Moraes Ribeiro. III. Lima, Andréa Ciciarelli Pereira Lima. IV. Bianchi, Cláudia Fernanda.

20-0299 CDD 150

Índice para catálogo sistemático:
1. Psicanálise

# Conteúdo

Prefácio 9

Introdução 15

**Édipo 41**

Édipo enxadrista 43

*Flávio Ribeiro de Oliveira*

Sobre o mito de Édipo 55

*Arnaldo Chuster*

Somos todos Édipo! 95

*Ana Márcia Vasconcelos de Paula Rodrigues*

**Jardim do Éden 99**

O Jardim do Éden e Pandora 101

*Mary de Camargo Neves Lafer*

Um recorte clínico à luz do mito do Jardim do Éden, sob o vértice predominante da teoria bioniana: hostilidade ao conhecimento e moral arrogante 111

*Maria Aparecida Sidericoudes Polacchini*

Sobre Jardim do Éden, Prometeu e Pandora 131

*Maria José Bottino Roma*

**Torre de Babel** **135**

Torre de Babel: matriz e reescritura 137

*Marisa Giannecchini Gonçalves de Souza*

As matrizes míticas na obra *Torre de Babel*, de Bion 149

*Eva Maria Migliavacca*

Encontrando alguns vértices do estado "Babel" da mente, da cultura e da civilização por intermédio do mito 165

*Maria Luiza Soares Ferreira Borges*

**O cemitério real de Ur** **171**

O cemitério real de Ur e o mundo dos mortos na Mesopotâmia antiga 173

*Jacyntho Lins Brandão*

A história do cemitério real de Ur como modelo para a investigação do desejo de conhecer 209

*Raul Hartke*

Um passeio numa manhã de sábado: visita ao cemitério real de Ur e à Biblioteca do Conhecimento 229

*Maira Cecília Avi*

**A morte de Palinuro** **233**

A morte de Palinuro na *Eneida*: considerações sobre a construção narrativa do mito 235

*Márcio Thamos*

Mito da morte de Palinuro 255

*Antonio Sapienza*

Por mares nunca dantes navegados: a Virgil-ânsia da confiança 263

*Patrícia Rodella de Andrade Tittoto*

Referências 273

Comissão organizadora 285

Sobre os autores 287

# Prefácio

*Tal como o grosseiro substrato desta vista, as torres que se elevam para as nuvens, os palácios altivos, as igrejas majestosas, o próprio globo imenso, com tudo o que contém, hão de sumir-se, . . . sem deixarem vestígio. Nós somos feitos da matéria de que são feitos os sonhos; nossa vida pequenina é cercada pelo sono.*

William Shakespeare[1]

*Os mitos são sonhos públicos; os sonhos são mitos privados.*

Joseph Campbell[2]

Para que estudar os mitos? Em especial, os mitos escolhidos por Bion?

A função de um psicanalista se baseia na investigação que visa que o analisando transforme a relação com sua mente inconsciente,

1 Shakespeare, W. (1974). The Tempest. In W. Shakespeare, *The Riverside Shakespeare*. Boston: Houghton Mifflin, 1974. (Trabalho original publicado em 1612).

2 Campbell, J. (2009). *O poder do mito*. São Paulo: Palas Athena.

tantas vezes paralisada, imobilizada ou atormentada por fatores de origens diversas.

Essa função cria um campo específico, o campo psicanalítico, em que atuamos. Bion teve a genialidade de propor inusitados meios de acesso a esse campo. Inusitados em função de nos oferecer a possibilidade de abrirmos mão de nossa racionalidade, pensamentos conscientes e lógicos, para adentrarmos um campo de sonho, do desconhecido, do inacessível.

Desde que a Sociedade Brasileira de Psicanálise de Ribeirão Preto (SBPRP) foi escolhida, durante o congresso internacional realizado em Milão, para sediar os estudos sobre a obra de Bion, iniciaram-se, com entusiasmo e efervescência entre seus membros, os estudos preparatórios para esse evento.

O Departamento Cultural da SBPRP me escolheu para coordenar o grupo de trabalho, composto das colegas Andréa Ciciarelli P. Lima, Cláudia F. Bianchi, Débora A. Mellem, Lídia N. Campanelli e Sônia M. de Godoy. Escolhemos, para estudar, um tema que envolve a interdisciplinaridade: Psicanálise e Literatura (Mitologia). A presente publicação refere-se ao estudo dos principais mitos que selecionamos, oferecendo subsídios à linguagem interpretativa, por meio de arranjos estéticos, em diferentes linguagens: poesia, música, imagens mentais, em busca de decifração nos enigmas, nos sonhos, nos terrores sem nome, fantasmas, entre outras questões.

Para tornar real o acontecimento, nossa equipe selecionou psicanalistas com vasto conhecimento da teoria bioniana. Quero também destacar a valiosa contribuição da Profa. Dra. Marisa Giannecchini de Souza (Unesp), que selecionou renomados mitólogos, especialistas em narrativas clássicas, os quais eram, em geral, docentes universitários. A psicanálise, na interlocução com diferentes áreas do conhecimento, dava espaço a que se expandissem as vozes em interação.

Enquanto isso, nos bastidores, a gestação do presente livro ganhava consistência. O programa foi composto de cinco mesas, cada uma com dois palestrantes e uma coordenadora, que se responsabilizou pela organização da palestra e divulgação das informações colhidas ao público, que se envolvia com as atividades poético-científico-acadêmicas, por meio das mídias sociais e em comunicações no espaço acolhedor do anfiteatro da SBPRP.

Em busca de preservar a pulsação entre os cinco momentos que constituíram as mesas, instaurou-se um movimento contínuo para que se preenchesse o tempo de uma apresentação a outra, atando as pontas entre elas. Assim, em todos os meios de comunicação da SBPRP, reuniões científicas, boletins, blogs etc., a presente história dos mitos e da psicanálise continuava a pulsar em ânimo e alma.

A produção deste livro é o resultado de um valioso trabalho conjunto, que pôde acompanhar o caráter sequencial das cinco mesas mencionadas. Cada palestrante disponibilizou o texto escrito referente à sua fala. Após cada apresentação, uma pessoa do público foi convidada a escrever suas impressões sobre a experiência emocional que viveu durante o evento.

A introdução do livro teve a colaboração do ilustre psicanalista Dr. Paulo Cesar Sandler; a quarta capa foi escrita pelo também ilustre psicanalista Dr. Paulo de Moraes Mendonça Ribeiro, então presidente da SBPRP e coordenador-geral do Encontro Internacional Bion 2018. O corpo do livro contém os trabalhos dos componentes das mesas, seguidos dos comentários ocorridos a cada evento.

Passo a destacar alguns fatos que representam, a meu ver, referências fundamentais de Bion à mitologia. São as matrizes míticas que sintetizam um arcabouço teórico, contendo cinco mitos como fundantes, os quais nortearam a elaboração do evento e a criação do presente livro.

Em *Transformações*[3] (1965), Bion seleciona sete teorias que considera fundamentais para a captação dos elementos essenciais na configuração do campo de trabalho. São as seguintes: (a) teoria da cisão e identificação projetiva, que gera a *rêverie*; (b) teoria da intolerância à frustração na gênese dos pensamentos; (c) teoria da inveja; (d) teoria de que possuímos uma configuração edípica pessoal, moldada por objetos parciais; (e) teoria da inveja e avidez que impossibilitam a gratidão; (f) teoria do pensamento primitivo como fruto do objeto ausente; e (g) teoria da violência das funções primitivas da mente.

Em 1977, no livro *A grade e cesura*,[4] Bion reorganiza essas teorias e as sintetiza, de forma muito original, em apenas cinco narrativas que condensam os componentes de natureza científica, mítica e religiosa. Propus, então, estruturar as bases das cinco mesas, por meio da conjunção destas cinco formulações:

- o mito de Édipo, com ênfase na arrogância, curiosidade e estupidez das personagens;
- o mito do Jardim do Éden, voltado à questão do conhecimento;
- o mito da Torre de Babel, em que aborda a questão da linguagem;
- o mito do cemitério real de Ur, no qual dinâmicas protomentais e transgeracionais soterradas são iluminadas;
- o mito da morte de Palinuro (presente na *Eneida*), em que questões sobre vinculação colaborativa são apresentadas.

A conjunção pessoal desses cinco mitos permite abrir, através de um portal, uma "cesura", para a captação da experiência

3 Bion, W. R. (1965). *Transformations*. London: Karnak.

4 Bion, W. R. (1977). *Two Papers: The Grid and Caesura*. Rio de Janeiro: Imago.

emocional da dupla analítica. Assim, foram organizados os cinco encontros de nossa sociedade:

1. "O Mito de Édipo", realizado em 23 de junho de 2017, com os palestrantes Flávio Ribeiro de Oliveira (Unicamp) e Arnaldo Chuster (SBPRJ);
2. "O Mito do Jardim do Éden", realizado em 19 de agosto de 2017, com as palestrantes Mary Lafer (USP) e Maria Aparecida Sidericoudes Polacchini (SBPRP);
3. "O Mito da Torre de Babel", realizado em 7 de outubro de 2017, com as palestrantes Marisa G. G. de Souza (Unesp) e Eva Maria Migliavacca (SBPSP);
4. "O Mito do Cemitério Real de Ur", realizado em 17 de março de 2018, com os palestrantes Jacyntho José Lins Brandão (UFMG) e Raul Hartke (SPPA);
5. "O Mito da Morte de Palinuro", realizado em 19 de maio de 2018, com os palestrantes Márcio Thamos (Unesp de Araraquara) e Antonio Sapienza (SBPSP).

Este livro procura oferecer aos leitores uma incursão significativa pelas experiências emocionais de qualidades estética, científica e cultural, vividas nos cinco encontros. Oferece, também, revisão atualizada dos temas selecionados. Agradeço, particularmente, aos ilustres palestrantes convidados por mim e pela equipe de trabalho que aceitei coordenar.

Faço votos de que os leitores se enriqueçam com esta leitura, que requer serenidade e concentração.

**Martha Maria de Moraes Ribeiro**

Analista didata da SBPRP e membro efetivo da SBPSP

# Introdução

A introdução a este livro complementa algumas ações, nas quais tento atender honroso pedido de um verdadeiro grupo de trabalho, formado pelos psicanalistas Dr. Paulo de Moraes Mendonça Ribeiro, Dra. Martha Maria de Moraes Ribeiro e sua dedicada equipe, Andréa Ciciarelli Pereira Lima, Cláudia Fernanda Bianchi, Débora Agel Mellem, Lídia Neves Campanelli e Sônia Maria de Godoy. Haviam organizado, por amor à nossa atividade, um evento de dupla finalidade – formativa e informativa – a respeito de mitologia. Após o término do evento, a equipe percebeu uma necessidade: transformar aquilo que fora um evento vivo em um livro – que poderá ficar vivo, dependendo do leitor. Seria o primeiro a ser lançado pela sociedade de psicanálise de Ribeirão Preto: o que já denota a seriedade e o cuidado com nossa atividade, pela larga experiência adquirida ao longo de décadas.

Para a confecção deste primeiro livro solicitaram algumas orientações. Delas faz parte esta introdução, que pretende integrar, em termos de uma história das ideias de Freud e Bion, as contribuições dos vários professores e psicanalistas que concretizaram o próprio evento – mais bem descrito no prefácio feito por Dra. Martha e na quarta capa da presente obra escrita pelo Dr. Paulo Ribeiro. E também, para rememorar a vivacidade e o espírito livre do evento, comentários de alguns dos assistentes, que se dispuseram a redigi-los.

## *O evento*

Contemplou vértices diferentes oferecidos por diferentes disciplinas, em uma tentativa de complementaridade, mas nunca de preponderância de nenhum desses vértices sobre outro. Tentativa a ser abençoada, em época de fascinação, no movimento psicanalítico, talvez excessiva, por modelos teóricos externos à psicanálise e à prática clínica, notadamente filosóficos e artísticos. Tantas e tantas vezes, e cada vez mais, imbuídos de pretensão subjacente, nem sempre inconsciente, de substituir o conhecimento psicanalítico propriamente dito, desenvolvido durante os últimos 130 anos.

Modelos advindos da mitologia, assim como modelos artísticos e filosóficos, que os antecederam e os sucederam, respectivamente, possuem uma história incomparavelmente mais longa e cedem mais amplamente ao princípio do prazer-desprazer. No entanto, fascínios desmedidos por essas tentativas de apreensão de nossa realidade – que denominamos humana – e seus sofrimentos não levam em consideração que a psicanálise surgiu como derivada delas, uma vez que nenhuma delas conseguiu levar adiante, na prática, o cuidado com a natureza humana e com os sofrimentos e as vicissitudes, no que tange a indivíduos. Ainda que também tenham se dedicado ao mesmo objeto de estudo – a mente –, como observado em muitas ocasiões por Freud e Bion. No que tange à mitologia, aquilo que começou com os sofistas e desembocou na filosofia, o fez de modo excessivamente pejorativo,[1] de um modo que virou regra, cuja exceção só apareceu com as obras de Schopenhauer, Nietzsche – e Freud. Alguns teóricos da ciência prosseguem com essa visão preconceituosa, qualificando algumas ciências como "mero mito" ou falsa ciência – inclusive a psicanálise.[2] Como observou Francis Bacon, "todas as religiões unem-se na escuridão".[3]

## *Um sonho de Freud*

Dirigido a pessoas interessadas em psicanálise, o evento em Ribeirão Preto levou em conta uma recomendação feita pelo Dr. Sigmund Freud. Recomendação certamente introjetada por toda a equipe organizacional. Escrita em alguns locais, como parte integrante, indispensável e necessária para todo o *corpus* teórico da psicanálise, do qual destaco a que pode ser examinada em *A questão da análise leiga.*[4] Nela, Freud discorre francamente, como sempre foi seu hábito, sobre o que lhe pareceu um sonho distante. Um sonho que bem pode ser visto como exemplo de uma memória do futuro,[5] no movimento psicanalítico

1 Freud, S. (1923). The Ego and the Id. In S. Freud, *Standard Edition (SE) XIX*; Bion, W. R. (2002). *Elementos de psicanálise* (Ester Hadassa Sandler & Paulo Cesar Sandler, Trads., p. 5). Rio de Janeiro: Imago. (Trabalho original publicado em 1963).

2 Popper, K. (1974). *A lógica da pesquisa científica* (L. Hegenberg & O. S. da Mota, Trads.). São Paulo: Cultrix. (Trabalho original publicado em 1963); Grunbaum, A. (1984) *The Foundations of Psychoanalysis: A Philosophical Critique*. Berkeley: The University of California Press, Seattle: Kindle.

3 Bacon, F. (1985). On the Unity of Religion. In F. Bacon, *The Essays* (J. Pitcher, Ed., p. 229). London: Penguin. (Trabalho original publicado em 1625).

4 Freud, S (1926). The Question of Lay Analysis. In S. Freud, *Standard Edition (SE) XVII.*

5 Bion, W. R. (1996). *A aurora do esquecimento* (Paulo Cesar Sandler, Trad.,

Foi um sonho *quase* realizado 41 anos depois do falecimento de Freud, em outro país. Tomou a forma de um doutorado em Saúde Mental, no Langley Porter Psychiatric Institute, da Universidade da Califórnia, em São Francisco (UCSF). Organizado pelo Dr. Robert Wallerstein: um professor de psiquiatria, formado em psicanálise pelo Menninger Institute, de Topeka; entre seus muitos dotes, encontrava-se o de administrador; foi membro destacado na meritocracia política no movimento psicanalítico.[6] O Dr. André Greene a Dra. Thalia Vergopoulo declararam que Wallerstein seria "a última grande figura no movimento psicanalítico",[7] por ter contribuído também para a meritocracia científica no movimento. Faleceu em dezembro de 2014, aos 93 anos, gozando de total lucidez.

Cito essa iniciativa pelo relacionamento visceral que mantém com a iniciativa da Dra. Marta Ribeiro e sua equipe: no sonho imaterializado de um curso de Freud como no curso materializado de Wallerstein havia uma matéria versando sobre mitologia. No segundo curso, os alunos estudavam mitologia durante oito meses!

Foi afortunado que o Dr. Freud não tenha testemunhado a realização de seu sonho? O doutorado em saúde mental na UCSF perdurou por apenas dez anos – iniciou-se em 1975, sendo abruptamente abortado em 1985, por questões de política do governo federal norte-americano. Como quase tudo o que foi promovido pelo governo de Jimmy Carter, foi excessivamente alicerçado em

---

Ester Hadassa Sandler, Rev., *Uma memória do futuro*, vol. 3, p. 38). Rio de Janeiro: Imago. (Trabalho original publicado em 1979).

6 Sandler, P. C. (2016). Curso de psicoterapia psicanalítica: meritocracia técnica e meritocracia política. In R. Simon, K. Yamamoto, & G. K. Levinzon (Orgs.), *Novos avanços em psicoterapia psicanalítica*. São Paulo: Zagadoni. Uma versão anterior do texto, abreviada, foi apresentada em 2015 na comemoração do octogésimo aniversário do Dr. Antonio Sapienza, em reunião científica na Sociedade Brasileira de Psicanálise de São Paulo (SBPSP).

7 Green, A., & Vergopoulo, T. (1993). Conversa pessoal com o autor desta introdução.

demagogia. Em consequência, faltou-lhe base comunitária, que se traduziu em pouca dotação financeira e falhas de planejamento econômico a longo prazo.[8]

## *Mitos, mística, mistificação: idolatrias e iconoclastias*

A palavra "mito" tem sido usada de modo imbricado com outras duas palavras: arte e ciência. Não meramente por desinformação ou crença: pode-se observar que mito, arte e ciência têm sido metodologias que utilizamos quando nosso intuito é nos aproximarmos da realidade.

Bion – entre muitos outros autores – sugeriu que mitos seriam formas primitivas de ciência, indistinguíveis de biologia,[9] quando todos nós, seres humanos, não dispúnhamos de formulações que não fossem visuais e verbais para esse mister.

Observou que Freud, para tentar resolver um problema clínico, similar a problemas que enfrentava consigo mesmo, em sua vida, utilizou-se de um mito – com o qual teve contato casual, após ter assistido a uma peça de teatro, convidado por Joseph Breuer, na Renascença tardia que ocorreu em terras de língua alemã.

8 Tendo participado da equipe de três pessoas – com o Dr. Francisco Bernardini Tancredi e o Dr. Josicelli de Freitas – que implantou um programa multidisciplinar de psiquiatria comunitária sob base psicanalítica na Faculdade de Saúde Publica da Universidade de São Paulo (USP), patrocinado pela Secretaria da Saúde do estado de São Paulo, mantive correspondência cordial com o Dr. Wallerstein para dotar esse curso de características similares às dele. Se nos Estados Unidos o curso era de doutorado, aqui foi de especialização; se lá durou uma década, aqui permaneceu por quatro anos (1976-1980); nos dois houve interferências políticas.

9 Stewart, L. (1976). Freud before Oedipus: Race and Heredity in the Origins of Psychoanalysis. *Journal of the History of Biology*, 9, 215-228.

> *O cientista precisa conhecer matemática o suficiente para compreender a natureza e o uso das várias formulações e descobertas matemáticas, tais como o cálculo diferencial ou o teorema binomial: o psicanalista precisa conhecer seu mito. O cientista precisa também saber o suficiente para ter uma ideia, quando está se confrontando com um problema ao qual poderia aplicar um procedimento matemático específico: o psicanalista precisa saber quando está enfrentando um problema para o qual um mito poderia fornecer a contraparte psicanalítica do cálculo algébrico. Poderíamos dizer que foi exatamente isso que Freud fez; ele reconheceu, como um cientista, que estava perante um problema cuja solução requeria a aplicação do mito Edipiano. Daí resultou não a descoberta do complexo de Édipo, mas a descoberta da psicanálise. (Ou será que quando esses elementos estão constantemente conjugados descobrimos o homem, a psique humana?). É nessa acepção que acredito que devemos usar o mito de Babel, ou de Édipo, ou da Esfinge: como ferramentas comparáveis àquelas da formulação matemática.*[10]

Dezessete anos depois, Bion propõe uma fábula sobre os primórdios dos cientistas, baseada em uma expedição arqueológica promovida em conjunto pela Universidade da Pensilvânia e pelo British Museum, liderada por Thomas Wooley, que descobriu uma

---

10 Bion, W. R. (2000)c. 1960). Torre de Babel: possibilidade de utilizar um mito racial. In W. Bion, *Cogitações* (Francesca Bion, Ed., Ester Hadassa Sandler & Paulo Cesar Sandler, Trads., p. 229). Rio de Janeiro: Imago. (Trabalho original publicado em *c.* 1960).

profanação de túmulos protegidos por um tabu. Seriam esses profanadores ancestrais dos atuais cientistas, que não se curvavam perante mistificações pseudorreligiosas de temor ao desconhecido, degenerações do que um dia poderia ter sido mito?[11]

Após 120 anos, ainda predomina no lugar-comum popular, pleno de ilusões e pouco saber – algo perigoso, segundo Alexander Pope[12] –, uma fantasia imaginosa, entre tantas que sempre existiram, de que uma pessoa chamada "Freud" teria inventado algumas coisas; que teria chamado de "psicanálise", "inconsciente" e "édipo", além de ter inventado uma enorme série de explicações para eles, comportamentos aberrantes das pessoas, "achando que tudo é sexo" ou "trauma na infância". E predomina também a ideia de que "Freud, como Einstein e Marx, é um mito".

Afirmação questionável, caso utilizemos o vértice científico, de aproximações à realidade dos fatos como eles são.

No lugar-comum popular, é tênue e nebulosa a fronteira entre o que se diz ser mito, misticismo e mistificação. Talvez seja útil considerar a elaboração e também a ausência de elaboração dessas três situações sociais, ou grupais, como ocorrências "demasiadamente humanas".[13] Tem tomado o tempo de muitas gerações de muitas pessoas em todos os povos que possamos considerar, mais ou menos primitivos, em todas as épocas sobre as quais temos registros, mais ou menos indiretos, nas quais algumas se dedicaram e se dedicam à filosofia e à história; às profecias, caso essa atividade seja real; a ministrar religiões; à teologia, antropologia, filologia,

---

11 Bion, W. R. (1977). *Two Papers: The Grid and Caesura.* Rio de Janeiro: Imago.

12 No original: "A little learning is a dangerous thing". Pope, A. (1711). *An Essay on Criticism.* Recuperado de http://www.poemhunter.com/poem/an-essay-on-criticism.

13 Nietzsche, F. (1996). *Human, All Too Human.* Cambridge: Cambridge University Press. (Trabalho original publicado em 1878).

literatura e poesia, incluindo crítica literária, teatro e cinema[14] – principalmente após a época hoje conhecida como Renascença.

Em todas essas modalidades, sempre houve e ainda há probabilidade de ocorrer idolatria e iconoclastia. Duas faces da mesma moeda destrutiva, cuja matéria-prima é rivalidade, avidez e inveja. Na elaboração social das três situações – mitos, misticismos e mistificação –, incorrem todas as castas ou estamentos ou classes sociais que seja possível considerar; trata-se de situações que independem de formação ou até mesmo de informação prévia. Mitos e mística exigem sofisticação cultural, de formação e informação; a mistificação, não tanto. A diferenciação entre misticismos e mitos tem parecido fundamental para muitos de nós. Criou partidos que tentaram resolver a questão não por respeito mútuo, mas por desprezo, manifestado por guerras de extermínio. Por sobrevivência, a elaboração de mitos acompanhou o nomadismo, em civilizações como a hebraica, que rumaram para outras regiões, hoje chamadas de mediterrâneas.

Será útil discriminar o campo semântico da palavra, "misticismo", daquilo que se convencionou denominar "tradição mística"? Penso que sim: para as finalidades deste texto, suponho que o primeiro expressa um sentido de religiosidade partidária, dogmática, com consequências e concomitantes de autoritarismo e totalitarismo políticos. O segundo expressa um sentido de aproximações à verdade, termo sinônimo de realidade. O termo "sentido", aproximado a vetor, ou direção, precisa ser discriminado do termo "significado", que pertence às disciplinas hermenêuticas.

---

14 Winkler, M. M. (2008). Oedipus in the cinema. *Arethusa, 41*, 67-94; Stróżyński, M. (2016). The Oedipus Myth in Selected Films: Antiquity and Psychoanalysis. In K. Dominas, E. Wesołowska, & B. Trocha (Eds.). *Antiquity in Popular Literature and Culture*. Cambridge: Cambridge Scholars Publishing.

Psicanálise, sempre confundida com a pessoa de Sigmund Freud, não passou incólume por esses movimentos de massa, em vários grupos que se possam considerar.[15] Movimento que tem se provado durável: recentemente, um crítico literário afamado que se apresenta como interessado em psicanálise apregoou que Shakespeare – tantas e tantas vezes também cognominado, como alguns líderes políticos, de "mito" – "inventou o humano" e também "a personalidade".[16] Não há dúvida de que Freud cunhou a palavra "psicanálise". Palavra de longa ancestralidade – iniciada na Grécia, tão famosa por sua mitologia, há 2 mil anos. Essa ancestralidade envolveu outras pessoas e locais, no período subsequente, como França, Alemanha e Inglaterra. Freud não parece ter ficado lá muito satisfeito com a palavra que ele mesmo cunhou. Nem poderia ficar, cientista que foi – pois palavras são muito limitadas para conseguir descrever disciplinas e práticas científicas. Também usou os termos "psicologia profunda" e "psicodinâmica" para intitular sua descoberta. Obtida por minucioso trabalho de observação clínica originada na prática médica, de cuidado com indivíduos em padecimento. Que, igualmente, se iniciou milênios antes.

Enumero todos esses fatos para marcar um definido contraste com a afirmação de que "Freud inventou a psicanálise". Um número comparativamente menor de pessoas afirma que "Freud descobriu a psicanálise". Dado o fato de que nos filiamos a essa visão, que nos parece ser um desenvolvimento comparado ao mergulho nas trevas das crenças, populares ou não, sustentamos que se descobre

---

15 Pinckney, E. R., & Pinckney, C. (1970). *Psicanálise: a mistificação do século* (A. C. Pacheco e Silva, Org., Edith M. Natividade, Trad.). São Paulo: Edigraf. (Trabalho original publicado em 1965); Sulloway, F. J. (1980). *Freud Biologist of the Mind*. Bungay: Fontana Paperback. (Trabalho original publicado em 1979); Grünbaum, A. (1984). *The Foundations of Psychoanalysis: A Philosophical Critique*. Berkeley: The University of California Press; Seattle: Kindle Edition.

16 Bloom, H. (2008). *The Invention of the Human*. New York: Riverhead Books.

o que já existe, mas ainda não era conhecido – ou fora enterrado por muitos fatores, boa parte deles constituindo objeto de estudo de psicanálise, mas cujo exame foge ao escopo desta introdução. Em minha observação, mesmo nesse grupo de pessoas, tem sido mais usual deparar com afirmações de que "Freud descobriu o inconsciente" ou "descobriu édipo".

Se Freud não inventou a psicanálise, pode sobrar como consolo, para quem examina suas contribuições, que incluiu em suas perspicazes observações – igualmente filiando-se a uma tradição[17] – que o comportamento grupal,[18] de modo usual, "demasiadamente humano", tem sido, no mais das vezes, cognominado de "loucura das massas".[19]

Bion, caso comparemos sua obra com a de Freud, prosseguiu e expandiu, de modo ainda mais profundo, por ser prático, o estudo do comportamento grupal.[20] Notou que existe, no *setting* psicanalítico, formado por um grupo composto de um paciente e um psicanalista, um "*pressuposto subjacente à fidelidade ao vínculo*", que pretende algum conhecimento real de qualquer coisa que se considere – designado por ele mesmo como vínculo K, que pode ser mantido com coisas, pessoas e eventos.[21] Nesse pressuposto:

> *as personalidades do analista e do analisando podem sobreviver à perda de sua capa protetora de menti-*

---

17 Le Bon, G. (1996). *The Crowd*. Recuperado de http://www.gutenberg.org/ebooks/445. (Trabalho original publicado em 1895).

18 Freud, S. (1922). Group Psychology and the Analysis of the Ego. In S. Freud, *SE: XXI*.

19 Mackay, C. (1995). *Extraordinary Popular Delusions and the Madness of Crowds*. Ware: Wordsworth. (Trabalho original publicado em 1841).

20 Bion, W. R. (1961). *Experiences in Groups*. London: Tavistock Publications.

21 Bion, W. R. (no prelo). *Aprender da experiência* (Ester Hadassa Sandler & Paulo Cesar Sandler, Trads.). São Paulo: Blucher. (Trabalho original publicado em 1962).

> *ras, subterfúgio, evasão e alucinação, e podem até ser fortalecidas e enriquecidas pela perda. É uma suposição fortemente questionada pelo psicótico, e* a fortiori *pelo grupo, que se baseia em mecanismos psicóticos para sua coerência e sentido de bem-estar.*[22]

Seja no caso de elaboração de mitos, seja no caso de uma análise, e na verdade em toda a vida humana, lida-se com algo que não é totalmente concretizado, ou materializado, como se assim o fosse. Como se "psicanálise", "inconsciente", "édipo" – apelo para uma grafia em minúsculas para enfatizar o processo de senso-concretização[23] – fossem coisas concretas, do mesmo modo como parecem ser computadores pessoais, carros e aeroplanos. Crenças populares dizem que engenhocas mecânicas ou elétricas teriam sido inventadas por certas pessoas. Que, por sua vez, a não ser por questões comerciais resolvidas temporariamente por inscrição em departamentos governamentais de proteção a patentes, jamais reivindicaram para si mesmas tal privilégio.[24] Quando o fizeram, foram, mais cedo ou mais tarde, prontamente desmentidas por testemunhos históricos de natureza científica ou por organizações rivais, muitas vezes governamentais.

---

22 Bion, W. R. (2004). *Transformações* (Paulo Cesar Sandler, Trad., Renato Trachtenberg, Rev. gram., p. 144). Rio de Janeiro: Imago. (Trabalho original publicado em 1965).

23 Sandler, P. C. (1988). *Introdução a "Uma memória do futuro", de W. R. Bion.* Rio de Janeiro: Imago.

24 Nas reivindicações sempre aparecem fantasias de superioridade travestidas de roupagem patriótica e nacionalista. Exemplo bem conhecido pode ser visto na história de Alberto Santos Dumont (1873-1932), que jamais reivindicou primazia inventiva. Ele tinha noção suficiente de história e de física, e honestidade pessoal, para não cometer tal desatino – perpetrado por autoridades governamentais na França e no Brasil.

Há ainda descobertas para as quais nunca se conseguiu atribuir primazia na descoberta ou até mesmo na invenção, como bules, facas ou rodas. Por sorte, ainda não apareceu o nome de ninguém a quem se poderiam atribuir tais descobertas ou invenções, já que no lugar-comum se diz "não vamos reinventar a roda", para avisar a respeito de tradições históricas no conhecimento. Certamente foi alguém ou alguéns que as descobriram, que as criaram na realidade materializada. Acredita-se, hoje em dia – trata-se de crença com certa base científica, por aproximação, com um intervalo de confiança de menos de quatro centenas de anos, apoiada na radiodatação arqueológica pela técnica do carbono-14 –, que a roda pode ter aparecido há mais de 5.100 anos, caso nos guiemos por uma descoberta[25] – não se trata de invenção nem de crença, mas de descoberta! – de arqueólogos eslovenos, ocorrida em 2003, de duas rodas de cerca de 70 cm de diâmetro por 5 cm de largura cada uma, interligadas por – maravilha das maravilhas – um eixo de 1,20 m, tudo em carvalho. A descoberta foi feita em uma localidade que retornou ao noticiário público nos anos 1990, pela queda do império soviético, próxima àquela na qual Sigmund Freud nasceu, região conhecida por uma tradição milenar no trabalho em engenharia madeireira e metalúrgica. A fabricação desse artefato – roda – obedeceu a uma tradição de desenvolvimento, formações e informações que ultrapassam qualquer cálculo que possamos fazer, e pode remontar a 50 mil ou 100 mil anos. Pois não sabemos quando nem exatamente onde utilizaram seixos rolantes nem troncos de árvores para transporte de algo que não sabemos o que foi, por meio aquático ou por terra. Se acreditarmos nos arqueólogos eslovenos, alguém ou alguéns fez ou fizeram secções nesses troncos. E alguém ou alguéns percebeu ou perceberam que poderiam ser ligados por um tronco de diâmetro pequeno que hoje chamamos

25 Gasser, A. (2003). *World's oldest wheel found in Slovenia*. Lubliana: UKOM. Recuperado de www.ucom.si.

de eixo, muito antes de qualquer cálculo de rodas e diâmetros ter sido descoberto. Foi uma descoberta prática que antecedeu aquela dos cálculos.

Sabemos que cálculos matemáticos nos deram um número que até hoje não sabemos bem qual é, pois foi chamado de "indefinido", chamado pelo seu descobridor – não inventor! –, Archimedes, de "Pi". O cálculo desse número, que até hoje ainda leva a letra grega como símbolo, só foi feito 2 mil anos depois da fabricação dessas duas rodas e dessa secção de pouco diâmetro que imitava o tronco de árvore que a gerou.

Embora a matemática tenha sido um passo tão importante a ponto de nem termos palavras para avaliá-la realisticamente, no desenvolvimento tecnológico que nos permite fabricar a mesma roda que alguém, ou alguéns, fabricou em algum lugar que hoje chamamos Eslovênia, mas de modo mais e mais e mais preciso (outra vez, não é possível dizer quantos "mais" precisaríamos usar para descrever realisticamente a questão), como pneus, rolamentos e coisas assim, houve algo, que podemos chamar de intuição, que dispensou – para os efeitos necessários na época – cálculos matemáticos.

Como lidar com isso? Nós – não apenas eu e os leitores desta introdução e deste livro –, mas nós, que algum dia fomos chamados por alguns antropólogos de "seres humanos", temos desenvolvido alguns modos de lidar com tudo isso.

Alguns de nós lidaram e continuam a lidar praticamente, como o alguém (ou alguéns) que descobriu a roda, e, depois, a matemática.

Outros de nós tentaram lidar por outro meio, que nós mesmos – seres humanos – chamamos de misticismos, totalmente baseados em crenças nunca evidenciáveis por contrapartes na realidade.

E ainda outros de nós tentaram lidar por meio de mitos.

Todos esses "nós" formaram e ainda formam – formamos – algumas tradições.

Tanto quanto sabemos, isso parece ter ocorrido de modo mais unificado em alguns lugares, como o Egito, e principalmente em outro, que já se chamou de Mesopotâmia e que recebia o influxo de populações nômades, indo-europeias.

Ao lado disso, mitos também parecem ter sido utilizados, por muitos de nós, para finalidades alienadas daquelas que lhes eram precípuas ao serem elaborados. Uma dessas utilizações foi assinalada no início desta introdução: nutriram mistificações e misticismos.

Mitos dos tempos "homéricos" firmaram-se como os mais abrangentes, sob o ponto de vista do aparato psíquico, até o momento, na história das ideias da civilização oriental – desde os tempos da Renascença. Será o nome "Homero" a primeira manifestação mítica, já que se instalaram dúvidas sobre a existência de uma pessoa cujo nome em português seria Cego, mas que enxergava como poucos? Teria sido essa pessoa autor único dessas obras míticas? Shakespeare, também transformado em mito, teve sua existência negada em meros trezentos anos: na época de Freud, havia dúvidas sobre sua existência, creditando-se algumas de suas obras a outras pessoas, como Bacon e Marlowe. Alguns de nós valorizam obras, em detrimento de seu autor; alguns de nós valorizam quem seria seu autor – mesmo que nunca o tenhamos conhecido, mesmo quando nem sequer sabemos se o autor realmente viveu. Seria a diferenciação entre o autor e a obra um método de diferenciar mitos de misticismos? No que tange a mitos, usualmente desconhecemos quem teriam sido seus autores.

Entre 500 a.C. e 800 d.C., pessoas que hoje ninguém duvida de que existiram, morando em região que abrangia, a leste, o que hoje conhecemos como Andaluzia, e a sudoeste, Grécia, parte da

Turquia e Irã, gozando de desenvolvimento da linguagem, contribuíram para a distinção entre mitos e misticismos. Por exemplo, Thales, Sócrates, Alcméon de Crotona, Platão, Aristóteles, Pitágoras, Arquimedes e Muhammad ibn Musa Al-Khwarizmi tentaram fazer tal distinção.

Também o tentaram alguns aperfeiçoadores literários de mitos, mediante novas técnicas, recém-descobertas – tão técnicas (outra palavra grega) quanto aquela dos eslovenos que andaram realizando concretamente o que chamamos de roda –, chamadas de "teatro" (que incluía "comédia") pelos gregos e depois de "tragédia" e "farsa" pelos romanos, muito mais tendentes a certa escravidão àquilo que Freud denominou "princípio do prazer-desprazer". Os autores de teatro grego alcançaram universalidade e atemporalidade, como boa parte daqueles que se originaram nessa civilização; seus nomes são conhecidos até hoje: Ésquilo, Sófocles, e, ainda que menos populares, Aristófanes e Eurípides.

Mitos, sob forma de poesia, de teatro, ou sob outras formas literárias, ofereciam boas aproximações à realidade. Foram um modo primevo para lidarmos com necessidades básicas, umbilicalmente ligadas à sobrevivência. Como sobreviver, se não nos aproximamos da realidade, para tentar manejá-la, ainda que precariamente, mas de modo suficientemente bom para nos manter vivos? Sobrevivência sempre dependeu de auxílio entre pessoas que sofriam. Mitos antecederam estudos sobre a natureza externa considerados científicos, entre os antigos egípcios e gregos. Atingiram um auge na descoberta, por Aristóteles – médico por profissão, herdeiro de uma família de médicos respeitados –, daquilo que hoje denominamos matemática, física e fisiologia. Hoje, por essas ironias da história,[26] Aristóteles é conhecido como se tivesse

26 Deutscher, I. (1968). *Ironias da história* (A. Cabral, Trad.). Rio de Janeiro: Civilização Brasileira. (Trabalho original publicado em 1956).

sido apenas filósofo e metafísico. Seria duvidoso que aprovasse o primeiro nome, criado em sua época por seguidores de Pitágoras. Expressando discordância, preferiu ser chamado de sofista, ou "estudante que almeja sabedoria", e não "amigo da sabedoria", que é o significado inequívoco de filósofo. Como seu mestre Platão, discordou de uma qualificação que indicava superioridade partidária. Chamar Aristóteles de metafísico é falsidade histórica. O termo surgiu 150 anos depois de sua morte, criado por um tradutor, que também era editor – Andrônico de Rodes –, que verteu suas obras para o latim. Mas assim são os caminhos do conhecimento: incluem desconhecimento, que prova ser mais resiliente e durável. Bion denominou o processo de "menos K", uma usina de des-entendimentos e incompreensões. Temos aí um exemplo de um misticismo cercando a história de alguém que não pode ser visto como adepto de misticismos.

Medicina, já incluindo vivissecção natural – será guerra algo natural? – e marcada por tentativas de diminuição de sofrimentos mortais, como amputações, era ação normal naqueles tempos homéricos, como o tinha sido nas populações indo-europeias que os antecederam. Antigos egípcios, hebreus e gregos desenvolveram de modo notável a formação de mitos, obtendo métodos notavelmente complexos para descrever a natureza humana e suas vicissitudes e sofrimentos no seu funcionar vivo. Os antigos gregos diziam que todos nós, seres humanos, éramos formados por *psyché* e *physis* (ψυχή e φύσις). Embora houvesse dois nomes – na verdade, havia muitos outros – e fossem inicialmente vistos como divindades nos mitos homéricos, não eram distintos em seu funcionamento.[27]

---

27 Jaynes, J. (1990). *The Origin of Consciousness in the Breakdown of the Bicameral Mind*. Boston: Houghton Mifflin Company. (Trabalho original publicado em 1976); Onians, R. B. (2000). *The Origins of European Thought about the Body, the Mind, the Soul, the World, Time and Fate*. Cambridge: Cambridge University Press. (Trabalho original publicado em 1951).

Sempre dependendo da formação de linguagem – formulações verbais –, a formação de mitos foi posterior a outras tentativas de atendimento mínimo a nossas necessidades básicas que sempre se fez por tentativas que hoje são denominadas artísticas e científicas. Não é possível saber qual foi a mais antiga, já que a Idade da Pedra Lascada tem sido situada nos tempos dos primeiros hominídeos.

Sendo nós, seres humanos, quem somos, houve controvérsias e discórdias, mais típicas de irmãos. Sócrates, uma das pessoas mais cuidadosas na atividade de aproximar-se da realidade como ela é e da natureza humana e de parte das vicissitudes e sofrimentos que se abatem sobre essa nossa natureza humana, desconfiava gravemente de teatrólogos. Seu maior divulgador, Platão, não confiava nem um pouco em músicos; atitude que se repetiu por milênios, com as suspeitas de Goethe e Freud sobre a música.[28] Parece-nos que confundiam música com alguns músicos. Todos eles percebiam que a música poderia ser utilizada não para se aproximar da realidade, mas para manipular emoções – transformando, por degeneração, o que havia sido mítico em novos e novos misticismos. Algo que seus princípios éticos diziam ser abominável. De qualquer modo, mitos também foram um modo de perceber e descrever os mesmos princípios éticos.

Mitos, e também misticismos, foram formando algo que não temos boa palavra em português para dizer, mas podemos apelar para uma palavra em uma língua muito plástica, o alemão – uma palavra que se universalizou, pelo menos em alguns setores da sociedade: *Weltanschauung*. *Welt* não oferece muitos problemas, significa mundo. *Anschauung* pode ter o sentido de modos de apreciação ou de cognição, sempre implicando apresentações da realidade, seja por órgãos sensoriais, principalmente a visão, seja

28 Sandler, P. C. (2002). Psicanálise e música. In P. C. Sandler, *Turbulência e urgência (A apreensão da realidade psiquica*, vol. 4). Rio de Janeiro: Imago.

por outros modos. Dispomos da palavra "cosmologia" e também de "ideologia", mas as duas nos parecem excessivamente fracas e superficiais para indicar o sentido do termo em alemão. Introduzo essa palavra porque foi utilizada por Freud em uma de suas últimas tentativas de orientar leitores quanto aos objetivos e objetos de psicanálise.[29] Os tradutores de sua obra para o inglês decidiram mantê-la em alemão.

Até o ponto que pude observar e experimentar – muito pouco, mas é disso que disponho –, todos nós, individualmente e como membros de grupos, sempre inventamos algum nome para tudo e todos, sobre o qual nada sabemos. É muito comum a experiência de estarmos em uma cerimônia ou festividade de alguém que conhecemos recentemente e nos vermos tentando identificar, ou até "identificando", alguém como "muito parecido com...". Quanto menos soubermos sobre algo, mais nomes obteremos para essa coisa.

Proibiu-se considerar que algo que pudesse ser inventado por razão pura e que pudesse ser sentido como uma materialidade absoluta – consequência do uso dos nossos órgãos sensoriais – nunca seria apenas mais uma forma de misticismo. Decretou-se ainda que algo que pudesse ser imaterializável seria reserva de mercado de ministros religiosos, mas nunca de pessoas que não o fossem. O que estou denominando materialidades absolutas? Coisas concretizadas. Na história da civilização ocidental, principalmente na obra de São Tomás de Aquino, logo após o apossamento de algumas percepções a nosso respeito – a respeito de todos nós, seres humanos – atribuídas a Jesus Cristo e Descartes, entre outros, que elegeram o sistema consciente (uma denominação de Freud) como o pensar absoluto, sede da razão pura, coroando-se no século XVIII com a invenção de uma religião positivista por Auguste Comte,

29 Freud, S. (1933-1936). On the Question of Weltanshauung. New Introductory Letters in Psycho-Analysis. *SE: XXII*.

que pretendeu ser a única ciência possível. Tentando incluir operações aritméticas, foi se perdendo, gradativamente, a imaterialidade intrínseca de tudo o que existe – seja inanimado, seja desprovido de algo que não sabemos o que é de modo total, mas que chamamos de "vida". Dizemos que, se tem vida, é animado, provido e também provedor de "vida".

Animado e/ou inanimado obedecem ao padrão correspondencial observado pela primeira vez por Baruch Spinoza e reiterado por muitos depois dele. São palavras, modelos, concepções, conceitos e teorias que mantêm correspondentes na realidade, como a realidade é – dentro das condições normais de temperatura e pressão na face deste pedaço de lama que chamamos de Terra. Se for animado, dura umas centenas de voltas que esse pedaço de lama dá sobre si mesmo; se for inanimado, ou desanimado, tem durado incomparavelmente mais. Como ocorreu com as duas rodas e o eixo dos eslovenos. Não são e nunca foram obras de misticismos, mas deram margem a eles, como deuses alados ou rodando sobre bigas ou quadrigas, descobertas depois, com trações mais potentes de alguns outros seres animados, como os muares ou bovinos – cuspindo fogo e coisas assim.

Um modo de discriminarmos mito de misticismos, uma prática exclusivamente de fugas fantásticas de imaginação, como a definiu Francis Bacon,[30] um dos primeiros a diferenciar essas duas práticas materializáveis e imaterializadas: nos misticismos ocorrem essas fugas fantásticas de imaginação; nos mitos, a imaginação se mantém naquilo que é um atributo real de todos nós – a capacidade de elaborarmos imagens, a partir de estímulos externos reais. Para podermos fazer discriminações, precisamos de palavras,

30 Bacon, F. (1620). Novvm Organon: Aphorisms Concerning the Interpretation of Nature and the Kingdom of Man. In *The Great Books of The Western World* (vol. 30). Chicago: Encyclopaedia Britannica Inc.

precisamos exercer uma linguagem – que pode ser usada tanto para nos aproximarmos da realidade quanto para dela nos afastarmos. A palavra que já existia na época de Bacon, "idealismo", foi usada por um descobridor de misticismos que viveu uns duzentos anos depois: Immanuel Kant. Alguém que conseguiu identificar a "razão pura"[31] segundo um método crítico que lhe conferiu *status* de... apenas mais um misticismo. Na época, "razão pura" era completamente confundida com materializações absolutas, que pareciam ser obtidas por cálculos aritméticos ou geométricos.

Kant, que nunca saiu de uma cidadezinha alemã que hoje é domínio russo, foi um descobridor com peculiar capacidade de descrever e unificar – sempre se utilizando de recursos verbais – a obra de alguns gregos que estavam um tanto condenados ao esquecimento por artes e manhas políticas da continuidade do Império romano, que sobreviveu como o ramo católico apostólico da Igreja cristã: Sócrates, Platão e parte da obra de Aristóteles.

Na Europa daquela época, havia censura sobre algumas descobertas dessas pessoas. Tinham a ver com imaterialidades, que passaram a ser assunto oficial de autoridades políticas de parte do clero autodenominado católico apostólico romano. Não apreciavam conhecimento e, por uns seiscentos anos, andaram ameaçando e matando alguns com um ramo militar-político chamado Tribunal do Santo Ofício. Alguns escaparam, como Pascal e Galileu, igualmente descobridores de algo imaterializável, que hoje chamamos de probabilidade, e de que a matemática seria "a ciência da natureza". Acharam melhor fazer suas descobertas em catacumbas imaterializadas, chamadas "silêncio" – o que se tornou origem da tradição mística.

---

31 Kant, I. (1980). *Crítica da razão pura* (V. Rohden, Trad., col. Os pensadores). São Paulo: Abril Cultural. (Trabalho original publicado em 1781).

Um momento importante para novas tentativas de diferenciar mitos de misticismos surgiu em um lugar e em um tempo surpreendentes. Ficou sendo chamado de Reforma. A influência foi tal que, pela primeira vez, depois de tentativas não muito bem-sucedidas de Spinoza, alguém examinou as "escrituras sagradas" não como se fossem mesmo sagradas e intocáveis, dogmáticas, mas escrituras sobre o acontecer humano – o nosso acontecer. Essa pessoa não ficou lá muito conhecida, principalmente por aqui: Johann Gottfried Herder. Entre suas muitas atividades – fundou o que hoje se chama crítica literária –, encontrava-se a de tradutor do inglês. Com Goethe, traduziram a obra de Shakespeare. Goethe seguiu a trilha de Shakespeare – talvez tenha sido um dos formadores de mitos que podem ser vistos como modernos. Pelo menos, mais modernos que os dos antigos indígenas que viveram nos tempos da pedra lascada, babilônios, egípcios, hebreus, gregos, persas, *vikings*, astecas, incas, tobriandeses e tantos outros. Herder criou um termo, *Zeitgeist,* para determinar a mentalidade dominante que tipifica determinados períodos em determinadas organizações sociais cuja historicidade pode ser descrita claramente. Por exemplo, o tempo em que ele viveu, logo chamado de Iluminismo. Como *Weltanshauung*, e talvez até mais, universalizou-se. Preferimos não utilizar o termo *Zeitgeist* na distorção mais popular criada por Hegel, cujo sentido autoritário e dogmático alcançou enorme popularidade, criando uma mistificação idolátrica de que o termo teria sido criado por ele.[32]

Mitos ficaram ainda mais confundidos com misticismos idolátricos, que predominaram em popularidade: exorcismos, mesmerismos e similares nunca se preocuparam com tentativas como a de Johan Cristian Reil, que não apenas inventou a palavra

---

32 Sandler, P. C. (2003). *Hegel e Klein· a tolerância de paradoxos.* Rio de Janeiro: Imago.

"psiquiatria", mas conferiu à disciplina uma estrutura pedagógica e de ação que perdura até hoje. Psiquiatria lhe pareceu mais capaz de cuidar de sofrimentos que acometiam nossa natureza humana que neurologia – palavra para designar uma disciplina médica, criada duzentos anos antes por Thomas Willis.

Cerca de cem anos depois, surge Schopenhauer, que tenta reabilitar mitos como formas cientificamente válidas de aproximações da realidade humana e suas vicissitudes. Logo seguido por Nietzsche, que confere à arqueologia um sentido humano, mas não demasiado, como mistificações o fizeram; parte da obra de Nietzsche alcança nível literário de verdadeiro mito. Nenhum deles alcançou popularidade entre seus contemporâneos.

Nutrindo-se de todas essas fontes, Freud: alguém com formação e informação mínima e, por desenvolvimento que só se obtém filogeneticamente, descobriu a importância de um processo que seus colegas psiquiatras já chamavam de "racionalização", mas que não viam neles mesmos e pensavam existir apenas em pessoas que chamavam de "dementes" ou "paranoicos". A esse processo Freud acrescentou outros, que, à falta de nome melhor, denominou "onipotência de pensamentos"[33] – para a fuga de fantasia animística e antropomórfica que tem nos movimentado para coisa nenhuma, e para a força de prejuízos, naqueles que não conseguem desenvolver, por "negação", ou que talvez pudesse ser uma preconcepção. Psiquiatras descrevem intuições delirantes: um uso inadequado para o termo intuição, base da formação de mitos nos povos que vieram a este mundo muitos anos antes de nós, e também em todos nós, nas fases mais iniciais de nosso possível desenvolvimento, quando fomos criancinhas. Freud também descreveu outro fenômeno, utilizando a palavra já existente, "idealização", ou formação

---

33 Freud, S. (1913). Totem and Taboo. In S. Freud, *SE: XIII*.

de ídolos, que pode ser útil para a diferenciação entre misticismos e mitos.

Finalmente, foi possível diferenciar mitos de misticismos. Mitos surgem de uma tentativa de se aproximar daquilo que é realidade; misticismos surgem do terror diante do que é realidade – toda vez que ela se prova desconhecida e desagradável. E realidade sempre se prova ser desconhecida, em algum grau, e em todos os momentos, e a possibilidade de desagrado diante da realidade é perene.

Ocorrem outras expansões evolucionárias – mas não revolucionárias, como desejam alguns – sobre a obra de Freud. Ernest Jones, Sándor Ferenczi e, principalmente, Otto Rank fizeram tentativas válidas e respeitosas; ligado ao objetivo do evento, talvez seja adequado enfatizar algo em que a Profa. Eva Migliavacca e o Dr. Antonio Sapienza se aprofundam: de modo geral, a similaridade genética entre a formação de mitos, cuja base é tanto individual como grupal, e o trabalho onírico, igualmente individual e grupal; e também o conceito de "mito privado".[34] Para a primeira similaridade, Bion reserva uma das categorias do instrumento de investigação do valor de verdade que possa estar contido nos enunciados verbais feitos pelos pacientes e pelos analistas, durante uma sessão de análise, denominado "Grid" (cuja versão em português, consagrada pelo uso, é "Grade").

De modo especial, ressalto um conceito, o de "mito privado",[35] que oferece possibilidades ainda não exploradas para um melhor

34 Bion, W. R. (2002). *Elementos de psicanálise* (Ester Hadassa Sandler & Paulo Cesar Sandler, Trads.). Rio de Janeiro: Imago. (Trabalho original publicado em 1963).

35 Bion, W. R. (2002). *Elementos de psicanálise* (Ester Hadassa Sandler & Paulo Cesar Sandler, Trads.). Rio de Janeiro: Imago. (Trabalho original publicado em 1963).

manejo de fantasias transferenciais. Além disso, Bion nos legou uma modificação, baseada no trabalho com psicóticos, no modo como Melanie Klein trabalhava a questão edipiana: ressalta que em algumas pessoas, nas quais predomina a personalidade psicótica, não se forma um complexo de Édipo do modo como os analistas se acostumaram a ver nos casos em que predomina a personalidade não psicótica. Inexiste estruturação privada do mito, com consequências nos modos de simbolização, que Klein julgava inexistentes[36] – os processos existem, mas não podem ser observados, a não ser em expressões de "menos K", em que o des-entendimento é considerado superior ao entendimento.[37] Além disso, Bion oferece maior explicitação sobre o uso que Freud fez do mito, introduzindo outra expansão notável: há uma concretização excessiva, com prevalência do aspecto sexual contido no mito de Édipo, feita por muitos dos leitores de Freud, mas não pelo próprio Freud, que resultou no "des-entendimento", referido no último capítulo de *Aprendendo da experiência*. Oferece outros vértices de uso, no que tange a uma busca impossível pela posse da verdade absoluta, por parte da personagem mítica "Édipo", que pretendia ser dono da sua própria formação e que teimou em saber sobre o modo pelo qual havia sido gerado. Para tanto, precisaria ter destruído seu pai e toda fonte que lhe trouxesse presente qualquer tipo de dúvida, expressa pela Esfinge e também por Tirésias, manifestando fantasias de onipotência e onisciência impossíveis de serem satisfeitas. Bion aborda psicanaliticamente outros mitos, como o da expulsão do Jardim do Éden e o da Torre de Babel, como expressões humanas de ódio ao conhecimento – examinados com maior detalhe

---

36 Bion, W. R. (2007). *Atenção e interpretação* (P. C. Sandler, Trad.). Rio de Janeiro, Imago. (Trabalho original publicado em 1970).

37 Bion, W. R. (no prelo). *Aprender da experiência* (Ester Hadassa Sandler & Paulo Cesar Sandler, Trads.). São Paulo: Blucher. (Trabalho original publicado em 1962).

pelos Drs. Antonio Sapienza e Arnaldo Chuster e pela Profa. Eva Migliavacca, no curso cuja versão escrita os leitores poderão examinar a seguir – caso já não o estejam fazendo!

Finalizo esta introdução ao livro com uma última citação extraída da obra de Bion. Com isto, tento fazer uma espécie de voto de boas-vindas e bom futuro, como aqueles que todos nós podemos encontrar em alguns, dentre antigos mitos: "Provavelmente, foi o Futuro, moldando sua sombra antes; por vezes, disfarçado do Passado que moldava sua memória, lá adiante".[38]

**Paulo Cesar Sandler**

Março de 2019

38 Bion, W. R. (1996). *A aurora do esquecimento* (Paulo Cesar Sandler, Trad., Ester Hadassa Sandler, Rev., *Uma memória do futuro*, vol. 3, p. 38). Rio de Janeiro: Imago. (Trabalho original publicado em 1979).

# Édipo

# Édipo enxadrista[1]

*Flávio Ribeiro de Oliveira*

## *Mito grego*

A tradição religiosa judaico-cristã tem seus livros canônicos. Quando pensamos, por exemplo, no mito de Davi e Golias, podemos recorrer à versão canônica do mito, que está registrada no Primeiro Livro de Samuel, no Velho Testamento. A mitologia grega arcaica, contudo, não tinha livro canônico: seus mitos se encontravam em inúmeras tradições, muitas vezes divergentes, provindas de regiões diferentes e retomadas durante séculos em diversos relatos de natureza variada, geralmente versificados (na literatura grega, a poesia precede a prosa). Não havendo versão canônica do mito, é impossível retroceder a uma suposta versão original. Consideremos, como contraste, um mito moderno: o do doutor Victor Frankenstein e da criatura que fabricou com pedaços de cadáveres e à qual deu vida por meio de procedimentos científicos. Há

---

1 Este artigo é uma versão ampliada do texto publicado como introdução em Sófocles (2015). *Rei Édipo* (Flávio Ribeiro de Oliveira, Introd., trad. e notas). São Paulo, Odysseus.

numerosas versões desse mito na literatura e no cinema, mas todas derivam de uma versão original que podemos identificar com precisão: o livro de Mary Shelley, publicado em 1818. No caso de cada mito grego, também conhecemos muitas versões, mas não conhecemos – e nunca poderemos conhecer – o original. Portanto, aquilo que chamamos "mito grego" é, na verdade, uma abstração formada a partir de um entrelaçamento de versões.

## *O mito de Édipo*

O nome da mãe de Édipo apresenta grande variação na literatura grega. No Canto XI da *Odisseia*, por exemplo, Homero se refere a ela como Epicasta. Jan Bremmer (1987, p. 51), para explicar essa variação, propõe a hipótese de que, na estrutura original do mito, o incesto fosse um tema acessório, empregado para expressar uma condenação moral do tema central – o parricídio. Uma analogia nos permitiria compreender melhor o ponto de vista de Bremmer. Tomemos um mito moderno jocoso: aquele que afirma que comunistas comem criancinhas. Ora, essa proposição não tem como finalidade condenar moralmente a antropofagia, e sim o comunismo. A antropofagia é um tema acessório empregado para condenar moralmente os comunistas: são tão perversos que chegam a comer criancinhas!

A versão mais conhecida do mito de Édipo é aquela que encontramos na tragédia *Rei Édipo* (*Oidípous Týrannos*), de Sófocles – uma obra que influenciou profundamente a história da literatura e da civilização ocidental. Pretendo, a seguir, analisar o modo como Sófocles, nessa obra, trata o parricídio – que, como vimos, é o tema central do mito de Édipo.

## *O Rei Édipo de Sófocles*

Não se sabe a data exata em que o *Rei Édipo* de Sófocles foi apresentado pela primeira vez no teatro de Dioniso em Atenas. Estudiosos costumam situar a peça entre 430 a.C. (ano em que assolou Atenas uma epidemia de peste à qual talvez Sófocles faça referência em seu texto) e 425 a.C. (ano em que Aristófanes apresentou a comédia *Os acarnenses*, na qual há um verso que, aparentemente, parodia uma passagem da tragédia de Sófocles).

"Tragédia grega" não é uma classificação vaga de gênero literário. A tragédia composta em Atenas no século V a.C. era uma forma de poesia que obedecia a convenções e padrões compositivos rigorosos. Uma dessas convenções limita a ação dramática no tempo e no espaço: toda ação deve transcorrer em um único dia e em um mesmo lugar. Conhecemos peças que fogem a esse princípio formal (*Eumênides* de Ésquilo, por exemplo); o *Rei Édipo* de Sófocles, contudo, não é exceção: toda a ação dramática ocorre em Tebas, diante do palácio real, em um único dia – o dia em que Édipo descobre sua verdadeira identidade.

Édipo é rei de Tebas. No prólogo da peça, o público o vê diante do palácio, com anciãos tebanos que vieram pedir sua intervenção para salvar a cidade, devastada pela peste e padecendo com a esterilidade em seus campos, seus animais domésticos e suas mulheres. Édipo, rei previdente, anuncia que já agiu: enviou Creonte, seu cunhado, a Delfos, para que consultasse o célebre oráculo sobre as medidas que deveriam ser tomadas. Nesse exato momento, chega Creonte e anuncia que o oráculo de Delfos prescreve a punição do assassino de Laio, rei de Tebas antes de Édipo assumir o poder. Laio fora morto na estrada, quando viajava com uma comitiva. Todos os que o acompanhavam também foram assassinados, exceto um homem. Esse sobrevivente relatou que *bandidos* assassinaram

Laio (Creonte, ao lembrar essa circunstância, enfatiza o plural: mataram-no não pela força de um homem só, mas com múltiplas mãos). Édipo aceita a tarefa: a partir daquele momento, vai se encarregar de descobrir e castigar o assassino – ou os assassinos – de seu predecessor.

No início do primeiro episódio, Édipo proclama a terrível imprecação contra o assassino de Laio e aqueles que, conhecendo sua identidade, não a revelam. Lembremo-nos de que, no pensamento religioso grego, as imprecações solenes eram eficazes: uma vez pronunciadas conforme as fórmulas rituais, elas se cumpriam infalivelmente. Édipo, contudo, vê um obstáculo em sua ação para punir o culpado e, assim, livrar Tebas da peste e da esterilidade: o oráculo afirmou que o assassino de Laio devia ser punido, mas não disse *quem* era ele. Édipo, então, convoca o sábio adivinho Tirésias, para que revele a identidade dos responsáveis pela morte de Laio. As palavras que diz Tirésias ao chegar sintetizam uma ideia fundamental para que compreendamos a peça: "que horror é o saber!" (*phroneîn hôs deinón*, verso 316). O adivinho se recusa a revelar o que sabe. De fato, para Édipo, tudo seria mais fácil se ele não viesse a saber, se morresse ignorante daquilo que perpetrara. Contudo, o rei não desiste, em nenhum momento, de investigar tudo. Édipo insiste para que Tirésias fale; o adivinho teima em se calar. O rei o acusa de ser cúmplice dos assassinos. Tirésias, então, diz tudo: "és tu o assassino do homem" (verso 362). Édipo se enfurece e afirma que o adivinho é charlatão e conspirador. Muitos leitores precipitados pensam, nesse ponto: como, ao ouvir isso, Édipo não percebeu tudo? Édipo age de má-fé. Tirésias disse claramente que ele matou Laio. Ora, nós, leitores, conhecemos *toda* a história. Édipo, nesse ponto, não. Seu saber vai se construindo gradativamente. Agora, ele está procurando o assaltante que, com um bando, matou o rei. Édipo nunca fez parte de um bando de assaltantes. Para ele, a acusação de Tirésias é simplesmente absurda; a reação de Édipo é compreensível e a hipótese que formula é lógica, dadas as circunstâncias: Tirésias deve fazer parte de alguma conspiração para desacreditá-lo perante os tebanos e para usurpar-lhe o trono. Tirésias, antes de partir, acrescenta: o assassino de Laio (que ele já disse ser Édipo) é "irmão e pai dos próprios filhos . . . e filho e esposo da mulher de quem nasceu; e assassino do pai" (versos 457-460). Para Édipo, tudo isso é um disparate. Para ele, seu pai é Políbo, que está vivo e é rei de Corinto; sua mãe é a esposa de Políbo, Mérope. Édipo formula a única hipótese que lhe parece razoável: Tirésias conspira. E, como foi Creonte quem sugeriu que se consultasse o adivinho, deve ser ele o chefe da conspiração.

No início do segundo episódio, Édipo acusa Creonte violentamente. Discutem. O rei pretende condenar o cunhado à morte. Chega Jocasta, esposa de Édipo. Ele lhe explica a situação. Jocasta, ao saber que a acusação de regicídio partira de Tirésias, tranquiliza o marido: nenhum mortal possui realmente a arte profética. Como prova dessa afirmação, Jocasta evoca um fato que lhe ocorreu anos antes: o oráculo de Delfos profetizara que Laio seria morto por um filho dele e de Jocasta. Contudo, ele foi morto por ladrões estrangeiros, no cruzamento de três caminhos ("numa tripla estrada", verso 716). E o único filho que tiveram havia sido exposto num monte impérvio, com os pés atados, para que morresse. Portanto, a palavra profética do oráculo falhou.[2] As palavras com que Jocasta pretendia acalmar Édipo produzem efeito contrário: a menção ao cruzamento de três caminhos o alarma. Pergunta à esposa onde fica esse lugar e há quanto tempo ocorreu o assassinato de Laio. Jocasta responde que fica na Fócida e que o crime foi anunciado na cidade pouco antes da chegada de Édipo. Édipo pergunta qual

2 O argumento de Jocasta é indutivo. E é um argumento indutivo fraco: não se funda num grande número de eventos, mas em um único. É como se não chovesse em determinado domingo, e, a partir dessa única ocorrência, alguém, por indução, afirmasse que nunca chove aos domingos.

era a aparência de Laio; Jocasta responde: "era grande, começava a encanecer, era parecido com você". Édipo se turba: talvez tenha lançado contra si mesmo terríveis maldições. Resume, para a mulher, sua história: é filho de Políbo e Mérope, de Corinto. Certa vez, num banquete, um bêbado o chamou de filho falso de seu pai. Ele interrogou seus pais, que ficaram indignados com a acusação do conviva. Édipo, contudo, continuou inquieto e decidiu consultar o oráculo de Delfos. Ali, não obteve resposta a sua questão – se Políbo era seu verdadeiro pai. Mas o oráculo profetizou que ele mataria o pai e se uniria à mãe, com a qual teria filhos. Édipo decidiu, portanto, não mais retornar a Corinto.

Se imaginarmos que Édipo é um enxadrista que joga contra a profecia, percebemos que a fuga de Corinto (nós, leitores, o sabemos, mas Édipo ainda não) foi um movimento errado: o oráculo não confirmou a paternidade de Políbo. Disse a Édipo que ele assassinaria o pai. Mas não disse *quem* era o pai. Édipo podia estar fugindo para o lado errado. É como se ele tivesse se esquecido completamente de sua dúvida original.

Édipo continua o relato: em sua fuga de Corinto, chegou ao local mencionado há pouco por Jocasta e, no cruzamento das três estradas, topou com um carro, com comitiva, que conduzia um velho, com a aparência de Laio (conforme a descrição feita pouco antes por Jocasta). O condutor e o velho o empurraram para que saísse do caminho; o ancião o agrediu. Édipo se encolerizou e matou todos.

Portanto, se esse velho que Édipo matou era Laio, a imprecação solene que o rei havia lançado contra o assassino de Laio se voltaria contra ele próprio. Nesse ponto da ação dramática, Édipo receia ser o assassino de Laio, rei que o precedeu no trono de Tebas – e apenas isso; ainda não desconfia de que é um parricida incestuoso. Ainda não associou as duas profecias (aquela que afirmava que o filho de Laio o mataria e aquela que afirmava que Édipo mataria seu pai e se casaria com sua mãe). Lembremo-nos de que o que o aterroriza, agora, é a perspectiva de ter amaldiçoado a si mesmo. Ora, ele amaldiçoou o assassino de Laio. A maldição não aludia a incesto.

Ainda há para Édipo, portanto, forte motivo de esperança: se o homem que sobreviveu ao assalto contra Laio confirmar que o antigo rei foi morto por um grupo de bandidos, então saberemos que o velho assassinado por Édipo (que agiu sozinho) não era Laio, e, portanto, Édipo não é o regicida nem amaldiçoou a si mesmo. Aquele sobrevivente é um pastor que agora vive nos campos, fora da cidade. Jocasta manda buscá-lo, para que ele confirme ou não seu testemunho anterior.

No início do terceiro episódio, chega um mensageiro coríntio. Anuncia que Políbo morreu e que Édipo será proclamado rei de Corinto. A notícia alivia Édipo e Jocasta: por causa da profecia, havia anos Édipo temia assassinar Políbo. Agora, ele está morto – e morreu de velhice. Portanto, concluem Édipo e Jocasta, oráculos não são verazes. O casal rejubila. Não nos esqueçamos de que, nesse ponto do drama, a desmoralização dos oráculos não livra Édipo da suspeita que o angustia: a de que ele assassinou o rei que o precedera em Corinto. Édipo, agora, está livre do temor de matar o próprio pai, Políbo. Contudo, ainda teme unir-se à própria mãe (é a segunda parte da profecia do oráculo). Édipo só terá sossego quando Mérope também morrer. O mensageiro, ao ouvi-lo, tranquiliza o rei: Édipo nem precisaria ter se expatriado de Corinto; Políbo e Mérope não eram seus pais verdadeiros. Essa afirmação confirma a acusação do bêbado.

O mensageiro coríntio relata que ele mesmo, quando era pastor no Citéron, recebeu o bebê, Édipo, com os tornozelos feridos, das mãos de um servo da casa de Laio – e esse servo é justamente o sobrevivente do assassinato de Laio, o pastor que havia declarado que Laio fora morto por um bando de ladrões. Essas informações bastam para que Jocasta compreenda que Édipo é seu filho (pois foi ela quem confiou a criança àquele servo, para que a expusesse no Citéron) – e só isso. O filho que Laio e Jocasta expuseram no Citéron sobreviveu: é Édipo, que há anos é esposo da própria Jocasta. Portanto, Jocasta agora sabe que Édipo é filho de Laio (Édipo ainda o ignora: ele não sabe de quem o servo recebeu a criança). Contudo, mesmo para Jocasta, ainda não se demonstrou que Édipo matou Laio. Se a testemunha confirmar seu primeiro depoimento (isto é, que Laio foi morto por um bando), então não foi Édipo quem o matou.

Jocasta se retira e entra no palácio. Édipo quer descobrir qual é sua origem. No início do quarto episódio, a testemunha chega. Esse homem é, agora, duplamente importante: em primeiro lugar, só ele pode confirmar se, de fato, Laio foi assassinado por um bando de assaltantes. Mas, depois do depoimento do mensageiro coríntio, só ele pode esclarecer quem são os verdadeiros pais de Édipo. E, nesse momento crítico, Édipo parece se esquecer do primeiro ponto: o assassinato de Laio (e é um ponto fundamental, pois é sobre o assassino de Laio que incide a imprecação de Édipo). Agora, preocupa-o unicamente a questão de sua origem. Anos antes, ao receber a resposta oracular em Delfos, Édipo parecia ter se esquecido do problema que o angustiava (quem era seu verdadeiro pai?); agora, essa questão retorna e oblitera a outra (quem assassinou Laio?). Édipo pergunta ao servo quem eram os pais daquela criança. O servo reluta em falar (como, antes, Tirésias relutara). Édipo o ameaça. Ele diz tudo: o menino – Édipo – era filho de Laio e Jocasta; eles o confiaram ao servo para que o matasse, pois um oráculo havia previsto que a criança assassinaria Laio. Édipo entra no palácio; o servo parte. Notem bem: Édipo não lhe pergunta se, de fato, Laio foi assassinado por um bando de assaltantes...

## *Xeque-mate ou abandono*

Todos conhecem as cenas de *O sétimo selo*, de Ingmar Bergman (1957), nas quais o cavaleiro interpretado por Max von Sydow joga xadrez com a Morte. Ao final, a Morte lhe dá xeque-mate. O jogo de xadrez aparece com frequência – geralmente de forma simbólica – também na literatura: pensemos, por exemplo, no conto "O jogador de xadrez", de Stefan Zweig. No cinema, lembro-me de um dos episódios do filme *Decálogo*, de Krzysztof Kieslowski, em que o personagem principal enfrenta e derrota uma jogadora profissional. Mas, em todas essas referências ao xadrez, chama-me a atenção um aspecto que talvez passe despercebido àqueles que não estão familiarizados com o jogo: nelas, o vencedor sempre dá xeque-mate no adversário. Contudo, essa é uma situação que *nunca* ocorre entre jogadores profissionais. Quem conhece um pouco o mundo do xadrez sabe que um bom jogador, quando se encontra numa situação de inferioridade irreversível, abandona a partida bem antes do mate e reconhece a vitória do adversário. Com o abandono, o jogador elegantemente admite que perdeu, sem que seja necessário chegar à situação de xeque-mate.

## *Édipo abandona a partida*

Mas voltemos a Édipo. Agora ele sabe com certeza que é filho de Laio e Jocasta. Sabe, com certeza, que cometeu incesto – e não mais que isso. Contudo, por raciocínio indutivo, conclui que tudo está perdido e abandona o jogo. Como Jocasta, antes, empregara uma indução capenga para mostrar a ineficácia dos oráculos, Édipo, a partir da constatação de que a segunda parte de um dos oráculos se revelou verdadeira (Édipo se deitou com a própria mãe), aceita como verdade inequívoca todo o resto: a primeira parte do mesmo oráculo (que afirma que Édipo mataria o pai) e o oráculo recebido por Laio (que afirma que ele seria morto pelo filho).

## *Capablanca* versus *Thomas - 1919*

Interessa-me muito uma partida de xadrez de 1919 na qual o grande José Raúl Capablanca enfrentou George Alan Thomas, um adversário muito inferior. No 29º lance, Capablanca, com as brancas, joga D8T, e Thomas abandona, reconhecendo sua derrota. Aparentemente, não há nada de estranho nisso: como é normal no xadrez, o jogador que estava em inferioridade irrecuperável não esperou pelo xeque-mate e abandonou o jogo. Capablanca venceu. Contudo, observadores mais atentos notaram algo surpreendente no abandono de Thomas: ele se precipitou. A derrota não era inevitável. Se jogasse 29... TxPT, reequilibraria a partida. A posição no tabuleiro, depois de TxPT, permitiria que pensasse em um empate.

## *O complexo de Édipo*

No mito grego – tradição que Sófocles conhecia, é claro – Édipo era um parricida. Contudo, em seu *Édipo*, Sófocles deixa aberta a questão do parricídio: a única testemunha ocular disse que Laio foi assassinado por um bando de ladrões (portanto, o assassino não seria Édipo). Na peça, os dois oráculos afirmam que Édipo matou seu pai. Também o afirma o adivinho Tirésias, que não testemunhou os fatos: ele o afirma com base na arte mântica, a arte da profecia e da adivinhação. Todavia, em boa parte da peça a arte mântica e a arte oracular são vigorosamente contestadas (veja-se a posição de Jocasta): sua veracidade é justamente o que está em questão! Adivinhos podem ver o passado e prever o futuro? Oráculos são verdadeiros? Se Édipo matou Laio, a resposta é "sim". Mas os únicos que afirmam que Édipo matou Laio são Tirésias e os oráculos! Afirmar que oráculos são verdadeiros *pois* Édipo matou Laio seria um raciocínio circular. A resposta que Sófocles dá à questão "Édipo matou seu pai?" é condicional: *se* você acredita em oráculos, sim. Se não acredita, talvez não...

Édipo, ao descobrir quem é – filho de Laio e de Jocasta –, abandona a partida: reconhece sua derrota, reconhece que não conseguiu evitar o que o oráculo lhe predissera, reconhece que matou seu pai. Mas, como Thomas diante de Capablanca em 1919, Édipo se precipitou. Abandonou o jogo cedo demais: ainda havia uma possibilidade de ele não ser o assassino de seu pai, o assassino do rei Laio, cuja impunidade provoca os males que assolam Tebas. A partida ainda não estava perdida. O raciocínio de Édipo procede de forma curiosa: no início da peça, a questão fundamental era "quem *fez*?" (ou seja, quem perpetrou o assassinato de Laio?). Édipo deve descobrir quem realizou aquele ato. A partir do depoimento do mensageiro coríntio, o foco da investigação de Édipo muda. Ele passa a ignorar a questão "quem *fez*?" e passa a se ocupar unicamente da questão "quem *sou*?". Quando obtém a resposta à questão "quem sou?" (e a resposta é "sou filho de Laio"), Édipo aplica os dados à primeira questão ("quem fez?") e admite, numa passagem lógica precipitada, que também é o assassino do rei: "sou filho de Laio, *logo* matei Laio". Na lógica de Édipo, ser filho de Laio equivale a ser assassino de Laio. "Se sou filho de meu pai, eu o matei."

Quando formulou suas teses sobre o desejo pela mãe e o impulso parricida, Freud buscou um paradigma no *Rei Édipo* de Sófocles. Se pensarmos que nessa obra há a possibilidade de Édipo não ser de fato parricida (coisa que Freud não percebeu) e que, mesmo assim, ele assume que é parricida ("Se sou filho de meu pai, sou culpado de seu assassinato"), então a tragédia de Sófocles é um paradigma ainda mais eloquente do que o próprio Freud imaginava: o Édipo de Sófocles não é o parricida arquetípico, mas um homem atormentado pelo complexo de Édipo.

# Sobre o mito de Édipo

*Arnaldo Chuster*

## *Introdução*

Um dos primeiros e mais fundamentais descobrimentos de Freud, o *complexo de Édipo*, constitui até hoje a *pedra angular* da psicanálise e o seu principal fundamento. Portanto, a relação do psicanalista com esse fundamento é determinante de sua condição profissional. Ser ou não ser psicanalista depende de sua compreensão e fidelidade a esse fundamento. Ainda que soe radical, essa é a principal razão para dedicar minha exposição a uma abordagem exclusiva desse mito. Espero que tal ideia, no decorrer da minha exposição, possa ser esclarecida, embora não me seja possível, em virtude do tempo disponível, dizer tudo o que gostaria.

## *Breve histórico sobre a aplicação do mito de Édipo na psicanálise*

Os Breuers levaram o casal Freud, em 1887, ao Hofburg Theather para assistir à encenação de *Oedipus Rex*. Após a exibição, Freud ainda se manteve "cego" por dez anos para a resposta que buscava o tempo todo e que estava abertamente presente no trecho final da peça, em que Édipo cego, indo para o exílio, tragicamente fala, chorando, às duas filhas:

> *Eu não teria sido o assassino de meu pai, nem o esposo daquela que me deu a vida! Mas... Os deuses me abandonaram: fui um filho maldito, e fecundei no ventre que me concebeu! Se pode haver um mal pior que a desgraça, esse mal coube ao infeliz Édipo!*

Em 1897, dez anos depois, Freud chega ao fundo da sua análise pessoal: sua neurose surgida após a morte de seu pai, Jakob, foi causada pelo fato de que, em seu inconsciente, ele carregava a culpa de ter desejado matar o pai e casar com a mãe. Freud se descobre sendo Édipo e escreve para Wilhelm Fliess a famosa carta em que dizia ter também encontrado em si próprio aquilo que foi descrito tanto tempo antes por Sófocles.

Tanto Sófocles como Freud são Édipo. A fantasia inconsciente do filho incestuosamente atraído pela mãe e em rivalidade com o pai é, para ambos, uma fonte viva de expressão e conhecimento.

Sófocles, ao escrever a tragédia, dramatiza sua própria condição inconsciente e, desse modo, expressa e "conhece" (intuitivamente) sua fantasia edípica inconsciente. A identificação com o herói grego é resultado de sua compreensão "vivencial", sua experiência emocional, transportada pelo escritor para o teatro grego. Mas existe algo mais nessa tarefa: a singularidade de Sófocles traz a marca da genialidade humana. Ele eterniza a linguagem. Hoje, ela é tão atual quanto na época de Sófocles.

Em um nível diferente, Freud atinge esse mesmo conhecimento de sua condição de Édipo. Ele tem a *experiência emocional* e a desvenda ao dar-se conta de que a possui e, por isso, deixa de ser envolvido por ela. São dois os seus passos. Primeiro se identifica, sente o interior do objeto, em segundo lugar se dá conta do objeto e se desidentifica, realizando uma elaboração. Essa é a marca de sua compreensão que podemos chamar de "científica", mas não menos genial que Sófocles.

Sófocles e Freud são, portanto, duas edições distintas de Édipo captado e descrito nas duas formas fundamentais de *experiência emocional* e *conhecimento* de um objeto circulando o pensamento de "dentro" para "fora" do objeto e vice-versa. Mas, sobretudo, são edições geniais.

## *O desenvolvimento de Bion*

Com frequência, encontramos na teoria psicanalítica uma distinção entre um nível pré-edípico e um nível edípico do desenvolvimento psíquico. Penso que essa distinção não é identificável no pensamento de W. R. Bion.

Talvez tenha sido essa característica que me atraiu para estudar Bion. Entendo, desde que comecei a estudá-lo, que não existe um "*pré*" no humano, a menos que desejemos falar do pré-humano. Espero ao longo de minha exposição tornar essa ideia mais clara.

Bion, como ponto de partida, adota a teoria de Melanie Klein, que desloca o Édipo para as fases precoces do desenvolvimento, porém, ele a ultrapassa e amplia para "*antes*" do nascimento, por meio da teoria das *preconcepções*. Com isso a configuração edípica existe desde sempre. Ela representa, antes do mais, a tridimensionalidade da mente humana: espaço, tempo e profundidade.

Nesse "antes" do nascimento, o Édipo tem como ponto de partida uma *forma pura*. Podemos entendê-la como uma intuição à espera de um conceito futuro, estabelecendo desde logo um vínculo metafórico, uma dialética continente/conteúdo, um dentro e fora, em permanente troca.

O princípio de observação que rege essa assertiva pode ser definido como *princípio ético-estético de indecidibilidade de origem* instalado pelas seguintes questões: Quando é que a mente começa? E, nesse começo, com que elementos ela pode contar? Pode, uma vez ocorrida a cesura do nascimento, subsistir alguma parte da mente que se manteve embrionária? Essa mente pode vir a nascer em algum momento da transitoriedade da vida e, mais ainda, de uma psicanálise?

Devemos enfatizar que a noção de forma pura alude ao fato de que *é o Édipo que especifica a condição humana. O ser humano é um ser edípico*. Somos, como humanos, ao mesmo tempo pre-concepção (verdade) e história. Uma história relacionada com um momento indefinível no sistema do qual todos participamos, que é o do *pensamento*.

Como psicanalista, tenho de prestar conta dessa afirmativa numa prática que atende ao sofrimento humano. No presente da sessão preciso correlacionar os termos verdade e história e, para isso, posso lançar mão da minha imaginação produtora e sempre pensar num mais além a ousar, como fez Bion, uma tese de Freud (1926/1965, p. 136): "há muito mais continuidade entre a vida intrauterina e a primeira infância do que a impressionante cesura do nascimento nos permite acreditar".[1]

---

1 Se a princípio pode parecer que existe um distanciamento de Bion da obra de Freud, é nesse ponto em que talvez mais encontremos afinidade. Duas epistemologias se confrontam na descoberta freudiana do complexo de Édipo, provenientes de duas formas distintas de investigação: uma arqueológica e outra mitológica. A primeira é uma epistemologia positiva, continuísta, evolucionista e empirista de objetos que se impõem como presença à visão e cuja constituição estratificada reconhece um tempo linear de determinações, um antes

De um modo geral, Bion, seguindo Freud, reafirma de diversas formas que o *mito de Édipo é a linguagem da psicanálise.*[2] Longe de uma limitação interpretativa, a revolução que Freud causou com seu uso fez o mito recuperar a força de uma hermenêutica originária. Em grego, o verbo *significa* transmitir, trazer mensagens. Sua referência é *Hermes*, o mensageiro dos deuses. Ele traz e transmite o destino que trama as vicissitudes da história dos homens.

Cabe aqui uma ressalva: nem toda interpretação é uma hermenêutica. Somente aquela que desce até a dinâmica do destino que estrutura a história. É o que faz Freud ao mostrar, por intermédio do *mito de Édipo*, como se funda e se desenvolve a história humana. Nesse contexto o mito assume outro sentido. Deixa de ser uma lenda – isto é, um relato sem verdade – para reaver toda a força de sua palavra: a verdade da história. O mito de Édipo exprime o destino que se lega historicamente à existência. Por isso, em sua originalidade, o mito de Édipo, como todo mito, antes de ser uma palavra, é uma *etiologia*. A vivência de um destino do pensamento.

---

e um depois, uma história. Na segunda, ocorre uma epistemologia negativa, descontínua, apontando para rupturas, estrutural, com objetos que são privilegiados a partir da ausência ou perda, com uma concepção não linear de tempo, em que o antes é concebido *a posteriori* do depois. Essas duas epistemologias circulam entre si, como numa espiral, e podem ser lidas em Freud. O conceito de cesura atende as duas simultaneamente: história e estrutura.

2 Freud estabeleceu que um dos critérios pelos quais se deveria julgar (avaliar) um psicanalista seria o grau de fidelidade que atribuía à teoria do complexo de Édipo. Ele mostrou assim a importância que atribuía a essa teoria, e o tempo não fez nada para sugerir que ele errou ao superestimá-la. A evidência do complexo de Édipo nunca está ausente, embora nem sempre observada. Melanie Klein, em "As fases precoces do complexo de Édipo" (1967), fez observações dos elementos edípicos nos quais sua presença não tinha sido detectada. Bion radicalizou, situando-o no contexto das preconcepções, em que existiria na mente, do mesmo modo que uma forma geométrica pura estaria para a geometria aplicada.

## *Uma nova leitura pela ótica de uma ética trágica*

As vicissitudes dos personagens do mito de Édipo têm um momento original na teoria psicanalítica, no artigo de Bion de 1957 "Sobre arrogância".

Esse trabalho surge no final da sequência de trabalhos sobre a *parte psicótica da personalidade* e é decisivo na criação da Teoria do Pensar (1962/1966a). Bion, prosseguindo na investigação da relação entre a *parte psicótica* e a *não psicótica*, procura mostrar a presença da primeira no mito de Édipo, gerando com isso uma nova leitura.

O tema investiga uma das atitudes mais abrangentes e frequentes nas organizações humanas: o *estado mental arrogante*. Basta uma rápida visão pelo universo social para verificarmos a arrogância em funcionamento nas corporações militares e policiais, a razão cínica que utilizam, bem como nas organizações criminosas, na atitude pomposa de magistrados e outras autoridades do poder constituído, enfim, em qualquer indivíduo que possa por qualquer razão exercer algum tipo de poder em qualquer momento, não excetuando os presidentes de sociedades psicanalíticas e demais organizações da área.

Partindo da observação clínica com pacientes, Bion destaca uma articulação entre três elementos: *arrogância*, *estupidez* e *curiosidade*.[3] Diante dessa configuração, deve ser levantada a hipó-

3 A articulação entre arrogância, estupidez e curiosidade já prenuncia de certa forma a concepção estrutural do triângulo K, L, H negativo (a antiexperiência emocional) que Bion vai desenvolver em seu trabalho *Aprender da experiência* (1962/1966a). Como mostrou Meltzer (1992), o –K pode ser visto como farisaísmo (oposição às ideias novas só porque são novas), o –L, como puritanismo (oposição à sexualidade, ao amor e à estética) e o –H, como hipocrisia (no ator da violência). Obviamente a arrogância é uma forma de farisaísmo, ou

tese de que o funcionamento psicótico da personalidade está ativo. Cabe especificar o que significam esses termos, pois Bion não o faz extensivamente.

1. **Arrogância** – na personalidade em que predominam os impulsos destrutivos o orgulho se transforma em arrogância; enquanto na personalidade em que predominam os impulsos de vida o orgulho se transforma em autoestima. Note-se que Bion não usou a oposição tão comum entre narcisismo e Édipo.
2. **Estupidez** – é consequente à arrogância. Deve ser tomada no sentido da palavra em inglês (*stupidity*), que dá a ideia de uma ação que mistura grosseria e burrice. É motivada pela crueldade do superego (isto é, motivada por uma herança do complexo de Édipo), e é simultaneamente um veículo de identificação projetiva. As atitudes estúpidas visam paralisar e controlar o objeto ao qual são dirigidas.
3. **Curiosidade** – é o traço mais atingido pela arrogância; deve ser tomada não no sentido comum, mas no sentido da curiosidade mórbida, a única admitida pela parte psicótica da personalidade. A curiosidade é voltada para o mal, para o extermínio de si própria, sendo empregada para livrar-se dos maus objetos por meio da identificação projetiva. A ação de "matar a curiosidade" nunca é usada para ampliar o saber, mas para detê-lo.

Como exemplo, cito a atitude de policiais que ficam sexualmente excitados com a visão de algum crime ou tragédia. A excitação presente nas atitudes e nas perguntas investigatórias está desvinculada de qualquer finalidade prática. Outro exemplo é

---

vice-versa, assim como o puritanismo é uma forma de curiosidade mórbida, e a estupidez, uma espécie de hipocrisia.

a conhecida e popular curiosidade do cidadão que se detém em seu caminho para admirar uma tragédia (um atropelamento ou acidente grave), mas é incapaz de fazer o mesmo no caso de algum espetáculo artístico ou dádiva da natureza. É também aquela curiosidade voyeurística de indivíduos que exercem determinadas atividades, como padres no confessionário ou funcionários de estatística, que ficam solicitando mais informações do que o interlocutor deseja ou necessita exibir. Mas, de forma geral, isso pode ocorrer em qualquer profissão.

A *experiência emocional* do mito de Édipo adquire uma nova visão quando Bion privilegia a questão da sede de *saber*, assinalando que o crime sexual não foi punido, mas sim a *busca de Édipo para descobrir a verdade*. Essa busca foi tomada como arrogância, e, dessa forma, punida como *hubris*.

Bion assinala que a sexualidade se situa numa trama periférica da questão *metafísica* central que é a busca da verdade. Diversos personagens repetem na trama do mito esse conflito: o oráculo que possui um Saber e despreza o desejo de Édipo de buscá-lo; Tirésias, que possui o Saber, mas desdenha a iniciativa do rei de encontrá-lo; as atitudes de Laio e Édipo na encruzilhada de Delfos e Dáulia; a esfinge que se suicida uma vez decifrado o enigma que propõe a todos os jovens; e, finalmente, o próprio Édipo que se cega com o broche de Jocasta (que também se suicida) quando descobre a verdade de sua história.

Bion mostrou um campo fundado por uma *ética trágica* central: a questão do conhecimento e do desejo de descobrir a verdade, extensivo a todo tipo de investigação científica.

Cabe então a pergunta: se a psicanálise se instala no movimento de uma ética trágica, que é a descoberta da verdade, não é ela uma tarefa insustentável por ter de pensar o desenrolar vertiginoso de uma situação impossível?

De imediato, temos de nos dar conta de que nenhuma situação é plenamente analisável. Somente a arrogância pode nos levar a pensar que podemos nos ocupar plenamente de um material. Diante disso, o analista deve estar em condições de reconhecer que fornece apenas o início de uma investigação, sendo otimista. O princípio da *incerteza*, e sua consequente asserção de *incompletude* têm uma ação constante no campo analítico.

Uma grande parte do trabalho da análise, sem dúvida a parte mais importante, não é explicitada nem explicitável. A psique é um *mistério*, um labirinto, do qual se observam algumas entradas e algumas saídas. Mais saídas que entradas. Poder-se-ia dispensar para a prática o conhecimento dos "mecanismos internos" se as ligações regulares existissem entre entradas e saídas da psique. Ora, a ideia em si de tais ligações regulares é duplamente absurda. Do ponto de vista epistemológico, entradas e saídas nunca são idênticas, nem entre sujeitos, nem para o mesmo sujeito, e nunca são observáveis como coisas iguais. A incerteza predomina.

Do ponto de vista da teoria do inconsciente de Bion, que o torna coincidente com o *incognoscível*, a psique surge de uma *imaginação radical* e, como tal, é essencialmente *indeterminação*. Esta não quer dizer caos, desconhecível absoluto, singularidade inefável. O "universal" pode estar presente sob múltiplas formas, o que é suscetível de ser conhecido também, quase tudo pode ser dito. Mas o desconhecido, a criação em função do embate com o desconhecido, o novo e a autotransformação resultante desse embate sempre irrompem na mente. E, com todas essas questões emergindo, qual sistema Bion poderia utilizar para dar conta da ética trágica?

A resposta veio de um caminho natural. Sua formação ampla em filosofia, suas consultas ao pensamento científico, sua fidelidade à tradição freudiana de investigação, permitiram-no vislumbrar uma teoria do pensar como única possibilidade para a existência de uma verdade inatingível. Pois só o pensamento é algo que cria incessantemente no ser humano. *Criar* é a única saída para lidar com essa realidade que não pode ser conhecida, apenas imaginada.

Nesse sentido, por mais "asséptica" ou "intelectual" que possa parecer uma Teoria do pensar, ela se refere à organização do Ser, que tem na origem, evidentemente, os progenitores, que realizaram a função biológica chamada de reprodução, cumprindo com a conservação da espécie, a autopreservação da vida. Há, em um extremo, o Ser e, no seu oposto, o Nada. Serão as noções de *Self*, História, Corpo e a noção de Outro que irão delimitar a distância entre os extremos. Quanto mais se apaga a verdade da História, mais o Ser se aproxima do Nada.

Mesmo na operação biológica do corpo, em que são necessários dois para criar uma unidade humana, temos de considerar na sua *realização* as diferentes organizações de cada um dos progenitores, seus modos de defesa, suas inibições culturais, seus conflitos etc. Essas diferenças tomam parte da concepção e da história do indivíduo, assim como as relações amorosas entre os progenitores, inclusive sua posição diante do problema da reprodução e da geração: defesa, temor, exaltação dessa função, desconhecimento ou exaltação da função sexual, ou seja, de toda vertente libidinal – são tantas as variáveis, são tantas incógnitas, que apenas o desenrolar da experiência analítica pode mostrá-las. Para tal, temos um instrumento desenvolvido por Bion que lida com o campo analítico como um campo de funções: a *função-alfa*.

## *A função-alfa como instrumento de análise do mito de Édipo*

Vou enfocar rapidamente duas aplicações dessa função, usando significados conhecidos. Indago aqui sobre a função da mãe e a função do pai, ambas formadoras dessa organização que chamaremos de indivíduo, que seria o filho. Essa configuração clássica foi usada por Freud para descrever a configuração edípica.

Em Bion, a função do pai, evocando a tradição do complexo de Édipo, ou a tragédia de Édipo como representante do trágico e como representação trágica por meio do personagem Laio, é acionada inicialmente pela função da mãe, Jocasta. Seu desejo de ter um filho, passando por cima dos temores de seu marido, a coloca na posição de falhar naquilo que Bion chamou de *rêverie*: a capacidade de acolher as comunicações originárias do bebê, representando perante ele o *social*. A função da mãe, que deveria ser acionada pela *preconcepção*, que necessita de uma realização para formar uma concepção, e que é a primeira forma de pensamento, falha pela ação homicida de um pai que não deseja o filho.

O mito de Édipo pode ser considerado uma forma de *preconcepção* e, simultaneamente, como ocorre com todo mito, uma forma de *publicação*. Essa definição permite entender a preconcepção transitando em diversas facetas sócio-históricas.

No sentido platônico/kantiano, a preconcepção dá origem à concepção, que é a *forma*. Portanto, a preconcepção é a *essência*, o inconsciente em sua acepção mais ampla, como inacessível, incognoscível. O caminho entre a preconcepção e a concepção é fornecido pela *realização*, com todo o espectro de significados que o termo permite. Todavia, é pela *realização estética*, decorrente do fato de que todo mito é uma fala sobre pensamentos e sentimentos, que podemos situar a preconcepção edípica.

Pois, se todo mito é uma fala, qualquer fala pode se transformar em mito. Nesse ponto ficamos diante de um *princípio ético-estético de singularidade*. Isto é, para Bion, o mito de Édipo é uma parte essencial do aparelho de aprendizado nos primeiros estágios do desenvolvimento. Há uma preconcepção edípica que opera como precursora de uma importante função da personalidade para a descoberta ou o conhecimento da realidade psíquica. Essa preconcepção conduzirá as investigações da relação com os pais, e a realização desta ficará evidente no contato com os pais reais ou substitutos. Por isso Bion (1963/2016a) postula o "mito de Édipo privado" (*private Oedipus myth*), formado por elementos-alfa, e sugere que é um importante fator na chamada "função psicanalítica da personalidade". Esse mito funda o crescimento mental por meio da singularidade dos modelos obtidos na cultura em que vive o indivíduo e pode sofrer ataques destrutivos de inveja, voracidade ou sadismo proveniente da parte psicótica da personalidade que se opõe ao conhecimento da verdade. As consequências do ataque são a fragmentação e a dispersão da preconcepção, evitando a formação do aparelho de aprendizado (*learning apparatus*) e da intuição, impedindo o desenvolvimento da "função psicanalítica da personalidade". Voltaremos mais adiante a esses distúrbios de pensamento presentes na situação edípica.

## *A linguagem do mito*

O mito é um discurso. Obviamente, não é um discurso qualquer. São necessárias condições especiais para que a linguagem se transforme em mito, isto é, que traduza situações comuns aos seres humanos. Mas, desde o início, a teoria da preconcepção de Bion estabelece que o mito é um *sistema de comunicação*, é uma mensagem, um veículo de pensamentos, sentimentos e ideias. Eis o motivo de não poder ser um objeto, um conceito, ele é um modo de significação, uma forma como a dos sonhos e dos pensamentos oníricos: um espectro de possibilidade, e, como tal, tem uma Infinitude.

Bion coloca o mito em pé de igualdade com os sonhos e pensamentos oníricos (categoria C da Grade). Além do mais, já que o mito é um discurso, tudo pode constituir um mito, desde que seja suscetível a ser julgado pelo vértice de um indivíduo. O mito não se define pelo objeto de sua mensagem, mas pela maneira como a profere: o mito tem limites formais, mas não substanciais. Logo, tudo pode ser mito no plano individual. Todos nós temos mitos particulares, e são esses o objeto da psicanálise. Não há uma história pessoal em que o indivíduo deixa de ser o herói dela própria.

Bion descreve o mito de Édipo em duas versões, de acordo com o funcionamento da *função-alfa*. A primeira, a *versão elemento-alfa*, pela qual a criança consegue estabelecer contato com os pais, como são, no mundo da realidade. A união dessa preconcepção edípica elemento-alfa com a realização dos pais da realidade produz a concepção dos pais, e daí se desenvolve para a concepção de família, de sociedade e de uma mente criativa capaz de gerar soluções para todos os extratos que chegam ao bebê para protegê-lo e atendê-lo.

Essa versão *elemento-alfa* indica que os problemas edipianos foram atingidos, ao contrário da *versão beta*, em que a carga emocional é de intensidade intolerável (e possui conteúdos de frustração, gerando ódio, inveja, sadismo, voracidade etc.), que aniquila a própria preconcepção edípica. Como resultado, a criança perde o aparelho essencial para desenvolver uma concepção da relação entre os pais e, por conseguinte, para a resolução dos problemas edipianos. Bion (1965/2004, p. 67) diz: "Não é, pois, que não se resolvam estes problemas – ela apenas nunca os atinge".

Menciono aqui um analisando que, toda vez que a análise o aproximava de uma compreensão de seus sentimentos, sonhava que estava nadando no mar e não atingia a praia. Isso era dito com certo prazer, aparecendo por meio de um deboche sutil, em que insinuava que a análise poderia ser mais uma dessas situações de sua vida em que ele "nadava, nadava e morria na praia". Essa formulação pode ser tomada como discurso de seu mito pessoal. Uma série de projetos era iniciada e abandonada, havendo por trás disso um ataque à cena primária, consequentemente, à sua capacidade criativa, por não suportar as emoções que despertava.

A versão *elemento-beta* do mito edípico é a inviabilização da criação de inconsciente e ocorre no paciente psicótico. Em certo sentido, para Bion, o psicótico é o que não tem inconsciente. Desse modo, podemos dizer que os elementos-alfa são o próprio ser. Inviabilizando-se a criação de elementos-alfa, surge o não-ser, sentimento de *não existência* (o Nada), com frequência descrito pelos pacientes psicóticos. Em outro aspecto, a impossibilidade de formar elementos-alfa está ligada à impossibilidade de sonhar, produzindo no psicótico o estado em que não pode estar dormindo nem acordado.

Em *Cogitações* (1992/2000), Bion diz:

> *Um exemplo do que eu entendo por "sonhar" o ambiente no qual o indivíduo se encontra é a elaboração que o grupo faz de um mito, tal como na história em que Newton descobriu as leis da Gravitação ao ver uma maçã cair. A asserção é produto do trabalho onírico, e seu objeto é a corporificação, em um símbolo pictórico, de fatos que os indivíduos num grupo necessitam transformar, de modo que esses fatos possam ser estocados e evocados à vontade. O símbolo pictórico, uma vez formado e estocado, pode então ser recuperado e interpretado pelo indivíduo para produzir os conteúdos que ele sentiu precisar estocar. Uma peculiaridade da psicanálise é que seu sistema dedutivo científico é uma série de hipóteses sobre hipóteses sobre hipóteses . . . Isto*

> *merece uma comparação com a hipótese do físico de mecânica quântica sobre dados básicos que são, de fato, hipóteses estatísticas. (p. 59)*

Essa comparação nos leva a confirmar o uso intuitivo por Bion de um recurso de pensamento que não existia na época: a *Teoria da Complexidade*. O modelo de sujeito que daí deriva aponta para um sujeito indeterminístico e para sempre rompido com a verdade. Penso que também reafirma uma das teses que Bion desenvolve, situando a versão do mito de Édipo, feita por Sófocles, e as descobertas de Freud como tentativas de resolução de uma *encruzilhada do desenvolvimento*. Essas tentativas estão muito mais dispersas no tempo e são muito mais variadas nas suas formas e métodos de resolução adotados que nos temos dado conta, ou até mesmo suspeitado, até hoje.

Em *Transformações* (1965/2004), Bion situa o problema da complexidade da personalidade na encruzilhada das situações em que os impulsos devem dominar quando o pensamento é traduzido em ação, quando uma conjectura imaginativa deve ser traduzida em decisão ou quando um estado mental transita para outro. Esse tipo de problema pode ser considerado um problema de poder e de captura de uma posição de comando, que será divertidamente exemplificado pela história do General Slim,[4] com a qual

4 Bion, a esse respeito, afirma que o finito não deixa espaço para o desenvolvimento; estamos aqui preocupados com algo que requer espaço para o crescimento. Para ilustrar alguns dos problemas que enfrentamos tomo como método de descrição uma operação em grande escala – o empenho do 14º Exército Britânico que foi derrotado em Rangoon, em 1942... Em resumo, a função narrativa da história demonstra como a imaginação produtora é o elemento central na composição de interpretações. No relato de Bion, é a ficção, produto da imaginação, que produz consequências, que, de um lado, elevam o moral e, do outro, despertam uma ambição que produz a derrota.

surpreendeu a todos numa das conferências de São Paulo, em 1978 (Bion, 1992). Essa luta pode ser encarada indiferentemente como se desenvolvendo dentro da psique, fora dela ou tangencialmente, e pode comparar o modelo de Édipo na encruzilhada de Tebas com um círculo cuja circunferência é intersectada em dois pontos reais e distintos, dois pontos que são reais e coincidentes ou dois que são complexos e conjugados.[5]

Também em *Cogitações* (Bion, 1992/2000):

> *Proponho, com essa finalidade, examinarmos os elementos de Euclides. Isso me traz de volta ao ponto em que disse ser necessário pesquisarmos a interseção entre os processos análogos aos que vemos corriqueiramente nos sonhos e processos que associamos comumente com a lógica matemática. Mas, antes de fazê-lo, preciso fazer um alerta: é inevitável que, em certos pontos da discussão, possa parecer que eu esteja vendo símbolos sexuais, especialmente edípicos, em certas proposições euclidianas. Ficará claro que não há nada de novo nisto: na realidade esses insights existem desde, pelo menos, a época de Plutarco. Mas, de certa forma, pensar que as descobertas que Freud fez a respeito do Édipo elucidam o teorema de Euclides seria colocar o carro à frente dos bois; pois desejo propor a hipótese de que o teorema de Euclides e a descoberta de Freud a respeito do complexo de Édipo, junto com o mito de Édipo e a*

---

5 Cabe a indagação se não corresponderiam na ordem anteriormente mencionada às estruturas da neurose, perversão e psicose. De qualquer modo, temos de considerar sempre o grau de falência da função-alfa como equivalente ao grau de falência da capacidade para amar. Na falência total, a psicose; na tangencial, a perversão; e, na capacidade mantida em graus distintos, a neurose.

> *versão dele por Sófocles, são indistinguíveis, enquanto tentativas de resolver conflitos e problemas; são, ao mesmo tempo, uma manifestação desses conflitos e problemas e uma tentativa de solucioná-los. Desejo, ainda, mostrar que os problemas envolvidos no interjogo entre as posições incitarem também tentativas de resolução; essas são análogas àquelas que mostrei estarem associadas com o matiz, ou matizes, do mito edipiano. (p. 209)*

De forma mais concisa, no mesmo texto, ele diz:

> *O psicanalista precisa saber quando está enfrentando um problema para o qual um mito poderia fornecer a contraparte psicanalítica do cálculo algébrico. Poderíamos dizer que Freud fez exatamente isso; ele reconheceu, como um cientista, que estava perante um problema cuja solução requeria a aplicação do mito edipiano. Daí resultou não a descoberta do complexo de Édipo, mas a descoberta da psicanálise. (Ou será que quando estes elementos estão constantemente conjugados descobriam o homem, a psique humana?) É nessa acepção que acredito que devemos usar o mito de Babel, ou de Édipo, ou da Esfinge:[6] como*

6 Na p. 233, intitulada "Curiosidade e medo do superego socializado", Bion (1992/2000) diz: "Tanto na história do Jardim do Éden como a história do Édipo contém um personagem cuja atitude frente ao conhecimento é hostil – ou talvez se pudesse dizer, de "dupla-face", uma vez que a esfinge exige a resposta para uma questão, podendo, portanto ser vista como promotora desta resposta. O Deus do Gênesis planta no Jardim a árvore do conhecimento do bem e do mal. Os psicanalistas têm concentrado sua atenção sobre o papel sexual, deixando de lado a discussão sobre a atitude perante o conhecimento.

> *ferramentas comparáveis àquelas da formulação matemática. (p. 236)*

Nesse ponto, aproveitando a concepção da ferramenta que é a Grade de Bion, tentarei expor o que poderíamos chamar de Grade edípica e, a partir dela, acrescentarei algumas contribuições pessoais sobre aspectos da patologia dos elementos de sua estrutura. Essa Grade, como vou apresentar, aparece em *O aprender com a experiência* (Bion, 1962/1966a) de modo não esquemático, com os elementos da psicanálise, correspondentes ao eixo horizontal (eixo destinado a formulações sobre o uso), representados não mais da forma genérica, mas pelos elementos do mito edípico, de acordo com seu transcurso sequencial na narrativa. Assim, naturalmente, o movimento inicial é a declaração do Oráculo no lugar do elemento de hipótese definitória e, sequencialmente, a atuação de Tirésias no lugar da coluna y etc.

Antes ainda de expor essa forma de conceber as estruturas psíquicas, penso que é importante lembrar o que são objetos psicanalíticos para Bion, pois estão em nossa linha de investigação neste trabalho por intermédio dos elementos do mito de Édipo. Os elementos psicanalíticos e os objetos que deles derivam apresentam três dimensões (Bion, 1963/2016a):

---

No entanto, poucas disciplinas penetraram tão longe quanto a psicanálise na procura que o homem faz do conhecimento, ao iluminar essa fonte de dificuldades que é interna ao próprio homem. Isso aumenta a importância de se negligenciar o material que poderia estar compactado nos papéis atribuídos à Esfinge, a Deus e ao Diabo (também à Torre de Babel – pensamento verbal atacado). Mas não estou aqui interessado em elucidar esses mitos. Desejo esclarecer essas semelhanças e diferenças entre psicanálise e método científico, do modo como ele é empregado por outras esferas que não a psicanálise".

1. Aplicação no terreno dos *sentidos*: na psicanálise é preciso haver corpo presente, algo audível, visível etc.

2. Aplicação no terreno dos *mitos*: na relação psicanalítica existe um "como se", que Freud chamou de "indesejável fidelidade" e que pode ser clarificado e transformado pela linguagem.

3. Aplicação no terreno das *paixões*: na psicanálise as intervenções e ações derivam da articulação dos vértices K (conhecimento), L (amor) e H (ódio).

A escrita dos objetos é dada pelos seguintes termos: {y(x) (M) (±Y)}, que podemos traduzir singelamente da seguinte forma: a preconcepção y(x) realiza-se no campo das vicissitudes de tudo o que pode ocorrer com um corpo biológico (M de Mistério ou a complexidade), que tem fluxo específico no espaço-tempo, e reflete-se num espectro de polaridades de crescimento negativo ou positivo (±Y), representado por *narcisismo* ↔ *social-ismo*.

Desse modo, uma interpretação da situação edipiana é objeto psicanalítico, uma vez que tem como conteúdos os pensamentos e o pensar, que se aplicam simultaneamente, por exemplo, a:

- realização dos relacionamentos entre pai, mãe e criança;
- preconcepção emocional;
- reação psicológica que se produz no indivíduo a partir dos relacionamentos entre pai, mãe e criança.

| | Oráculo | Tirésias | Encruzilhada de Delfos | Esfinge | Édipo | Consequências... n |
|---|---|---|---|---|---|---|
| Elementos α | A1 | A2 | | | | A6 |
| Elementos β | B1 | B2 | B3 | B4 | B5 | B6 |
| Sonhos, mitos, pensamentos oníricos... | C1 | C2 | C3 | C4 | C5 | C6 |
| Preconcepção | D1 | D2 | D3 | D4 | D5 | D6 |
| Concepção | E1 | E2 | E3 | E4 | E5 | E6 |
| Conceito | F1 | F2 | F3 | F4 | F5 | F6 |
| Sistema dedutivo científico | | G2 | | | | |
| Cálculo algébrico | | H2 | | | | |

Fonte: Bion (1963/2016a, 1965/2004).

Note-se que optei pela representação de uma Grade fechada, ao contrário da de Bion, por ser esta uma Grade limitante, ao tomar em seu foco apenas um mito, apesar de considerarmos que o mito edípico é o instrumento de que Freud se serviu para descobrir a psicanálise, e a psicanálise é o instrumento que possibilitou a descoberta do complexo de Édipo pela modernidade. O mito é, portanto, como já foi dito, uma forma de preconcepção, como a psicanálise.

Pretendo assinalar também que a linha da preconcepção é a mais importante para o psicanalista, devendo permanecer nela para poder perceber as diferenças entre a ética trágica e a ética do poder (ou dramática), separadas uma da outra exatamente pela capacidade de lidar com as preconcepções. Essa capacidade, também nomeada capacidade negativa, corresponde à atitude mental que elimina o máximo possível as interferências de memória, desejo, necessidade de compreensão e aparelho sensorial. Esquematicamente, minha proposição para a faixa do analista pode ser representada da seguinte forma:

<table>
<tr><th></th><th>Oráculo</th><th>Tirésias</th><th colspan="2">Encruzilhada</th><th>Esfinge</th><th>Édipo</th><th>Consequências...n</th></tr>
<tr><td>Elementos α</td><td colspan="7"></td></tr>
<tr><td>Elementos β</td><td colspan="7">Área da ética do poder ou dramática</td></tr>
<tr><td>Sonhos, mitos, pensamentos oníricos...</td><td colspan="7"></td></tr>
<tr><td>Preconcepção</td><td></td><td></td><td colspan="2"></td><td></td><td></td><td></td></tr>
<tr><td>Concepção</td><td colspan="7" rowspan="2">Área da ética trágica ou estética</td></tr>
<tr><td>Conceito</td></tr>
<tr><td>Sistema dedutivo científico</td><td colspan="3"></td><td></td><td></td><td></td><td></td></tr>
<tr><td>Cálculo algébrico</td><td></td><td></td><td></td><td></td><td></td><td></td><td></td></tr>
</table>

Seguindo então o eixo horizontal, relativo à progressão dos usos, podemos destacar, de acordo com Bion, os seguintes passos do mito:

1. O pronunciamento do Oráculo é uma hipótese definitória, por sua afirmação sobre algo que exclui necessariamente outras possibilidades. Levanta também uma incógnita aparente que vai "matematicamente" se satisfazendo ao longo do relato, como ocorre com qualquer equação. Dois são esses pronunciamentos, o primeiro refere-se à consulta que Laio, filho de Lábdaco e marido de Jocasta, faz secretamente ao oráculo para saber as razões de sua infertilidade. O

oráculo responde com a advertência de que um filho com Jocasta chegaria um dia a ser seu assassino. Como consequência (coluna 6), Laio deixa de ter relações sexuais com Jocasta, sem lhe dar nenhuma explicação.

O segundo pronunciamento é na consulta feita por Édipo, que por desconfiança decide investigar suas origens após a troça, feita em um banquete por um de seus amigos, sobre sua semelhança com os seus pais. A pitonisa gritou enojada: "afasta-te daqui, oh miserável, pois matarás teu pai e casarás com tua mãe". Como consequência, Édipo, que venerava Políbo e Mérope (seus pais adotivos), para evitar a desgraça, não retorna à corte de Corinto e toma o caminho de Tebas. No desfiladeiro entre Delfos e Dáulia, encontra-se com Laio, sucedendo-se a conhecida tragédia.

2. Tirésias representa uma hipótese reconhecidamente falsa por atuar contra a ansiedade produzida pelo *desconhecido* implícito em qualquer investigação. Figura de singular importância na mitologia grega, filho de uma ninfa, viveu por nove gerações. Essa longevidade está indissoluvelmente ligada a uma assombrosa forma de bissexualidade: Tirésias nasceu homem, sofreu uma transmutação sexual que o converteu em mulher e recuperou, após sete anos, seu sexo original. Isso ocorreu por ter visto o coito das serpentes e ter matado a fêmea com seu cajado. Sete anos depois repetiu o feito, só que matando o macho. Tirésias é uma ressonância de Dionísio, filho de Zeus, que é ao mesmo tempo o próprio Zeus. Essa identidade entre pai e filho será aproveitada por muitas religiões. Dionísio é também o feminino, no mesmo corpo com o masculino; daí resulta sua fecundidade, sua eterna juventude, sua imortalidade, sua morte e ressurreição, ritualmente celebradas na Antiga

Grécia. A figura de Dionísio é símbolo da misteriosa trindade: pai, mãe e filho, distintos e unificados. A capacidade de procriar torna-se o problema central do personagem quando responde a Zeus que a mulher goza nove vezes mais que o homem, numa nítida alusão à gravidez e ao parto. A rivalidade entre os sexos tem sua raiz profunda no problema de quem dá a vida. É o saber de Tirésias, que passa pela busca da verdade sobre a sexualidade, que é punido por Hera. Esta, sabedora da verdade, não a quer revelada ao marido. A disputa entre ambos para saber quem goza mais, se o homem ou a mulher, mantinha aceso o interesse de Zeus. Uma vez revelada a verdade, Zeus se desinteressa de Hera. O dom de ver o futuro significa estar no futuro, ou seja, não morrer. Já que não poderá sobreviver no futuro no corpo dos filhos, poderá mediante o dom da profecia trazer esse futuro para sua vida presente.

3. Todo mito necessita ser registrado como um todo, para não perder sua função narrativa que é responsável pela combinação de hipóteses, analogamente a um sistema dedutivo científico. Isso significa que existe a necessidade de um sistema causal para expressar o sistema moral do qual é parte integrante – este é dado por memória, ou pelo que Freud chamou de notação. A narrativa é de alguém investigando um enigma, expressão da curiosidade humana voltada para si, como um traço essencial da narrativa. Isso deve ser lembrado, o que confere também à investigação analítica origens de antiguidade respeitável.

4. A Esfinge estimula a curiosidade propondo um enigma, mas ao mesmo tempo propõe a pena de morte (decifra-me ou te devoro), que também vale para si mesma quando se suicida ao ter seu enigma revelado. Representa a função

que Freud atribui à atenção, mas também pode implicar ameaça contra a curiosidade que estimulou, dependendo da área da Grade em que é utilizada. É significativo mencionar que Esfinge vem do grego *Sphinx*, cujo significado em verbo é "estrangular". Daí a palavra esfíncter, o que segura, retém, controla o trânsito. No mito de Édipo, a cidade de Tebas estava dominada pela Esfinge instalada numa colina próxima à cidade, de onde vigiava e tiranizava os habitantes jovens. Ela teria sido para lá enviada por Hera, para continuar castigando Laio pela sedução homossexual de Crísipo. Mas, na realidade, a ele propriamente nada acontecia, eram os jovens que sofriam com o temido enigma das musas. Esse mítico direito de trânsito representa o controle da mãe sobre a natalidade, que assim pode impedir seu marido de ter com ela relações sexuais. Mas também pode significar a mãe que se defende corporalmente do objeto que lhe causa dor, o filho, que a dilata para nascer. Cabe ainda mencionar o desejo de manter a gravidez indefinidamente, de reter o filho, como o *falus* que adquiriu para sobrepujar o marido.

- A Esfinge era uma leoa alada com cabeça humana, enigmática e cruel, em que se pode ver o símbolo da feminilidade pervertida, o negativo da neurose de Jocasta. A Esfinge de Tebas representa a dominação perversa e as consequências destrutivas. Todos os atributos da Esfinge são índices de banalização do mal: o monstro só pode ser vencido pelo intelecto, pela sagacidade, antídoto do embrutecimento banal: a psicose.

5. Édipo representa o triunfo da curiosidade resoluta sobre a intimidação e, assim, pode ser usado como símbolo de integridade científica, o instrumento de investigação, na

área trágica. Na área do poder representa a arrogância, o *hubris* para os que detêm o conhecimento. Note-se que nomeei a ética do poder de dramática por fazer prevalecer a falsidade e a mentira, isto é, por dramatizar sem permitir a interpretação que esclareça que o conhecimento contido é posse comum de todos os seres humanos.

6. O discurso de qualquer personagem, dependendo da área enfocada, pode resultar em algum tipo de ação. Na área dramática, as consequências são: assassinato, incesto, suicídio, autoagressão, cegueira, exílio, dispersão, ataque à linguagem, incapacidade de aprender com a experiência, ausência de autoconhecimento. Na área trágica, são: investigação científica, psicanálise, criação de um modo geral, representações simbólicas da sexualidade, ligações por intermédio do idioma, aprendizado, autoconhecimento, capacidade de usufruir a vida.

A sugestão de Bion é no sentido de que o analista não deveria se incomodar tanto com tentativas de tomar notas a respeito dos pacientes, mas poderia retomar, por exemplo, o mito de Édipo e escrever suas associações livres em relação a ele, anotando a data. Ele pode repetir isso quantas vezes lhe aprouver – as associações livres jamais serão as mesmas, nas diversas datas. Se o nome de um paciente surgir nas suas associações, o analista pode anexar esse nome, caso sinta necessidade de fazer anotações sobre seus pacientes. Esse procedimento pode ser repetido para outros mitos, para outras versões do mito, que podem ser comparados. Uma versão que resiste à passagem dos séculos terá provavelmente um apelo mais poderoso à mente humana que outra versão, que pode ser uma aberração efêmera e, portanto, excessivamente particular.

Tal procedimento promove intuição psicanalítica e serve para que o analista use o inconsciente para interpretar um estado de mente consciente, associado a fatos dos quais o analista se dá conta. Esse caminho difere da visão aceita na psicanálise de que o analista usa o material consciente para interpretar o inconsciente.[7]

## *Novos desenvolvimentos*

Um desenvolvimento surpreendente na obra de Bion aparece no livro *Atenção e interpretação* (1970/1973). Bion descreve três tipos de configuração edípica e apresenta com isso toda a complexidade implícita em seu pensamento. São as configurações comensal, simbiótica e parasitária. Penso que elas correspondem às três peças de Sófocles, a saber: comensal, a *Édipo Rei*; simbiótica, a *Édipo em Colona*; e parasitária, a *Antígona*.

A configuração *comensal* (os que comem da mesma comida), como o próprio nome está dizendo, apresenta os acordos que permitem a convivência social, como foi descrito por Freud quando usou o mito da horda primitiva para mostrar esse momento de passagem de uma horda para a sociedade humana, seguindo acordos de não mais matar o pai (acordo entre irmãos) e não se casar com as mulheres do mesmo clã.

Todavia, essa configuração pode perder sua estabilidade. O elemento que produzirá isso será a *arrogância*, que leva para um extremo da configuração no qual ocorre o que podemos chamar de deterioração social. Surge uma configuração grupal *simbiótica* em que uma parte deseja se desenvolver e outra faz tudo para impedir,

---

7 "As teorias psicanalíticas, como os melhores analistas as propuseram, foram bem úteis à causa do desenvolvimento científico, mas Freud deveu suas descobertas mais à utilização – ao método inconsciente de utilização do mito de Édipo – do que de quaisquer outros aspectos mais facilmente reconhecíveis de seu método científico" (Bion, 1992/2000, p. 246).

simplesmente por não poder aceitar ideias novas ou não conseguir conter a rivalidade entre os irmãos.

Essa rivalidade será, em última instância, o que incrementará o aparecimento da *inveja* e produzirá a deterioração para a *configuração parasitária*, em que a ação final é a morte do Outro.

Outra consequência de visualizarmos o Édipo como um espectro crescente-decrescente de três configurações é a possibilidade de descrevermos diversos tipos de superego ou um espectro de superegos.

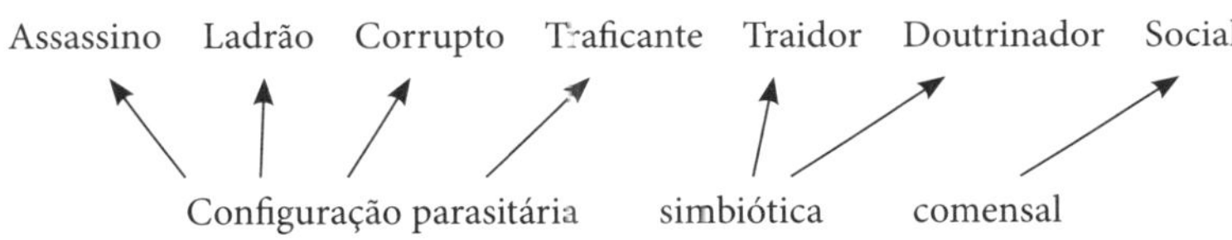


Esses superegos correspondem à predominância de um tipo de sentimento: ódio mortal no assassino, inveja no ladrão, ambição voraz no corrupto, ira no traficante, ódio à realidade no traidor, amor ao poder no doutrinador e, finalmente, consciência social nos casos em que predominam as formas de amor ao Outro.

Matar o objeto ________ assassino

Usurpar o bem do Outro ________ ladrão

Crescer pela destruição ________ traficante

Forçar o desejo ________ corrupto

Vingança pela dor ________ traidor

Manipulação para dominar ________ doutrinador

Esse espectro de superegos privilegia a experiência emocional e seu resultado.

Diante da descrição desse espectro, podemos dizer que não existe no inconsciente um desejo de ser analista. Existe todo tipo de desejos, desejos edípicos primitivos que criam a configuração mental do sujeito, e, dentro dela, temos sempre o que podemos chamar de *ponto cego*, um desejo mais intenso que os demais, que desequilibra essa configuração, gerando ações e interpretações.

A análise de formação deveria ser capaz de colocar o candidato em contato com esses desejos, explicitar os desequilíbrios e analisá-los exaustivamente até que torne a pessoa capacitada a reconhecê-los e lidar com eles de modo que não interfira no processo analítico. O desejo de ser analista é um árduo trabalho de elaboração desses desejos e muitas vezes pode aproximar o sujeito de um *breakdown* ou um *break up*.

Mais ainda, deve garantir ao candidato condições de desenvolver uma disciplina de trabalho, possibilidade de estabelecer as mínimas condições necessárias de trabalho, que são absolutamente individuais.

Um dos aspectos da genialidade de Bion foi reconhecer que memórias e desejos atraem os desejos edípicos. A sugestão de trabalhar sem memória e sem desejo certamente foi um avanço de grandes proporções na técnica do analista. Expandiu a proposta freudiana para o método da atenção livremente flutuante e inseriu um espectro de *métodos* que devem estar simultaneamente presentes na investigação analítica. Podemos listá-los seguindo o eixo horizontal da Grade de Bion, da seguinte forma:

| | |
|---|---|
| Hipótese definitória | método de escolha |
| Elemento ψ | método de dúvida: falso ou verdadeiro? |
| Notação | método de esclarecimento histórico |
| Atenção | método da atenção livremente flutuante |
| Indagação | método de investigação: arqueologia↔mitologia |
| Ação | método de interpretação: simetria |

Outra questão importantíssima é *a transformação em O* quando *o Saber é totalmente excluído*. Apenas ocorre um *tornar-se*. Aqui nos aproximamos da problemática central de Édipo, que pode ser representada pela pergunta *quem sou eu*?

A sensação no início dessa transformação leva o indivíduo a fazer associações com aparições, assombrações, fantasmas, espíritos, almas de outro mundo, seres extraordinários. Nesse momento falta o espelho da linguagem comum. Precisa-se de uma linguagem especial que é a *linguagem de êxito*. A ideia de êxito pode ser entendida porque se pode comemorar algo importante como o *advento do Ser* e da criatividade que ela proporciona. Comemora-se o *nascimento do sujeito*.

O sentimento de terror que se expressa nas associações com "assombrações" existirá enquanto o indivíduo estiver sendo apenas um espectador da sua vida. A partir do momento em que a assombração for assumida como uma ação do indivíduo, que o transforma em um novo ser, o terror desaparecerá. Ao passar de espectador para ator e descobrindo quem é o autor, o espelho da linguagem mostrará novas formas de pensar e agir.

Um paciente, após uma série de melhoras em sua forma de se relacionar amorosamente, conta que teve um sonho no qual era atacado por um vampiro, e nada mais diz sobre o sonho. Apenas menciona o sentimento de medo intenso no sonho. O analista procura "sonhar" o sonho do paciente e sugere a si mesmo que uma *transformação em O pode estar ocorrendo.* Constrói uma analogia com o personagem do vampiro que passa diante do espelho e não vê sua imagem. A interpretação pode ser dada como uma pergunta: *Onde está tudo o que conhecia sobre mim? Por que não há linguagem que mostre quem sou eu?*

O vampiro, personagem muito usado no cinema, de tempos em tempos tem uma versão aprimorada. O conto de Bram Stoker é refilmado com detalhes mais apurados de tecnologia. Como muitos personagens da literatura, novas versões são criadas à medida que a civilização se altera com a tecnologia. Mas a tecnologia, apesar de tornar as cenas esteticamente mais próximas da realidade, não aumenta nem diminui o sentimento de medo. O ser humano continua o mesmo.

Comparemos agora o processo analítico com o ato de transpor o personagem do cinema para a encenação no teatro, ao vivo. Qual a diferença? Podemos dizer que o cinema está mais próximo de nos fazer *sonhar* e o teatro, mais próximo de nos fazer *despertar*.

Em analogia, a cena analítica entra em contato com o sonho e pode fazer o paciente despertar, e, ao fazê-lo, reformula o sonho, possibilitando sonhar de outra forma.

O teatro pode nos tirar de nosso sonho porque nos torna acessíveis à dimensão da *ausência da verdade*. A cena do teatro introduz a dimensão da ausência pela aparição do *ator*. Quando um paciente se transforma em ator de seus objetos ausentes e de suas falhas, o espectador até então passivo encontra-se na cena que o separa desses objetos divinos.

O espaço da cena que se situa entre *ator* e *espectador* é da mesma ordem que o espaço entre Eu e Outro, continente e conteúdo, masculino e feminino etc. Nesse espaço se encontra o berço da ética e todo o alimento de que o eu ético necessita para manter-se vivo. Aqui emerge o silencioso desafio do Outro, que demanda respeitá-lo para entendê-lo sem julgá-lo, e com isso surge nossa dedicada e desprendida responsabilidade de analistas. O apagamento desse espaço se dá em virtude da intensidade da *identificação projetiva* proveniente da frustração de encontro com o não eu, que também é um não todo. A esse apagamento vão se agregando outros elementos.

Por exemplo, uma paciente desafia o analista dizendo que ele não pode entendê-la em certo nível por ela ser mulher e ele homem: "*um homem*", ela enfatiza com certo ar de certeza e desdém, "*terá sempre problemas com as mulheres em geral, pois não pode nunca compreendê-las*".

Ora, pensa o analista, com exceção da generalização – que é importante de ser ressaltada para essa paciente –, problemas com mulheres, quem não os tem? As mulheres têm problemas com as mulheres, os homens têm problemas com as mulheres. A dificuldade não é essa. Isso é o lugar do disfarce. A dificuldade é que as mulheres têm dificuldade em existir como mulheres. São condicionadas por uma imagem de mãe. São colocadas nesse lugar muito cedo. Uma mulher pode se disfarçar de mãe e não conseguir jamais sair desse lugar. Todavia, ela pode encarnar a função, mas nunca totalmente. Seria antes o não totalmente que a leva a fingir tão profundamente que chega a sentir o que a mãe deveras sente?

A origem pode estar na relação mãe/filha, sempre difícil devido à identificação projetiva que tende a apagar as diferenças entre ambas. Quanto mais identificação projetiva, mais a filha tem dificuldade de existir como mulher e a mãe, por sua vez, também deseja isso.

A identificação projetiva, diminuindo o espaço da diferença, esvazia a fonte do alimento ético e estético do Eu. Então a filha espera que a mãe seja uma *cúmplice*, e vice-versa; e cúmplices não têm *liberdade*. Sem liberdade, a tendência é pensar na morte, fato que se observa numa série de ações destrutivas que essa paciente realiza no seu dia a dia. Essas ações destroem sua capacidade para sentir e fazem-na buscar uma sensorialidade em atividades físicas que nunca satisfazem.

Aquilo a que a paciente se referia com o *não poder entendê-la como mulher* é talvez o fato de que o analista, sendo homem, não seria seu cúmplice, e, não o sendo, significaria não concordar com tudo, como ela desejaria. Nesse caso, o *homem* é o objeto que despertaria nela o ódio destrutivo, o mau-olhado e outras coisas dessa ordem.

O processo da análise pode ser descrito para essa paciente como uma *cena* em que se precisa produzir algo novo, outra coisa que não seja mãe, para que possa existir uma conversa entre homem e mulher, num outro nível, em que a mulher não tenha como único problema produzir representações de mãe e o homem, se defender da falta de um modelo que atenda às mulheres. Note-se que essa linguagem traduz dentro da singularidade do caso o encontro frustrante da preconcepção edípica com o objeto que executa a integração dos elementos mais primitivos (função-alfa/*rêverie*).

A cena analítica pode separar a mulher da mãe, e a paciente como atriz dessa cena de separação deixaria o papel de espectadora para encenar a tragédia tão temida, mas significa também criar outras coisas em sua vida, além de olhar para outros elementos que ficam excluídos e que, em geral, são atribuídos ao papel masculino.

A tragédia deixa de ser tragédia e se instala na dimensão de que a verdade não pode ser conhecida e de que essa é a questão central da análise. A verdade não está com o homem ou com a mulher, não está quando ambos pretendem ter o poder de qualquer coisa, mas apenas em seu encontro na ausência de poder.

Muito recentemente, observei, em um dos jogos de vôlei de praia das Olimpíadas, que um dos jogadores de uma dupla saía na "arena" de seu papel de "ator-jogador" para encenar um apelo à torcida por meio de um gestual de incentivo. Ali deixava de ser o jogador e se preocupava em como se deve encenar o papel do espectador. Como consequência disso, seu rendimento imediatamente declinava.

O que acontecia naquele momento era que ele ficava com o mesmo medo que o espectador tem ao assistir ao jogo, o medo da perda tornava-se maior e, por isso, errava lances que não podia errar. Este é um ponto fundamental no atleta: nos momentos mais difíceis do jogo, precisa se divertir em vez de tomá-lo como uma questão de vida ou morte. Divertindo-se, as coisas saem dentro do esperado pelo treino. A disciplina desenvolvida nos treinos funciona protegendo o atleta.

O analista, de modo análogo, precisa ter "lazer" nas sessões, tirar de si o peso de dar interpretações que vão resolver e compreender tudo. Precisa ter um *ato de Fé*, ou seja, brincar com as palavras. Aguardar que "O" vai evoluir se lhe dermos oportunidade e se tiver havido "treino" de hipóteses para a sessão. Para tal, sua disciplina sem memória e sem desejo deve estar bem treinada.

O que isso significa?

Os atores do teatro grego, antes de entrar em cena, eram acometidos por uma espécie de estado de possessão pela divindade, de tal forma que eram considerados em estado de poder profetizar.

Não profetizavam na verdade, mas era como se uma *memória do futuro* fosse captada. O grau de possessão indicava que a cena que ia ser representada seria de boa qualidade.

No esporte esse momento prévio se chama "concentração". Um dos times das Olimpíadas teve essa concentração quebrada por um dos membros da equipe técnica que, naquele momento, levou um problema pessoal que estava lhe ocorrendo. Os atletas ficaram penalizados e começaram a discutir sobre o problema. Isso quebrou a concentração no jogo, e passaram a filosofar sobre o que podia ser feito se estivessem no lugar desse indivíduo da comissão técnica. Como resultado, a equipe entrou dispersa e isso gerou o medo de perder. Não representaram bem o papel que deviam encarnar, erraram tudo o que tinham treinado. Tinham encarnado um perdedor.

O que dizer sobre a analogia com o "*stage freight*" ou terror do palco? E que tal compará-lo com a resistência à análise? O indivíduo corre algum tipo de perigo em ir para sua sessão? Será o perigo de ser espectador de uma cena terrível que lhe coloca a beira de um colapso? Ou de um rompimento? Ou de um divórcio? Quando estamos diante dessas hipóteses, acrescentamos outra, a elaboração, e podemos, então, observar o ponto nodal da análise: o encontro do indivíduo com sua divindade.

Esse encontro estabelece um confronto entre as forças desintegradoras e as forças de integração. Em outras palavras, há um momento em que os deuses devem ser deixados para trás, devemos nos separar deles para prosseguir a vida, usando apenas aquilo que deve deixar de ser deles para se tornar parte de nossa humanidade. Isso deve ser feito sem sacrifício. Não devemos ser como Prometeu, ou como Palinuro, ou como Cristo.

O medo do palco, como qualquer fobia, tem uma história e um momento de início na *história do sujeito*. Podemos fazer uma analogia desse momento com aquele em que o homem grego se libertou da religiosidade para se transportar do altar ao palco e deixar de lado o drama do renascimento do deus, passando a encenar o *renascimento do sujeito*.

Essa transferência do palco para o teatro aconteceu no século VI a.C., excepcional em termos de *criatividade* em todos os sentidos, começando pela filosofia e espraiando-se por todas as artes. Foi um momento de iluminação para a humanidade, que chega a nós até hoje com vigor inigualável. A família organizada do Olimpo que derrotara a família de Cronos foi derrotada pela família dos filósofos e dos poetas. A derrota dos deuses nos garante a humanidade.

Ou seja, os deuses se retiram. Por si mesmos, eles se excluem de sua divindade, ou seja, de sua presença. Não se ausentam simplesmente: não vão alhures, retiram-se de sua própria presença, ausentam-se de dentro.

O que resta de sua presença é o que resta de toda presença quando ela se ausentou: resta *o que se pode dizer* dela. O que se pode dizer dela é o que resta quando ninguém mais pode se dirigir a ela: nem lhe falar, nem a tocar, nem a olhar, nem lhe dar um presente.

Talvez os deuses se retirem porque ninguém mais dá um presente a sua presença: já não há sacrifício, já não há oferendas, senão insinceramente por costume ou imitação. Temos outras coisas a fazer: escrever, calcular, legislar, analisar. Privada de sacrifícios, humanos ou de animais, a presença da divindade se retira. Convém que seja essa a sua história verdadeira. E, como a sua presença fugiu, já não é certo que qualquer história seja absolutamente verídica.

O que se pode dizer da sua presença aumentada é sempre uma de duas coisas: é a sua verdade ou é a sua história.

Tomemos aqui o principal mito do psicanalista, que advém das peças de Sófocles. A cena do *Édipo* é um lugar nascido de uma separação arcaica entre espectadores e atores – em que se cria um *vazio* que é a *cena* –, que mais arcaicamente falando é a separação entre o ator e o coro.

O coro está sempre presente no teatro grego de forma estrutural, simbolizando uma *separação* que deve ser respeitada e reconhecida. Se não for respeitada e reconhecida, a cena é *obscena*.

Mas o que significa essa separação tão importante entre o ator e o coro? O que havia antes que se dividiu, que as partes se separaram? Havia um grupo ritual, praticantes de um culto a um deus muito privilegiado: Dionísio. O famoso três em um, cujo templo principal ficava em Éfeso. Os praticantes de seu culto eram chamados de místicos.

O ritual que praticavam constituiu o cristianismo. Primitivamente, consistia em sacrificar um animal, dilacerá-lo em tantos pedaços quantas fossem as mênades ou bacantes.

O animal sacrificado representaria o deus Dionísio, que em sua origem foi dilacerado pelos Titãs. Trata-se da ideia de um deus sofredor que passa por uma paixão. O ritual das bacantes visava reincorporar os pedaços para refazer a unidade de Dionísio. Com isso, o deus renasce por meio da comunidade, por meio do grupo ritual que incorpora um pedaço da divindade (o mesmo acontece no ritual da comunhão).

A unidade do grupo é assegurada pelo fato de que todo mundo está lá reunido e que o deus renasce por meio de cada um quando se juntam os pedaços.

O que o ator introduz de novo é o fato de que já não se pode, já não há possibilidade, de presentificar a *divindade*. Ela se foi para sempre e não pode mais ameaçar.

A ideia de tornar presente a divindade, que é a função do ritual, é contestada radicalmente pela aparição do sujeito falante, que é o *ator*. Ele faz desaparecer o medo da aparição, pois ela se encarna no próprio ator porque ele interpreta e fala, coloca em linguagem.

O conflito opõe o coro inocente (sujeito indeterminado) ao ator culpado (sujeito determinado).

A *transformação em O* é um ato que sustenta a impossibilidade de lembrar e desejar, pois não existe nem memória nem desejo possíveis, pois não existe saber possível.

O analista surge no lugar do vazio que é a *cena analítica* e que remete a um despedaçamento do Um original, "O", indistinto, vagamente representado pelo "coro" das ideias. Torna-se sensível pelo trabalho analítico uma ausência, uma terceira dimensão que aparece e produz nos espectadores algo da ordem de um *despertar*, que não é necessariamente agradável, mas é um despertar de algo.

O que fazemos no trabalho analítico não é apenas da ordem do rememorável, mas do surgimento de um indivíduo que fala por si mesmo com autenticidade do Saber sobre si mesmo que incorporou como uma forma de Ser.

## *Minha contribuição pessoal ao entendimento da configuração analítica*

A causa de uma *tempestade emocional*, como qualquer causa, é equiparável ao *fato selecionado*, por serem ambas as ideias capazes de associar a uma *experiência emocional* que gera o senso de síntese criativa, consciência de objetos separados e ainda não sintetizados.

Toda experiência emocional de obtenção de conhecimento é simultânea e simétrica a uma experiência de ignorância não esclarecida.

*Linguagem de êxito* é inseparável de linguagem de fracasso para sintetizar os objetos separados, as partículas elementares, que são revelados pelo êxito. Comemora-se o Ser, mas ele nunca é completo, o que envolve um fracasso.

Um predomínio das forças de vida acarreta uma contínua repetição dessa experiência de Êxito. Um predomínio de forças destrutivas repudia a vida, idealizando e libidinizando a não síntese.

Podemos acompanhar o confronto desses processos até pelo tom de voz usado pelo analisando. Ou, em outras palavras, acompanhar o *pathos* do saber pela estética da voz.

A Grade de Bion serve como um roteiro, uma vez que cada uma das formas de uso no eixo horizontal alterna elevação da voz e gritaria com tentativas de silenciamento e sedução pela suavidade da voz.

No oráculo, existe gritaria pelo que se considera uma obstinação maníaca de Édipo em saber o que é melhor não saber.

Com Tirésias, Édipo se vê diante da recusa de reconhecer a verdade na forma como se apresenta. Tenta convencer Édipo a se calar em sua busca pela verdade.

Na encruzilhada, no encontro com Laio, de novo a gritaria pelo direito de passagem, o furor que impede de ouvir.

Com a Esfinge, que diz "decifra-me ou te devoro", a pergunta feita como uma cantiga de ninar tenta silenciar Édipo, e isso gera uma catástrofe de um saber insuportável. Um saber que obriga a subtrair-se do mundo do visível.

No final, ao descobrir a verdade e os excessos que ela envolveu, bem como a paixão e o sofrimento de se descobrir como sujeito, Édipo sai de cena gritando. Vai para o exílio.

No exílio temos uma nova configuração, com as mesmas alternâncias da voz que sobe e decresce. Até que chega o momento da morte e do esquecimento, levando a configuração para outro plano, o da descendência, no qual a tragédia se repete.

A aceitação da complexidade é a aceitação de uma contradição, de uma ideia que não pode camuflar as contradições numa visão eufórica (maníaca) do mundo.

A complexidade encontra-se nas situações em que não se pode superar uma contradição, até mesmo uma tragédia. E essa condição trágica que está presente mostra o humano não conseguindo superar a si mesmo. Pode melhorar, apurar suas questões, criar, mas não pode deixar de ser edípico, ou melhor, de ser humano.

Daí a complexidade do Édipo, que se apresenta com traços inquietantes do emaranhado, do inextricável, da desordem, da ambiguidade, da incerteza.

# Somos todos Édipo!

*Ana Márcia Vasconcelos de Paula Rodrigues*

Se os gregos antigos encenavam seus mitos como forma de representar narrativas capazes de suscitar emoções e verdades profundas, algo semelhante passou a ocorrer em nossa Sociedade de Psicanálise a partir da estreia do curso As matrizes míticas da obra de Bion.

Uma plateia de psicanalistas e não psicanalistas passou a ocupar todo o anfiteatro da sede dessa sociedade, colocando-se em "comunhão com os gregos antigos" e em ressonância com o pensar do psicanalista Wilfred Bion, na busca por apreensão de temas fundamentais que dão sustentação à vida humana.

A atmosfera artística do encontro modelou a apresentação do psicanalista estudioso de Bion, Arnaldo Chuster, e do filósofo estudioso da linguagem, Flávio Ribeiro, buscando a correlação da tragédia *Édipo Rei*, de Sófocles, com o uso psicanalítico do mito proposto por Bion ao longo de sua obra.

Se no teatro grego a plateia ficava disposta em semicírculo, bem de frente para a cena e em volta da orquestra, ali estávamos, espectadores curiosos, bem próximos uns dos outros e compondo com os organizadores, os músicos convidados e os palestrantes um "coro de vozes".

E a emoção, situada bem no cerne das composições dramáticas gregas e da experiência psicanalítica, mobilizava uma forma de aprendizado compartilhado recomendado por Bion, no qual emoções buscam pensamentos, que procuram palavras, que geram novas emoções, que buscam novas ideias e significados, num contínuo ciclo criador de tecido psíquico, como sugeriu Chuster.

E foi assim, como nos atos do teatro grego, que os palestrantes se lançaram num corpo a corpo com as palavras, buscando alcançar comunicação eficaz para apreensão dos sentidos e complexidades do mito. Com uma linguagem coloquial, Flávio fez uma releitura do mito edípico por meio de pitorescas referências a situações cotidianas e mitos modernos, estimulando-nos à identificação com o drama e seus personagens. Como contraponto, as referências literárias e científicas de Chuster ampliaram o espaço de reflexão que leva à des-identificação, unindo razão e paixão pelo processo do pensar descrito por Bion.

Vamos sendo introduzidos no mundo das versões da tragédia grega, bem como no universo da ética trágica do processo psicanalítico, ao aprendermos que quando se trata do psiquismo humano nunca se alcança verdade original absoluta, mas podemos apenas vislumbrar nossas origens, quem somos e o que fizemos com aquilo que somos.

Como Sófocles e Freud, somos reedições da história atemporal de Édipo. E, como Édipo, necessitamos conhecer as origens do humano.

Surpreendi-me com a noção comentada por Flávio de que na Grécia arcaica o conceito central do mito edípico era o parricídio, tendo importância secundária o tema do incesto, que serviria apenas para a desqualificação e condenação moral do parricida.

Outra curiosa hipótese lançada por Flávio foi a de que Sófocles tenha sido mais freudiano que o próprio Freud, uma vez que deixou uma lacuna na história do mito, no momento em que Édipo teve a oportunidade de perguntar ao pastor que testemunhou o assassinato de Laio na encruzilhada se, de fato, havia sido ele próprio, Édipo, ou um bando de ladrões que havia matado Laio. Porém, Édipo não o fez, apenas quis saber quem ele era e quem eram seus pais, condenando-se pela morte do pai antes mesmo de interrogar sobre as provas materiais do crime.

Nesse momento, soou em nosso anfiteatro o clamor de espanto e prazer da plateia, pela surpresa do comentário tão instigante, sobre a lacuna à qual talvez nem o próprio Freud tivesse atentado, o que confirmaria mais ainda sua assertiva sobre a inabalável e universal existência do complexo de Édipo na psique humana. Seria então possível que o próprio Édipo já sofresse de complexo de Édipo?

E o que pensar sobre nossa curiosidade de psicanalistas e sobre como usamos nossa sede de saber? Tal questão, fundamentalmente abordada por Bion em sua reedição do mito de Édipo, foi amplamente comentada por Chuster. Já nascemos predispostos a termos experiências na encruzilhada da existência e com disposição para nos unirmos e termos contato com outra mente, suscetíveis de depender dos pais, da família e da comunidade humana?

Lembrei-me do título de um livro de Pablo Neruda, *Para nascer, nasci*. E, com tantas emoções e ideias germinando nesse encontro, acredito que a disposição para estarmos juntos e desenvolvermos o pensar sobre uma diversidade de aspectos que nos coloca em contato com o desejo edípico que nos define permitiu o nascimento de novas conjecturas imaginativas a ampliar a nossa função psicanalítica da personalidade.

# Jardim do Éden

# O Jardim do Éden e Pandora

*Mary de Camargo Neves Lafer*

Nosso ensaio tem como proposta traçar um paralelo entre o mito bíblico do Éden e o relato hesiódico[1] da criação de Pandora, a primeira mulher. Não há na Grécia Arcaica nem na Grécia Clássica um relato mítico que seja equivalente à narrativa sobre o Jardim do Éden, como aparece no livro do Gênesis.[2] Podemos apontar, nesse sentido, alguns relatos cosmogônicos que a ele se avizinham, como os que falam da "Ilha dos Bem-aventurados", das "Cinco Raças", do "Jardim das Hespérides", entre outros.[3]

Na Bíblia a história da criação do homem é contada no Gênesis, sendo esse homem colocado em um local chamado Éden, onde Deus construiu um aprazível jardim logo depois de tê-lo criado com a "argila do solo" e ter "insuflado em suas narinas um hálito de vida".

1 Hesíodo (2008).

2 Gênesis 2-4b. Utilizamos a tradução da Bíblia de Jerusalém (2001).

3 Hesíodo é do século VIII a.C., e a datação do Gênesis, embora controversa, pode ser do século X a.C.

Éden é uma palavra de origem suméria, que significa "planície"; já a palavra *paradeísos* (paraíso) é a tradução grega para essa palavra hebraica (*Éden*), segundo a versão grega da *Septuaginta*, que é a tradução mais adotada até nossos dias. As palavras Éden e Paraíso, que hoje são tomadas como sinônimas, são, na verdade, etimologicamente dois vocábulos bem diferentes. Paraíso é, por sua vez, derivada de uma palavra do avéstico, língua irânica oriental.[4]

No Gênesis, esse relato, por demais conhecido na tradição judaico-cristã, conta que Deus, depois de criar o homem, disse que ele não deveria estar só e lhe fez uma "auxiliar que lhe correspondia". Antes, porém, modelou do solo todas as feras selvagens e todas as aves do céu e as conduziu ao homem para que ele lhes atribuísse nomes. Então, fez o homem adormecer e de uma de suas costelas modelou a mulher[5] e a levou ao homem.[6]

Ambos foram colocados no Jardim do Éden para que o cultivassem e o guardassem. Deus aí plantara "toda espécie de árvores formosas de ver e boas de comer", e no meio do jardim pôs uma árvore, a "Árvore do Conhecimento do Bem e do Mal", que não deveria ser, de modo algum, tocada pelo homem ou pela mulher. O conhecimento do Bem e do Mal é um privilégio que Deus reserva para si e que o homem vai lhe usurpar pelo pecado. Ele terá, assim, atentado à soberania de Deus, cometendo uma falta por orgulho, transgredindo um preceito que havia sido estabelecido por Deus. Comer o fruto lhe permite decidir por si mesmo o que é o Bem e o que é o Mal. Como isso aconteceu? O mais astuto dos animais, a serpente, diz que, contrariamente ao que foi dito por Deus, eles não morreriam se comessem o fruto daquela árvore, e acrescentou:

4 Avéstica é uma antiga língua na qual se escreveu o *Avesta*, um dos livros do Zoroastrismo.

5 Gênesis 18c-22f.

6 Em hebraico, há um jogo com as palavras *Ishsha* (mulher) e *Ish* (homem).

"Deus sabe que, no dia em que dele comerdes, vossos olhos se abrirão e vós sereis como deuses, versados no Bem e no Mal".

A mulher viu que o fruto da árvore era bom ao apetite e "formoso à vista" e que era desejável para adquirir discernimento. "Tomou-lhe o fruto e o comeu e o deu ao homem, que também o comeu." À mulher, então, Deus disse que a partir daquele dia ela iria parir na dor. Ao homem ele afirmou que ele só conseguiria seu alimento com o suor de seu rosto e que, tendo vindo do pó, ao pó retornaria.

Ao homem e à mulher, Deus ordenou que saíssem do Éden e lá colocou os querubins e a espada de fogo para barrar a entrada do jardim e proteger a Árvore da Sabedoria do Bem e do Mal. Desde então, o Éden é proibido para os seres humanos. O contexto agora é de dor e de necessidade do trabalho árduo para sobreviver.

Por outro lado, na Grécia Arcaica, no século VIII a.C., temos a narrativa hesiódica da criação de Pandora, que trata de um mito igualmente fundante. Em *Os trabalhos e os dias*, vv. 42 a 105, vemos o mito de Prometeu e Pandora.

Entretanto, antes de passarmos à análise desse mito, façamos algumas breves considerações a respeito da noção de *Mythos*.

*Mythos*, em grego, significa "palavra ou discurso", mas, obviamente, não qualquer palavra nem qualquer discurso, e, sim, aquele que faz relatos sobre eventos acontecidos em um tempo muito anterior à ordem atual. *Mythos* se opõe, sobretudo, ao discurso conceitual, à razão demonstrativa e ao *Lógos* ("palavra e discurso", mas de outra natureza). Ele é forjado pela imaginação e transmite um relato e uma mensagem a um destinatário. Essas narrativas, que apresentam uma explicação aos fenômenos naturais, respondem, igualmente, à questão das origens: criação do mundo, nascimento da humanidade, fundação de uma cidade, estabelecimento de um poder etc.[7] Observemos, ainda, que, diferentemente dos contos de fadas e das lendas, o mito é sempre reconhecido como "Verdade" por determinada sociedade. Apesar dos elementos sobrenaturais e maravilhosos, o mito nos conduz sempre à realidade do mundo. Há, evidentemente, o discurso dos mitos e o discurso sobre os mitos, sendo que as leituras mais frequentes e as interpretações modernas mais aceitas podem ser organizadas nos seguintes itens: (a) mito e ritual; (b) mitologia comparada; (c) estruturalismo e mitologia; (d) psicanálise e mitologia; (e) ciência dos mitos. Fechemos este parêntese!

## *Prometeu e Pandora na* Teogonia *(vv. 507-566)*

Este mito é narrado na *Teogonia*[8] na seguinte disposição.

Aqui os protagonistas são Prometeu, caracterizado por sua astúcia[9] e por sua arte fraudulenta, e Zeus, cuja sabedoria se manifesta por sua astúcia superior e sua inteligência soberana. Nessa narrativa ainda vemos Atena e Hefesto, convocados para fabricar a primeira mulher, Pandora, o "belo mal" (v. 585), "prodígio aos olhos" (v. 581). Assistimos, nesse ponto, a um embate entre Zeus e Prometeu, que se inicia quando o filho de Jápeto oferece um presente doloso a Zeus (do boi sacrificado, somente seus ossos envoltos em gordura). Zeus, embora tivesse ciência do logro, aceita a oferenda, que aparentava ser a melhor das partes, mas,

---

7 Sugerimos a leitura Saïd, S. (1993). *Approches de la Mythologie Greque*.Paris: Nathan.

8 Usamos a tradução de J. A. A. Torrano (Hesíodo, 1995).

9 *Métis* pode ser traduzida por "astúcia", "inteligência ardilosa", "maquinação do intelecto"; personificada, ela é descendente de Urano (o Céu) (Hesíodo, 1995, vv. 337-403) e é uma das esposas de Zeus. Sobre essa divindade, conferir Détienne & Vernant (2008).

efetivamente, era a pior parte do animal sacrificado. Enfurecido, ele, num contragolpe, tira dos mortais o fogo celeste. Prometeu, por sua vez, rouba esse fogo e, ardilosamente, coloca-o no oco de uma férula para conservá-lo aceso e o entrega aos humanos. Temos, portanto, o fogo "natural" de Zeus e o fogo "fabricado" de Prometeu. Em resposta – dando-lhe um xeque-mate –, Zeus oferece a belíssima virgem de rosto divino, e, assim, nasce a primeira da linhagem das mulheres.

Aqui fica instituído o casamento como instituição que preserva a procriação humana. Esse episódio se passa em Mecona, lugar mítico onde teria havido a repartição das honras e dos lotes próprios de cada um dos deuses; nesse sentido, o evento prometeico é mais uma ocorrência no contexto de partilhas.

Na *Teogonia*, portanto, nesse episódio, o que se destaca é o sacrifício e, igualmente, o jogo entre os dois protagonistas, que poderíamos sintetizar da seguinte maneira: Prometeu "tira" de Zeus a melhor parte do animal sacrificado, que lhe era devida. O Cronida, então, "tira" o fogo dos homens. O filho de Jápeto "rouba" o fogo de Zeus. Por fim, em lugar do fogo (*antìpyrós*), Zeus "dá" um dom aos homens "comedores de pão": a primeira mulher. Para finalizar esse breve apanhado do relato mítico, observamos que o "Dom" – tema tão caro à antropologia, e, mais ainda, em se tratando de um dom de Zeus que não se deve aceitar por causa de sua contrapartida –, aqui, justamente, é apresentado como xeque-mate dado pelo "Pai dos deuses e dos homens".

## *Os trabalhos e os dias (vv. 42-105)*

Nos *Erga*, este mito põe em destaque, além dos personagens que aparecem na *Teogonia*, a primeira mulher, que aqui aparece nomeada, Pandora, também Epimeteu, irmão e reverso de Prometeu,[10] além dos deuses convocados para a confecção de Pandora: Hefesto, Atena, Afrodite (com entidades de seu séquito) e Hermes. O episódio se inicia com a constatação de que os deuses ocultaram o que é vital para os mortais, o fogo. Se isso não tivesse ocorrido, os seres humanos (*ánthropoi)* poderiam trabalhar apenas um dia para conseguir o necessário sustento para o ano todo. Lembramos a semelhança com a vida agradável da Idade do Ouro (*Erga*, vv. 106-126).

Zeus se enfurece por causa do episódio do primeiro sacrifício. Por essa razão, o Cronida oculta o fogo celeste. Prometeu rouba-o. Zeus, então, convoca alguns deuses do Olimpo para a fabricação de um ser novo, com corpo de virgem e rosto das deusas, qualificada como a "grande praga", "o mal que será mimado por todos", "prodígio aos olhos": Pandora. Ela é confeccionada por Hefesto – conhecido por ser também o deus da cerâmica –, que mistura terra à água e a faz como se fosse um jarro, um *píthos*,[11] que é o tipo de jarro que ela traz consigo, aquele que é usado para guardar grãos, alimento para os mortais. Essa parte do episódio prometeico, nos *Erga,* tem muitos detalhes.

---

10 Os dois nomes vêm da mesma raiz de *Métis*. Os prefixos *pro-* e *epi-* têm aqui o significado temporal de "antes" e "depois". O nome Epimeteu indica que ele tem a compreensão dos fatos só "depois" de terem acontecido, como fica claro na narrativa. Já o nome Prometeu indica o sentido inverso, isto é, aquele que tem uma pré-compreensão dos fatos e suas implicações. Fala-se em "Prometeia" e "Epimeteia" como formas de intelecção dos fatos.

11 *Píthos* é um tipo de jarro de grandes dimensões que servia para armazenar os grãos. Aqui há um paralelo possível com a figura de Pandora: além de feitos com a mesma matéria, ambos têm uma bela e promissora aparência. A mulher é belíssima, enquanto o jarro também tem bela aparência e é promissor porque supõe um alimento para os mortais. Entretanto, tanto ela quanto a peça de cerâmica carregam em seu interior muitos males. Em relação ao *píthos*, Pandora é uma metonímia e tem nesse mesmo jarro uma metáfora de si mesma.

Como na *Teogonia*, os deuses instados a confeccionar Pandora são Hefesto, Atena, Afrodite e Hermes. Ao primeiro, Zeus ordena que molde uma bela forma de virgem e nela coloque humana voz e força. A Atena, ele determina que lhe ensine o complexo trabalho da tecelagem e lhe arrume no corpo os adornos. À dourada Afrodite, ordena que à volta da cabeça ela lhe derrame graça, o terrível desejo e as preocupações devoradoras de membros. Afrodite envia em seu lugar seus desdobramentos, suas acompanhantes, as Graças, a soberana Persuasão e as Horas, para que deem seus atributos a Pandora para enfeitá-la. A Hermes, o mensageiro, Zeus ordena que coloque em seu peito o espírito de cão, mentiras, sedutoras palavras e dissimulada conduta. Assim, pronto, esse novo ser surge com belíssima aparência, porém com atributos danosos em seu interior.

Hermes entrega Pandora, como um presente, a Epimeteu, irmão de Prometeu, a quem este prevenira que não aceitasse nenhum presente dos deuses para que nenhum mal acontecesse aos mortais; mas ele, fascinado com a aparência do novo ser, acolhe-a irrefletidamente, como, aliás, já está indicado em seu nome. Depois de tê-la aceitado, ele percebe seu erro. Até esse momento, os humanos viviam em harmonia com os deuses, sem nenhum mal, sem os difíceis trabalhos e sem as terríveis doenças. Desde que surge a primeira mulher, os *ánthropoi* (seres humanos, ver página 106) passam a ser referidos como *Ándres* (homens) e *Gynaíkes* (mulheres). Nesse sentido podemos afirmar que os homens só surgem após a primeira mulher. Observação que não deixa de ter, certamente, sua curiosidade.

Pandora, então, abre a tampa do jarro que traz consigo e dispersa todos os males, as doenças e os difíceis trabalhos. Quando volta a fechá-lo, apenas a *Elpís* (a Expectação)[12] fica presa lá dentro.

---

12 *Elpís* foi traduzida por "Expectação" porque comporta mais o sentido amplo

Para fora, errando entre os mortais, estão mil pesares na terra e no mar; doenças, de dia e de noite, vão e vêm, espontâneas, levando males aos mortais; em silêncio elas chegam, pois o tramante Zeus a voz lhes tirou.

Esse relato termina com o seguinte verso admoestador: "Da inteligência de Zeus não há como escapar!".

## *O mito bíblico e o mito hesiódico*

Tracemos, aqui, um paralelo entre as duas narrativas!

Comecemos pelo que possuem de pontos comuns e, depois, sigamos pelo que diferem.

Em ambos os casos o primeiro ser humano é construído de barro por um deus. No evento prometeico se percebe a presença da Astúcia como elemento disparador de implicações ou consequências no mínimo ambíguas, para não dizer, simplesmente, deletérias. No texto do Gênesis, a Astúcia aparece como característica da serpente, que induz o casal inaugural a desobedecer ao que fora estabelecido por Deus.

Nos dois mitos, os personagens estão em um lugar tranquilo e aprazível. Na narrativa bíblica, porém, esse lugar é localizável "geograficamente" e razoavelmente descrito. Nas narrativas de Hesíodo sabe-se apenas que tudo aconteceu em Mecona.

Nos dois casos acontece a desobediência em relação ao estabelecido pela divindade. Essas transgressões, de algum modo, põem em xeque a soberania das divindades. Talvez a ousadia que vemos

---

de espera (do positivo ou do negativo), presente no original grego, bem mais que a palavra "Esperança", que tradicionalmente aparece nas traduções.

nos personagens de ambos os relatos pudesse ser caracterizada como a *Hýbris* grega, isto é, um "excesso", uma "desmedida", um ato de orgulho em relação a quem é hierarquicamente superior. Essas desobediências têm de ser penalizadas. Na Bíblia, temos como castigo a expulsão do primeiro casal do Éden, além da contingência de parir na dor e da necessidade do trabalho árduo para conseguir o sustento. Em Hesíodo, temos também o advento da dor, das doenças, bem como o incessante esforço do trabalho para garantir a subsistência. Nesse episódio verificamos as razões da necessidade da reprodução sexuada, do trabalho e do sacrifício como elemento de comunicação entre deuses e homens.

Em ambos os relatos, constatamos que o homem é persuadido a transgredir pela ação da mulher. No Gênesis há a "sedução" pela serpente e a satisfação do desejo de conhecimento do Bem e do Mal, que, até então, era prerrogativa divina. Nos *Erga*, Prometeu é quem proíbe seu irmão de aceitar o presente divino. Epimeteu, seu reverso, uma espécie de "outro lado da mesma moeda", é quem comete a transgressão, seduzido pela bela aparência de Pandora. Nos dois relatos, os homens se mostram menos astutos, enquanto as mulheres, de alguma forma mais inconsequentes, têm responsabilidade na "liberação" dos males para a humanidade. Entretanto, elas parecem mais ousadas e incautas que propriamente astutas.

À persuasão da serpente e de Pandora se acresce a sedução das "vítimas", em um jogo de mão dupla. Também à aparência atraente da primeira mulher e do fruto da árvore proibida se acrescenta uma interioridade contrária e danosa. Verificamos aí um jogo entre "aparência" e "essência", que, por sua vez, nos remete à oposição entre "Natureza" e "Cultura". Isso é perfeitamente visível na ação de Prometeu, quando inventa um artifício para preservar o fogo aceso ou, ainda, na fabricação da primeira mulher, quando os deuses lhe agregam características de diferentes procedências para construir um ser original, mas que, curiosamente, tem caráter vicário.

Em nossa compreensão, o que realmente opõe esses dois relatos míticos são as índoles diferentes dos dois sistemas religiosos em questão. O judeu-cristão tem a Bíblia como seu livro sagrado e se apoia em dogmas, preceitos que não precisam ser explicados para serem respeitados. Já o sistema religioso grego antigo não se ampara em dogmas nem tem livros sagrados; seus mitos são narrados em diferentes livros, como em Homero, Hesíodo, tragédias do século V a.C. e outros. Ainda nessa direção, ou seja, na do distanciamento entre ambas as religiões, podemos destacar a natureza antropomórfica dos deuses gregos.

Notemos, ainda, que o antropomorfismo dos deuses gregos explica, em parte, essa ausência de dogmas, pois o ponto de partida é o homem com suas características e atribuições, e não um ser que o cria à sua imagem. É exatamente o contrário. A verdadeira superioridade dos deuses reside no fato de serem imortais e sempre jovens.

Se mais analisássemos, mais pontos convergentes e divergentes encontraríamos, pois, como sabemos, a polissemia é uma das mais louváveis propriedades do relato mítico. Em uma primeira abordagem, os pontos que destacamos anteriormente nos parecem suficientes para explicar o interesse desses dois mitos fundantes.

# Um recorte clínico à luz do mito do Jardim do Éden, sob o vértice predominante da teoria bioniana: hostilidade ao conhecimento e moral arrogante

*Maria Aparecida Sidericoudes Polacchini*

## *I*

Entre os textos de Bion sobre o mito do Jardim do Éden estão *Os elementos da psicanálise* (1963/1966b); *Atenção e interpretação* (1970/1973); *The Grid* (1977d), "Seminários em Roma" (1977c) e *Cogitações* (1992/2000). Questões correlacionadas são encontradas em "Sobre a arrogância" (1957); *O aprender com a experiência* (1962/1966a); *Transformações* (1965/2004), *Uma memória do futuro* (1991/1996) e, ainda, em conferências e supervisões.

O referido autor equipara os mitos aos sonhos. Os mitos, sonhos coletivos, e os sonhos, mitos pessoais (Bion, 1992/2000). Nessa esteira, Chuster et al. (2003, p. 88) dizem que o mito corresponde a um "*sistema de comunicação* . . ., um modo de significação . . ., um *espectro de possibilidades*, como a dos sonhos e de pensamentos oníricos".

Bion considera o mito do Jardim do Éden um dos modelos primitivos de crescimento mental, representando evolução de O (Bion, 1970/1973), e o situa na fileira C da Grade (Bion, 1963/1966b).

Ao focalizar esse mito, destaca a figura do deus do Éden. Chama a atenção para a "possessão do pai", "deus ou destino, onisciente e onipotente . . . parte de um sistema moral . . . hostil à humanidade na sua busca de saber" (Bion, 1963/1966b, p. 178). Essa visão assemelha-se à do poeta inglês Milton, em *O Paraíso Perdido*", de 1667, que, na voz da serpente, qualifica esse deus como "autoridade invejosa, inventada com o propósito de manter humildes aqueles que a sabedoria exaltaria" (Milton, 1667/2000, p. 134).

O filósofo Flusser (1967/2002) relaciona o mito da expulsão do paraíso ao surgimento do pensamento: o acontecimento mítico de comer o fruto proibido e a distinção entre o bem e o mal sugerem que "estamos sendo sempre expulsos do paraíso toda vez que distinguimos, toda vez que duvidamos" (p. 41).

Para Fiorin (1996), a queda do paraíso, depois do casal adâmico provar o fruto proibido, marca o trânsito da natureza para a cultura, "entrada do homem na História, ou seja, no tempo e espaço não míticos, em que o ser humano sofrerá a condição humana" (p. 12).

Bion (1992/2000) se refere à "dupla face" do deus do Gênesis, pois ele plantou a "Árvore do Conhecimento" e expulsou Adão e Eva quando dela provaram. A curiosidade do casal, ao colocá-los em desobediência à divindade, levou-os ao exílio do paraíso e à origem da pecabilidade.

Seja em relação ao conhecimento, seja em relação ao pensamento, podemos associar esse deus ao estado mental que, ao deparar-se com uma ideia nascente, a aprisiona ou a expulsa: aprisiona ao transformá-la em verdades ou credos e expulsa ao colocar a ação no lugar de *insights* ou da decantação e expansão do pensamento ou do conhecimento. Como instância psíquica, podemos nomeá-la superego primitivo, onisciente e onipotente, cuja intolerância é regida por uma moral arrogante.

Grotstein (2007), citando os mitos do Jardim do Éden, da Torre de Babel e de Édipo, comenta sobre a divindade contra a curiosidade do homem e relaciona a esta um "superego severo, maligno, originalmente um 'objeto obstrutivo', que internamente 'ataca os vínculos' de comunicação com os objetos e com a própria curiosidade" (p. 34).

Bion (1963/1966b) nos faz notar nesse mito a oralidade: "no Éden, a divindade proíbe o comer, que confere a sabedoria do bem e do mal" (p. 193). O saber é almejado e proibido, "a serpente incita o desejo pelo fruto" (p. 178).

Sobre a tentativa de comer do fruto proibido, diz (Bion, 1985/2017) que "todas as narrativas sobre o mito presumem que foram excitados os perigosíssimos monstros da onisciência e da onipotência". Prossegue, dizendo: "Deixar-se dominar ou motivar-se pela curiosidade, pelo nosso desejo de saber, parece ser uma ocupação perigosa, sobretudo se nos encontrarmos com uma mente que tem características de onisciência e onipotência". E cita o poeta Milton, "quem ousa desafiar o Onipotente, às armas" (p. 20).

Na psicanálise, Freud, Klein, Bion e outros, cujos pensamentos selvagens se transformaram em descobertas originais, provocaram o *establishment*, e, na história da humanidade, por esse desafio, muitos foram perseguidos, banidos e até exterminados. Por outro lado, na condição de exilados, muitos produziram suas obras mais significativas.

Retomando a questão da oralidade, com ela começamos a experimentar o mundo, conhecê-lo. Concomitantemente ao sabor, o saber (Rezende, 1999). Klein (1930/1996) aponta o desejo de conhecer, poderoso impulso primordial – o epistemofílico –, e nos mostra que ele, quando fortemente acompanhado de fantasias inconscientes sádicas de devorar/ser devorado e que se estendem para dominar/ser dominado, roubar/ser roubado, seduzir/ser seduzido, leva a sentimentos de culpa ou inibição da curiosidade.

A teoria bioniana (Bion, 1962/1966a) amplia o impulso epistemofílico aos vínculos de ligação entre amor (L), ódio (H) e conhecimento (K). Expande, também, a influência da oralidade e utiliza o modelo alimentar, digestivo, para tratar do pensamento. Relaciona metabolizações com transformações do conhecimento e do pensamento, como nos sonhos e no pensar, aponta para as evacuações do pensamento e para intoxicação e indigestão mental, como nos pesadelos e delírios.

Bion, ao oferecer um novo vértice de observação em relação ao mito de Édipo, assinala a arrogância na busca da verdade (1957/1977f) também no mito do Jardim do Éden, ao apontar o deus hostil ao conhecimento (1963/1966b); destaca a hostilidade como vértice de observação: o ataque ao conhecimento, para além das questões apresentadas pelo mito, referentes a sexualidade, dor e morte.

Distingue, ainda, que a invariante encontrada nos mitos do Jardim do Éden e de Édipo, com a Esfinge que instiga a curiosidade, e da Torre de Babel, pela aspiração à divindade, é "um local de bem-aventurança ou expulsão de lá, ou seja, o exílio" (Bion, 1963/1966b, p. 178).

Segundo Amati-Mehler, Argentieri e Canestri (1990/2005), o que Bion deixou de assinalar e discriminar é que o exílio é condição necessária ao "conhecimento *possível*", pois exílio implica "criação de limites" (como a cegueira em Édipo), que assegura a possibilidade da diferenciação, de separar-se "do idêntico, onde não há limites" (Amati-Mehler et al., 1990/2005, p. 47).

Christopher Bollas (2000) chama a atenção para a vida inconsciente do *self*, na qual a função de exilar o indesejado está associada à imago arcaica do pai. Em *Édipo Rei*, de Sófocles, é Laio, o pai, quem autoriza o banimento do bebê Édipo e não a mãe, Jocasta. Freud (1913-1914/1974), em "Totem e tabu", assinala a expulsão dos filhos pelo pai da horda primeva. Na mitologia grega, muitas são as narrativas de pais que devoram filhos.

Curiosidade e exclusão relacionam-se à cena primária. Esses elementos associados a sentimentos persecutórios tornam a referida cena extremamente vulnerável a ataques, ou, em outra direção, o sujeito é levado à idealização de situações idílicas.

## *II*

No recorte da situação clínica que logo mais relatarei, será possível acompanhar o mundo psíquico da paciente, em alguns movimentos e dimensões. Em uma das dimensões, comparece como a serpente, invejosa, na forma de fala sedutoramente enganosa para convencer a analista, e, simultaneamente, apresenta-se como o deus hostil do Éden, na configuração de um superego invejoso que hostiliza a curiosidade, o pensamento, o conhecimento, o crescimento psíquico e impõe uma superioridade moral impiedosa ao diferente e ao semelhante que se deseja afastado. O Éden comparece como nostalgia do paraíso perdido e busca idealizada de um lugar que o represente. Como na queda de Adão e Eva, o viver da paciente é lamentar o lugar do desterro, do não lugar, do exílio. As questões de sexualidade, dor e morte são marcadas por silenciosa exclusão. A analista ora representa o deus proibitivo, ora a serpente que incita a curiosidade e o conhecimento. A interpretação que oferece a ideia nova, a promover uma cesura libertadora, quando recebida pelo superego hostil, aciona o ódio ao conhecimento e, desse modo, é eliminada ou desprezada, e, ali, a cesura torna-se impenetrável.

O superego primitivo, dimensão que se destaca nessa personalidade, carrega traços da "consciência moral primordial" (Mattos & Braga, 2009), é instância de terror a triunfar sobre a experiência emocional, impedindo-a e por vezes destruindo-a. Assim, conhecimentos e pensamentos que poderiam advir da experiência são suplantados por atos e julgamentos antecipatórios, com predomínio de intolerância e preconceito. Noutras palavras, é o estado mental que leva a julgar e agir antes de conhecer e pensar. A autocensura é tão exacerbada que leva o sujeito a apontar a deficiência no outro, para minimizar o terror avassalador de seu próprio julgamento. Nessas condições, o indivíduo não aguenta falhar.

O viver submetido ao imperativo desse superego é um viver mutilado, com perda de plasticidade mental, maniqueísta na divisão do bem e do mal, com pensamento concreto, criatividade prejudicada e restrição das múltiplas possibilidades do pensar em favor de regras e crenças e, como tais, fechadas. Nesse estado prevalecem os elementos conjugados de onisciência, arrogância, estupidez, vínculos de ódio (H), menos amor (–L), menos conhecimento (–K)[1] e fanatismo (--K).[2] Destacam-se as transformações projetivas e em alucinose (Bion, 1965/2004).

Passemos à situação clínica, na qual destaco a primeira fala da paciente:

Primeiro encontro com a paciente: À minha pergunta sobre o que se passava com ela, respondeu, em tom hostil: *As pessoas vão a bares, bebem, fumam, ficam ligadas à internet até para sexo, presas aos celulares, ao Facebook, e eu, porque quero participar da*

---

1 (–L) e (–K): des-amor e des-conhecimento (Sapienza, 2016).

2 (--K): notação usada por Stitzman (2016).

*comunidade Mar Azul, acham que estou viciada em religião! Meus pais pensam assim, meus irmãos, o psiquiatra.*

Falas com as quais a paciente iniciou o segundo e o terceiro encontro são apresentadas a seguir.

Início do segundo encontro, em tom arrogante: *Saí, sim, na contramão, com minhas filhas. Peguei-as na escola, para almoçar na Casa Irmã Dulce, com as pessoas de rua. Por que não posso mostrar a elas a realidade, por que viver só no luxo? Mas não cheguei lá, a polícia me seguiu e me parou, me achou louca porque as crianças gritavam, e eu com elas.* Sem pausa, continua arrogante: *Tenho, sim, vontade de morar na comunidade Mar Azul. Tenho muitos santos em minha casa, mas as pessoas não têm fotografias, pinturas esquisitas? E ninguém é considerada louca!*

Início do terceiro encontro, em tom de indignação: *Minha filha está de recuperação em Religião, mas também querem que ela estude umbanda e espiritismo! Para que precisa saber disso?*

Quando a paciente chegou ao segundo encontro, dizendo "tenho, sim" ou "fiz, sim" isto ou aquilo, não eram respostas às minhas perguntas, pois eu nada perguntara. Compreendi que "*tenho, sim*" e "*saí, sim*" eram respostas desafiadoras às reprovações que via estampada nos pais, nos irmãos, e as enxergava em mim e me transformava no deus que a proibia e condenava. Percebi que ela não precisava indagar-se, tinha as respostas e a certeza delas, assim, encarnava a onisciência da divindade. Nesse estado de transformação projetiva no qual o que viu no outro debitou em mim e em transformação em alucinose pelo que criara de realidade para si e pelo que mostrava de superioridade de seu método de julgamento, ela revelava quão mutilada estava sua capacidade de conhecer, questionar-se, pensar e formular juízos de valor. Em suas certezas, com as quais queria persuadir-me, eu reconhecia grandes equívocos e, ao mesmo tempo, questionava-me sobre quais sentimentos indigestos exerciam-lhe pressão e distorção tão violentas (Bion, 1965/2004). Compreendi que deveria, aos poucos, ajudá-la a identificar tais sentimentos. Na excitação de suas falas, reconheci que ela abrigava um sentimento de catástrofe, sem se dar conta dele, e este se revelava por meio de um superego assassino, invejoso, que consagra o triunfo da moral intolerante. Embora se considerasse julgada, ela julgava e condenava, e, no meu entender, julgava de modo distorcido. Revelava um "estado mental religioso" (Castelo Filho & Trachtenberg, 2016), estado de submissão a um deus arrogante, impeditivo, que não lhe permitia conhecer e compreender, somente julgar (Bion, 1992/2000; Sapienza, 2016; Castelo Filho & Trachtenberg, 2016).

Considero oportuno esclarecer que esse "estado mental religioso" independe de pensamentos e conteúdos ligados à religião. Uma de suas características é a que se faz notar nessa situação clínica: a presença de uma instância hostil ao contato com a realidade e a verdade, com predominância da moral e do terror de conhecer e pensar.

Em *O Paraíso Perdido* (Milton, 1667/2000), há um momento em que Adão vive uma estreita conjunção da moral e do terror de conhecer. Antes de o deus do Éden julgar o casal adâmico, após Eva ter dado ouvidos à serpente e Adão tê-la acompanhado, ficaram "silenciosos, com semblantes confusos, como se tivessem ficado mudos", até que Adão diz à mulher:

> *achamos nossos olhos abertos e achamos que conhecemos o bem e o mal, o bem perdido e o mal adquirido! Desgraçado fruto da ciência, se é ciência saber-se o que nos deixa assim nus, privados da honra, da inocência, da fé e da pureza. (p. 314)*

É importante ressaltar que esse estado mental pode manifestar-se sem que se perceba sua violência, quando, por exemplo, realidade e verdade são sentidas como ofensa ao sujeito; o bem e o mal são cindidos e distanciados; crenças ocupam o lugar das experiências, situação de poder estimula autoritarismo; e, especialmente, quando se julga o próprio conhecimento como superior ou único e desqualifica-se o olhar e viver do outro, com tendência a condenar, afirmando, como aponta Bion (1962/1966a, p. 116), "sua superioridade pela deficiência que encontra em tudo". Com essa presunção, a ilusão narcísica é juntar-se à comunidade de iguais e banir os díspares.

No contraponto dessa arrogância, evoco Bion (1991/1996), que, por meio do personagem psicanalista (P. A.), diz:

> *Encaro qualquer coisa que "sei" como uma teoria transitiva – uma teoria "a caminho" do conhecimento, mas não o conhecimento. É meramente uma "parada para o descanso", uma "pausa", onde eu possa ficar temporariamente livre para estar consciente de minha condição, mesmo que esta condição seja precária. (p. 46)*

E, mais adiante, P. A. diz: "Fanatismo e ignorância são duas características bem antigas e bem desenvolvidas pelo ser humano. . . . Confio que nossa capacidade para as detectar não se torne desgastada" (Bion, 1991/1996, p. 131).

Continuando com a situação clínica: compreendi que a paciente se encontrava como Adão e Eva após a queda, identificada com os excluídos, os miseráveis de rua, em estado de penúria melancólica; identificada com os santos, por aspiração megalomaníaca ao divino e busca de proteção a seu desamparo e solidão; com a comunidade Mar Azul e Casa Irmã Dulce, na busca de acolhimento ao seu sentimento de orfandade, fome de afetividade e compartilhamento; e identificada de modo amplo com a religião, para evitar o contato com quaisquer sentimentos e desejos tidos como intoleráveis, especialmente os sexuais. Entretanto, no fundo de suas falas eu ouvia uma voz nostálgica que clamava aconchegar-se; em mim, as palavras mar e casa ressoavam mãe. Assim, a meu ver, a paciente, em seu abandono e solidão, trazia uma expectativa edênica, clamava pelo paraíso/o lugar de bem-aventurança/o útero perdido, idealizado na comunidade Mar Azul e Casa Irmã Dulce.

## *III*

A paciente se imaginava no caminho da razão e da verdade e, como a serpente, tentava me convencer disso, mas não percebia quão envenenada estava de obscurantismo. Não percebia que estava naufragando na onisciência e onipotência. Encontrava-se submetida às ordens de uma moral que se arvora de saber e autoridade para encontrar soluções competentes para sua vida, mas desse modo se enganava, pois a atitude dessa dimensão superegoica é penalizar, já que sobrevive alimentando-se de arrogância, estupidez, hostilidade e culpa. Assim, as soluções que a paciente buscava eram, em seu desespero, desastrosas. Entretanto, ao se encontrar diante do que nomeei a ela de "santa loucura" (o incidente da contramão), é que pôde parar e ser trazida para a análise, ter a chance de começar a perceber quanta aspereza, carência, desespero e infelicidade ela sentia.

Seu julgamento mostrava-se equivocado, delirante, como na situação de mostrar a realidade às filhas, querendo que almoçassem com os moradores de rua, e na falta de diferenciação entre a vida livre e prazerosa das pessoas, certamente desejada e invejada por ela, e o seu aprisionamento na obsessão religiosa. Reconheci que o viver mundano dos prazeres e também das dores a aterrorizava, e seu triunfo alucinatório era criar outra realidade, outro mundo para si e para as filhas.

No segundo encontro, ela reclamou que lhe tiraram a chave do carro, estava, agora, na casa dos pais, tendo de obedecer a eles, *tudo porque andei em alta velocidade na contramão*, disse ela, e, nesse momento, parecendo aproximar-se de uma indagação sobre o ocorrido, disse: *não sei o que ocorreu, quando vi estava na contramão e com o guarda atrás, acelerei o carro, que violento isso!* A paciente sugere que sente sua força pulsional como não-eu; desse modo, ela parece dar-se conta da violência da cena, mas não da violência dentro de si, dos impulsos suicidas e homicidas. Assim, também, parece dar-se conta de sua infelicidade pelo ocorrido, mas por estar sob a vigilância dos pais, não por sua precária e perturbada condição mental, que se evidenciou na referida cena. Por outro lado, com esse incidente parecia buscar, embora de modo ensandecido e desastrado, um viver diferente, certamente na contramão de tudo o que vinha vivendo ou deixando de viver.

Nas precárias condições psíquicas em que essa paciente se apresentou, penso que, caso conseguisse formular uma questão sobre sua existência, ainda não o faria na direção de "quem sou eu", mas de "onde estou", "qual o meu lugar" (Enriquez, 1999, p. 192).

Com o referido episódio da contramão, ela mostrava ter estado sob a ação de uma força/serpente, inconsciente, desmedida, configurando um ato trágico, pela manifestação do "desconhecido e do imprevisível" (Schermann, 2003). Segundo ela, *uma força demoníaca*. Para começarmos a explorar essa questão na direção de "quem sou eu", propus que ela me parecia bastante assustada, por sentir uma força desconhecida e desenfreada dentro dela. Fez-se um silêncio entre nós e, depois, ela disse que estava com medo, medo de tudo, de não saber cuidar das crianças, que tinha hora que tinha vontade de sumir, que na família diziam que ela não estava cuidando das filhas, que estavam engordando muito. Ela me mostrou o terror de ter para si o que entendi como cuidar da criança desamparada e esfaimada em si mesma e cuidar das filhas, na falta do marido. Se, por um lado, viver, agora, nesse lugar, sob a vigilância dos pais e comigo, na análise, lhe causava indignação, por outro, ter para si o lugar da responsabilidade pela própria vida e da prole a aterrorizava.

Paradoxalmente ao forte ato impetuoso em que colocara a ação no lugar do pensamento, ela se mostrava consumida, sofria de inanição mental, sem força psíquica para si e para as filhas. Ela não fazia referência ao falecimento do marido, fato de que tomei conhecimento quando, meses antes, marcara um horário comigo, falara a respeito, desmarcando o horário logo depois. Eu, então, trouxe para a sessão a perda do marido.

Passou a chorar muito e, depois, disse que sentia *uma tristeza sem fim*. Nesse momento, arrogância, onisciência e estupidez se desfizeram. Adentrávamos o mar das dores e lágrimas. Passara a encarnar os sentimentos humanos dos quais tentara evadir-se, especialmente o sentimento de catástrofe. A consciência de finitude compareceu em relação a si própria e às filhas, como um baque ao seu narcisismo, à "ingenuidade paradisíaca" (Flusser, 1967/2002). Evoco a percepção de Adão em relação à morte, após a queda do paraíso, ao dizer:

> *a morte não é como supus, um golpe que nos priva dos sentidos, mas é a contar deste dia, interminável miséria, que começo a sentir ao mesmo tempo em mim e fora de mim, e assim até a perpetuidade... . . . Este temor gira atordoante, como terrível revolução na minha cabeça indefesa. (Milton, 1667/2000, p. 353)*

Pude conversar com a paciente sobre seus sentimentos de orfandade e desamparo e relacioná-los à busca idealizada pela comunidade religiosa, o paraíso edênico, com a fantasia de protegê-la de mais mortes e dores.

Ela disse-me que não podia conversar sobre morte com ninguém de sua família, não queriam que ela falasse disso; compreendi, então, que a morte havia se transformado em tabu e sua casa, em santuário. Projetivamente ou não, o fato é que até então se sentira impedida e se mantinha intoxicada de ódio e sujeita a sacrifícios masoquistas.

## *IV*

O silêncio a que se viu forçada levou-a a associar um fato que veio a descobrir na vida adulta. Quando nasceu, foi mantida em segredo até os dois meses de idade, já que a mãe se casara grávida, segredando esse fato. A experiência dos pais até então soterrada na *cripta*, onde se inscreve a memória do que não se consegue falar (Abraham & Torok, citados por Santos, 2016), fora-lhe aberta e revelada.

A cesura de morte do marido, com a proibição de falar dessa ausência, levou-a à cesura do próprio nascimento, que, por não poder ser revelado, não permitia que ela existisse para ninguém além dos pais. Entretanto, a questão que permanece é: até que ponto a mãe, nessas condições de não comunicar às famílias o nascimento, silenciá-lo, pôde mostrá-lo a si própria e se relacionar com a filha recém-nascida, acolher as próprias angústias e as angústias de aniquilamento desse bebê? Conjecturo que a catástrofe tenha se iniciado ali, pelo traumático da impossibilidade ou insuficiência das transformações das angústias, pois como a mãe podia acolher, sonhar e oferecer *rêverie* a esse bebê, se ele não poderia ainda existir?! Acredito que nessas condições do terror de aniquilamento não transformado se instaurou o superego primitivo, a dimensão que faz prevalecer o próprio terror, a rigidez, a moral no lugar dos sonhos, da curiosidade e da abertura ao conhecimento, ao pensar e à verdade. Compreendo, também, que essa instância superegoica volta a imperar na paciente a cada situação de mudança, sentida como ameaça à sua sobrevivência.

Por meio das sessões, percebi que ela não conseguia sonhar com as filhas, sonhar para elas, só mostrava terror em relação às crianças. Penso que esse buraco vazio de sonhos e repleto de pesadelos nos permite conjecturar que, em seu tempo inicial de vida, não fora sonhada.

Explorando um pouco mais a hipótese da falta de transformações das angústias desse bebê, conjecturo, pelo vértice da cena primária, o quanto a curiosidade da paciente e, em decorrência disso, a curiosidade acerca de si mesma foram impedidas pelo incompreensível e enigmático segredo da vida sexual dos pais. Tudo indica que nesse ambiente familiar, representação dos degradados filhos de Eva, sexualidade e morte, por vergonha e dor, estão segregadas no indizível e "o que se mantém é o não saber, o não saber de si, de sua história" (Santos, 2016, p. 83).

Compreendi que, com o silêncio, passara a mutilar sua mente. Esse mutismo sugeria um estado não apenas de fechamento em si mesma, de não liberdade (Kierkegaard, 1968), mas de mutilação psíquica. Penso que a impossibilidade de vincular sua experiência afetiva aos pensamentos e às palavras a levara ao abandono, ao exílio de si mesma e aos consequentes desamparo e desespero, em luta com o que sentia que a realidade lhe impunha. A cena da proibição de falar e ser reconhecida se repetia. Agora, o desastre se evidenciava.

Entendi que ela, desse modo, aprisionada, vinha na contramão do viver livre e sustentava a não verdade de sua vida mantendo-se onipotente e autossuficiente. Paradoxalmente, ao tomar a rua na contramão, pode rebelar-se contra a servidão ao silêncio forçado. Como um personagem trágico que se apresenta em luta e fuga contra os acontecimentos que o destino lhe impõe, não encontrando condição para afastar-se do poder dos deuses, aqui entendido como família e o próprio superego primitivo, não conseguindo pensar e viver de forma diferente da ordem familiar e da própria ordem superegoica.

## *V*

No terceiro encontro, no qual falou que uma das filhas estava de recuperação em religião, disse: *Também, por que ela precisa saber de espiritismo e umbanda? Não tem que ler sobre isto, elas (as filhas) não precisam saber, a escola não pode exigir isso*, e eu lhe disse que parecia que ela acreditava que a escola estava propondo a prática de uma dessas religiões, mas eu entendia que a escola apenas mostrava a diversidade religiosa e cultural de nosso país. E comentei: *Você não acha que isso é importante para ampliar a visão de mundo?* Estendi a questão, conversando sobre as tantas maneiras de estar no mundo. Nesse momento, percebi que ela me via como a serpente que incita a curiosidade e o desejo de saber. Ela me escutava, seu olhar era de interesse pelo que lhe estava propondo, mas logo recuou e retrucou. Percebi que apenas ensaiara, como diz Bollas (2000, p. 187), "a mordida da maçã, e não a busca pelo conhecimento". Percebi também que, enquanto eu conversava com ela, nos sentiu próximas, mas desafiada. Expulsou o que se anunciava libertador/assustador, reverteu em direção à moral impenetrável e disse-me: *Mas precisa mesmo conhecer isso?* Então, disse-lhe que o desconhecido a assustava tanto que ela acreditava que o melhor era não conhecer, não saber.

Mais uma vez o deus invejoso e proibitivo dentro dela comparece, sente ameaçada a "superioridade da potência do NÃO aprender" (Bion, 1962/1966a, p. 116). Promove uma reversão de perspectiva e mantém a paciente em estado mental de estupidez e fanatismo. Quão trabalhoso é desafiar a arrogância desse deus/superego que, segundo Bion (1962/1966a, p. 116), nutre "ódio a qualquer novo desenvolvimento, como se fosse um rival a se destruir". E, assim, tenta manter a criatura encapsulada na ignorância, para garantir sua supremacia! O novo se apresenta como usurpador do controle que se acredita manter sobre a vida, como se ele só trouxesse tormentos para além dos já vividos, então precisa ser banido. Expor-se ao diferente é ver-se diante do terror de conhecer e pensar. Assim, ante o ódio que elimina ideias recém-nascidas, torna-se difícil evoluir de concepções fechadas para novos pensamentos, novas apreensões. Apenas o simétrico tem lugar em seu psiquismo, e o fanatismo, além da dificuldade em aceitar o diferente, revela, como nos mostram Castelo Filho e Trachtenberg (2016, p. 8), o "repúdio pelo semelhante que não queremos que nos habite".

Percebo também quão indiferenciados e equacionados estão para a paciente pensamento e ato, pois pensar em diversidade religiosa já é praticá-la; quanta fidelidade ela mostra ao não conhecimento, à não curiosidade, ao não pensamento e à destruição da compreensão. Diferentes são nossos olhares, seu "vértice religioso", dogmático, e o "científico", de indagação, representação e ligação, com o qual me oriento e que tento oferecer-lhe (Bion, 1970/1973). O vértice mítico-religioso, segundo Sapienza (2016, p. 250), aponta para "vivências de desamparo e soluções onipotentes . . . face a limitações humanas, principalmente a de nossa própria *mortalidade*, ferida narcísica fundamental". O vértice científico aponta para curiosidade, indagação, conhecimento e crescimento. Como diz Chuster (2011, p. 193), "A árvore do conhecimento estava colocada: por que não usá-la?".

Associo, aqui, uma das falas da "serpente infernal", de *O Paraíso Perdido*:

> *uma árvore fatal existe aqui, árvore chamada "da ciência", que lhes é proibido provar. A ciência proibida? Isso é suspeita desarrazoada. Por que o senhor deles lhes invejaria isso? Será pecado conhecê-la? Será a morte? Existirão eles somente pela ignorância? . . . É isso o seu estado feliz, prova da sua obediência e da sua fé? Ó bela base feita para construir a ruína deles! Doravante excitarei em seus espíritos maior desejo de conhecerem, e de recusarem uma autoridade invejosa, inventada com o propósito de manter humildes aqueles que a sabedoria exaltaria. (Milton, 1567/2000, pp. 133-134)*

## *VI*

Equívocos de julgamento atravessam as gerações familiares da paciente. O predomínio do vínculo menos amor (-L) mantém uma "cultura da culpa" traduzida em vergonha, moralidade, orgulho e puritanismo (Chuster et al., 1999). A paciente deixou de ser convidada pelos familiares por estar grávida e só ter se casado posteriormente, carregando a herança de culpabilidade.

Sua amargura em relação às filhas que estão engordando trouxe de volta sua relação antiga e conflitante com a mãe, que, segundo a paciente, controlava o que ela deveria comer, para que ela mantivesse o peso. O tema da restrição alimentar era recorrente, por vezes se submetia a jejuns, de caráter religioso. O alimento, seja para o corpo, seja para a alma, se apresenta ameaçador. Paradoxalmente, ela parece estar sempre diante do fruto proibido, e, na medida de suas restrições, é preciso ajudá-la a avaliar seus temores e desejos. Com esse interdito, expandíamos as questões edípicas.

## *VII*

Com o decorrer de algumas semanas de trabalho analítico, uma questão que passou a ser recorrente era a sensação de não ser ela, *estou diferente, parece que não sou eu,* dizia. Compreendi que se referia às fragmentações do próprio *self*. Nesse período, a mãe fraturou o braço, e essa situação nos serviu de modelo para conversar sobre suas fraturas psíquicas. A estranha que está sendo para si mesma, essa estranha que a atravessou de modo impetuoso, arrastou-a na contramão, agora, nas sessões, vem se apresentando à sua consciência. Causava-lhe sempre estranheza reconhecer aspectos até então negligenciados, quando, por exemplo, no lugar do desamparo aparecia onipotência; no lugar do pertencimento, a exclusão; no lugar da tristeza, a evasão; no lugar das escolhas, a obediência ou a transgressão; no lugar de conhecer e pensar, o julgamento preconceituoso; no lugar da verdade, a moral; no lugar da curiosidade, a proibição; e no lugar da responsabilidade, a culpa.

Essa paciente nos mostra uma mente mutilada pela violência de um superego hostil; assim, podemos compreender quão excessivo é para ela suportar as realidades interna e externa, pois, no lugar de uma abertura aos significados ou tolerância à falta deles, sua mente se preenche e se satura de julgamentos. Penso que a morte prematura do marido foi demasiada, traumática, mas quão catastrófico e devastador foi não poder conversar sobre essa experiência emocional-limite, em que o impacto do inesperado, do incontrolável, fez com que "as emoções ficassem ligadas ao trauma em estado bruto, sem transformação e sem representação" (Santos, 2016, p. 81), concretizado no mutismo e na mutilação mental! Penso que cada palavra não dita, cada momento impedido de representação e elaboração empobreceram ainda mais sua mente, condenaram-na à miséria psíquica, à ameaça de morte psíquica, na qual passaram a predominar o fanatismo religioso, a intolerância, o preconceito e as transformações em alucinose (Sapienza, 2016). Entretanto, a atuação na qual fora flagrada, o ato considerado demoníaco, louco, pôde trazê-la à análise e oferecer-lhe a oportunidade de dar sentido às experiências carentes de significados que a colocavam em transfigurada agonia. E, conversando nas sessões sobre morte, perdas, transitoriedade, o incontrolável da vida, ela pôde recuperar pouco a pouco a vitalidade de seu viver. Assim a percebi assimilando o sentido de catástrofe, até então perdido nas experiências de anular sua vida psíquica e afetiva (Marinho, 2000).

Para finalizar, conjecturo que essa paciente, por tantas evasões, de tanto exilar-se de si mesma, mutilou-se psiquicamente. Juntas, tento ajudá-la a ampliar sentidos de suas vivências, a trazer o que é seu de volta para si, com menos severidade e mais acolhimento. Assim, creio que, tomando seus enunciados, evacuados ou não, mas com a convicção de que eles trazem sempre alguma centelha de verdade sobre seus sentimentos, e expandindo-os nessa direção, aliviando seu terror, a curiosidade e o desejo de conhecer no sentido mais amplo possam encontrar a legitimidade de um lugar em sua mente, conforme seja capaz de suportar a frustração e a dor de abandonar o conhecido e se abrir ao desconhecido, deixar o igual para acolher o diferente, abdicar do paradisíaco e admitir o exílio. Quem sabe consigamos, em alguns preciosos momentos, alcançar um salto transformador da configuração mítica do Jardim do Éden, cujo deus é hostil ao conhecimento, à metáfora do jardim de Epicuro (Saviolli, 1995), onde o conhecimento é concedido; os temores em relação ao destino, deuses e a morte são aliviados, as dores suportadas com as lembranças dos bons momentos e, no exercício da quietude da mente, no prazer do repouso, surge a possibilidade de transformar experiência em conhecimento e conhecimento em sabedoria.

# Sobre Jardim do Éden, Prometeu e Pandora

*Maria José Bottino Roma*

19 de agosto de 2017. Dia do segundo encontro do curso As matrizes míticas na obra de Bion. Fui para esse compromisso com muita alegria e grande expectativa, pois a Sociedade Brasileira de Psicanálise de Ribeirão Preto (SBPRP) nos proporciona, por meio desse evento, rara oportunidade de refletirmos sobre mitos fundadores da cultura ocidental.

O tema a ser abordado nesse dia é o mito do Jardim do Éden, com as presenças de Mary Lafer, professora de Língua e Literatura Grega da Universidade de São Paulo (USP) e da Dra. Maria Aparecida Sidericoudes Polacchini, psicanalista, membro da SBPRP.

Belíssimas imagens e fragmentos de textos, ao som do delicado adágio "Secret Garden", nos proporcionam um primeiro contato com o tema.

Mary Lafer apresentou-nos um fragmento da Bíblia de Jerusalém e o mito de Prometeu e Pandora, que se encontra em *Os trabalhos e os dias*, de Hesíodo (2002). A professora destacou que, embora os textos tenham objetivos diferentes, o mito de Prometeu e Pandora é o que mais possibilita uma aproximação com o mito cristão, pois em ambos há a presença do lugar agradável, em ambos há uma desobediência: Adão e Eva desobedecem a Deus ao provarem o fruto da árvore do conhecimento; Prometeu desobedece a Zeus ao roubar o fogo divino para dá-lo aos homens. Adão e Eva são castigados com a expulsão do paraíso, Prometeu é amarrado no alto do morro Cáucaso. Aos homens, Zeus castiga enviando-lhes a bela e ambígua Pandora.

Maria Aparecida Sidericoudes Polacchini, de maneira profunda e delicada, levou-nos a refletir sobre a presença do mito do Jardim do Éden em Bion por meio do relato de um caso clínico. Fez a relação entre os mitos e os sonhos. Mostrou-nos a dupla face de Deus no Éden: coloca a bela árvore do conhecimento no meio do jardim e proíbe Adão e Eva de provarem seu saboroso fruto.

Essas colocações nos levam a refletir sobre uma questão profundamente humana. Tal qual Adão e Eva, que, ao provarem do fruto proibido da árvore do conhecimento, têm consciência de sua nudez e perdem as delícias do paraíso, nós também, ao termos conhecimento de nós mesmos e do mundo que nos cerca, perdemos algo. Ao termos consciência de nossa nudez, nossa precariedade, nossas limitações, perdemos a ilusão de sermos seres inteiros, acabados, e sofremos por isso. No entanto, é a dor que nos torna humanos e parceiros do outro, parceiros daqueles que estão à nossa volta, pois, como afirmou o poeta e dramaturgo romano Terêncio, "nada do que é humano me é estranho".

Ao nos aproximarmos do mito de Prometeu e Pandora, vemos que, como castigo por terem recebido o fogo divino que o Titã roubara para dar aos homens, que viviam, como podemos ler em Hesíodo, "a recato dos males, dos difíceis trabalhos, das doenças", Zeus enviou-lhes Pandora, que trazia um jarro que, ao ser aberto, espalhou "tristes pesares". O jarro foi fechado e dentro dele ficou apenas a "Expectação".

É interessante observar que Hesíodo usa a palavra "expectação" e não "esperança", como costumamos nos referir ao que ficou fechado no jarro de Pandora. A palavra "expectação" é mais adequada, pois abrange o sentido mais amplo de espera: o sentido positivo e o negativo.

Como, diante dessa imagem, não nos lembrarmos do capítulo "O delírio", do livro *Memórias póstumas de Brás Cubas*, de Machado de Assis? Nesse capítulo, o protagonista Brás Cubas conta seu delírio no leito de morte, quando cavalga um hipopótamo que o leva ao início dos séculos. Vê-se, então, aos pés de uma mulher imensa, que se identifica como a Natureza ou Pandora, sua mãe e inimiga. Diante da reação dele, ela o acalma: "Não te assustes. Minha inimizade não mata; é sobretudo pela vida que se afirma. Vives: não quero outro flagelo". À pergunta "por que Pandora?", ela responde: "Porque levo na minha bolsa os bens e os males, e, o maior de todos, a esperança, consolação dos homens" (Machado de Assis, 1992).

Saímos desse encontro com um presente e um desafio: pensarmos em nós mesmos e na importância, na urgência de buscarmos, mesmo à custa da dor, da dúvida e da incerteza, o conhecimento de nós mesmos e dos mistérios que nos cercam, e na necessidade de nos fazer a difícil pergunta da qual Édipo se esquivou: "quem sou eu?".

Assim, precisamos, tal qual Prometeu, repartir o fogo do conhecimento para que a expectação, presa no jarro de Pandora, espalhe-se, assumindo seu sentido positivo. Não a esperança vazia de sentido, superficial, que nos afasta da realidade e de nosso papel de agentes da história, mas a que nos leva a empreender, como nos diz Carlos Drummond de Andrade, em seu poema "O homem, as viagens", a "dificílima, dangerosíssima viagem de si a si mesmo". O conhecimento possibilitará, então, que o homem consiga "pôr o pé no chão / do seu coração / experimentar / colonizar / civilizar / humanizar / o homem / descobrindo em suas próprias inexploradas entranhas / a perene, insuspeitada alegria / de con-viver".

# Torre de Babel

# Torre de Babel: matriz e reescritura

*Marisa Giannecchini Gonçalves de Souza*

*Deve-se escrever da mesma maneira como as lavadeiras lá de Alagoas fazem seu ofício. Elas começam com uma primeira lavada, molham a roupa suja na beira da lagoa ou do riacho, torcem o pano, molham-no novamente, voltam a torcer. Colocam o anil, ensaboam e torcem uma, duas vezes. Depois enxáguam, dão mais uma molhada, agora jogando a água com a mão. Batem o pano na laje ou na pedra limpa, e dão mais uma torcida e mais outra, torcem até não pingar do pano uma só gota. Somente depois de feito tudo isso é que elas dependuram a roupa lavada na corda ou no varal, para secar. Pois quem se mete a escrever devia fazer a mesma coisa. A palavra não foi feita para enfeitar, brilhar como ouro falso; a palavra foi feita para dizer.*

Graciliano Ramos, *Linhas tortas*

A reflexão de Graciliano Ramos sobre o trabalho das lavadeiras, à beira da lagoa ou do riacho, compreende um longo processo de quem caminha para lavar a roupa e suas impurezas, até ser posta a secar no varal ou na corda. Há, nessas linhas, um modelo poético de quem se põe a escrever depurando palavras, em busca de tecer o texto sobre o branco da folha de papel.

Graciliano Ramos, ao manifestar os rituais do trabalho manual de mulheres alagoanas, vale-nos como referência para atar pontas no processo de construção discursiva, em busca de materialização em forma escrita.

Este texto fez parte, inicialmente, de uma interlocução com um público ouvinte, acontecimento em outubro de 2017, na Sociedade Brasileira de Psicanálise de Ribeirão Preto (SBPRP). Esse momento presencial da "palavra cantada" já guardava, memorialisticamente, outras fases anteriores: o convite a um tema (já ele inscrito no percurso existencial do enunciador); sua reverberação em busca do fio da meada (da foz às nascentes dos sentidos), uma Babel que se deve pretensiosamente vencer, pondo ordem em tempo de costura. Dessa forma, este fazer inicia seu percurso, em primeira mão, oralmente. Além disso, fez parte do Pré-Congresso Mito e Psicanálise, como ensaio para o Congresso de Bion, em julho de 2018, em Ribeirão Preto. Entre cinco mitos fundantes da teoria do psicanalista, está Babel e a confusão das línguas. A apresentação resultou em cinco mesas, em 2017 e no primeiro semestre de 2018.[1]

A palavra "Babel" chega ao presente da enunciação como confusão, dificuldade de comunicação, estranhamento, enfim, perda da capacidade de entendimento nas relações intersubjetivas ou entre vozes no interior do mesmo sujeito.

---

1 Na abertura do trabalho, na Sociedade de Psicanálise de Ribeirão Preto (SBPRP), a obra *A árvore da vida*, de Klimt, em movimento visual na tela do PowerPoint, foi acompanhada de execução musical do mesmo tema em três línguas, por Yuka Almeida Prado e Gustavo Costa. As canções foram: "Ombramaifu" – "Xerxes", de Händel, em italiano; "Sakura", de um autor anônimo, em japonês; "Bachianas brasileiras n. 5, de Villa-Lobos, em português.

O mito sobre a confusão das línguas, Babel na Babilônia, ganha difusão no Gênesis da Bíblia (M:9), cuja narrativa associa a pretensão dos homens de chegar ao céu, desejosos de estar no apogeu (distante da terra), como deuses no mundo sagrado. A *hybris* implicou um castigo de Deus à humanidade, determinando que os seres humanos perdessem o mundo idílico da comunicação, em uma profusão de línguas, sem entendimento entre eles. O modelo, recorrente na cultura judaico-cristã e no mundo pagão, em variadas vertentes, traz matrizes, em diálogo na Antiguidade e reescrituras, em diacronia, mantendo-se em textos em que não há um mínimo de compreensão entre atores, postos em cena, em qualquer âmbito de interlocução. A desmedida humana, o castigo são modelos que se inscrevem, também, no diálogo entre culturas; em Cassandra troiana, que é condenada a sempre dizer a verdade e ninguém crer em seu discurso (Ésquilo, *Oresteia*). Eco, representante dotada apenas de alteridade, não encontra Narciso, este apenas identidade, centrado no eu (Ovídio, *Metamorfoses*). Desencontros pelo caminho em que a palavra não garante a compreensão. No mito de Babel, por todos os lados, há a determinação de transpor a camada de superfície, em busca da estrutura profunda em que se possa sonhar com efetiva comunicação.

Nessa busca, os linguistas do século XIX, instigados pelas semelhanças entre línguas como o latim, o grego, o sânscrito, o persa e o germânico, assumiram o desafio de entender o que, do ponto de vista científico, poderia ter gerado o mito de Babel. Nos estudos comparatistas, em busca das matrizes, chegaram a uma protolíngua, nomeada, então, indo-europeu, que deu origem a uma diversidade de idiomas. Pré-histórica, sem documento de registro, hoje está materializada em gramática e dicionário que atestam essas raízes das quais provieram mais de 70% das línguas existentes no planeta, algumas extintas, outras presentes, oriundas de um tronco comum. Trabalho de fôlego de estudiosos da linguagem verbal, pelas mãos de linguistas comparatistas como Bopp, Ernout e Meillet, e com desdobramentos que chegam a este tempo presente.

É consensual o fato de que, na narrativa, da ordem da inventividade, livre para criação, os sonhos permitem ao homem poetizar, sem compromisso com a verdade eleita, muitas vezes mais tarde, pelo discurso científico. A Babel, confusão de línguas, não é, a rigor, castigo; explica-se pelas migrações pré-históricas que, pondo os homens em espaços distantes, os fizeram desenvolver outros falares, impedindo o diálogo eficaz entre eles. Babel, portanto, faz parte da "cegueira trágica": o que, muitas vezes, não entendemos nomeamos confusão, precariedade que se pode romper com a busca de outro nível da linguagem ou linguagens, no ofício reiterado de levar a roupa às nascentes dos sentidos.

Enquanto se lava a roupa, lavra-se e canta. Essa sonoridade em tantas linguagens, e no sincretismo delas, vai encontrando expressão em diferentes momentos da história, a provar que o *Mythos* permanece, mesmo quando o *Logos* traz outra vertente para a compreensão da Matriz que o sustenta.

No processo, em busca de entender a atualidade do termo Babel, há vozes que dialogam com o mito inscrito na Antiguidade. Ao recriá-lo, seus autores não perdem a essência que se mantém como modelo idílico da total compreensão entre homens e a perda do Paraíso, manifestada na perda da liberdade, na incompreensão discursiva intersubjetiva, na falta de pesquisa para transcender a confusão, dada em primeira instância.

## *Babel: a diáspora e o estranhamento*

Camões, poeta clássico português do século XVI, ao tratar, em sua obra, de um tema histórico, o cativeiro da Babilônia, sobre o êxodo dos judeus do antigo reino de Judá para Babilônia, por Nabucadonosor, revela a dor do desterrado enfrentando uma terra como estrangeiro. Há um passado ideal e um tempo presente em que o eu lírico se nega a cantar o canto da terra de origem:

*Sôbolos rios que vão*
*Por Babilônia, me achei,*
*Onde sentado chorei*
*As lembranças de Sião*
*E quanto nela passei.*

*Ali, o rio corrente*
*De meus olhos foi manado;*
*E, tudo bem comparado,*
*Babilônia ao mal presente,*
*Sião ao tempo passado (Camões, 1963, p. 497)*

A linguagem poética camoniana contém na bagagem o mito de Babel, em diálogo intertextual com o mundo platônico e o mundo cristão, pontuando a perda do Mundo ideal, manifesto na continuidade do poema, atando Sião/Babel/Paraíso perdido a ser reconquistado.

## A biblioteca: o infinito nomeado Babel

O tema em análise, recorrente em Camões e em outros que, interdiscursivamente o retomam, pontua a literatura e outras artes (ou o sincretismo delas). Trazem a público questões que rompem a geografia física para se inserir no *corpus* atemporal, em um diálogo sempre contínuo e inconcluso.

Jorge Luis Borges, na obra *Ficções* (2001), constrói uma narrativa ficcional, "A biblioteca de Babel". À primeira vista, todos os livros, ali simetricamente ordenados em galerias, propõem, ao observador que a frequenta, a sensação de um mundo sob controle. Há, segundo Borges, os ingênuos que creem chegar ao livro último com a habilidade de desvendar todas as questões humanas, mas o infinito ali se instala. Ao retomar a "protolíngua" que os linguistas comparativos constataram, estamos longe das nascentes, na multidimensionalidade que a biblioteca de Borges contém. À superfície, a pretensão do domínio; à estrutura profunda, a mesma Babel que apenas se tateia em busca da "coisa-em-si".

> *Durante muito tempo, acreditou-se que esses livros impenetráveis correspondiam a línguas pretéritas ou remotas. É verdade que os homens mais antigos, os primeiros bibliotecários, usavam uma linguagem assaz diferente da que falamos agora; é verdade que algumas milhas à direita a língua é dialetal e que noventa andares mais acima é incompreensível. (Borges, 2001, p. 94)*

> *Atrevo-me a insinuar esta solução do antigo problema: A Biblioteca é ilimitada e periódica. Se um eterno viajante a atravessasse em qualquer direção, comprovaria ao fim dos séculos que os mesmos volumes se repetem na mesma desordem (que, reiterada, seria uma ordem: a Ordem). Minha solidão alegra-se com essa elegante esperança. (Borges, 2001, p. 100)*

## *A convulsão do plantio*

Raduan Nassar, em fértil diálogo com as questões até então enunciadas, premia a literatura brasileira do século XX com *Lavoura arcaica* (1975/2001). O cinema, pelas mãos de Luiz Fernando Carvalho, em parceria com o autor, chega às telas (2001), no sincretismo de linguagens em que diferentes formas de expressão – verbal e não verbal – constroem o sentido ou os sentidos do enunciado.

Em cena, nesse trabalho artesanal de lavar, lavrar e cantar, o diálogo entre pai e filho, falando aparentemente a "mesma língua" cujo código é comum, aponta para a incompreensão no interior da casa. As palavras, mesmo que sejam comuns à fala, não têm obrigatoriamente o mesmo sentido nem proporcionam um mínimo de entendimento entre os interlocutores. Elas são um produto material que carrega o universo de cada falante, sua forma de ler o mundo, diálogo inexistente, fadado à incompreensão. Somos, muitas vezes, desgarrados (tema caro às migrações atuais), mesmo próximos, sem condições de gerar encontros. Nesse sentido, se "No princípio era o Verbo", somente uma disposição para buscar o entendimento – tempo de espera e transformação – poderia chegar à "protolíngua", para costurar sentidos nesse percurso.

> *– Faça um esforço meu filho, seja mais claro, não dissimule, não esconda nada do teu pai, meu coração está apertado de ver tanta confusão na tua cabeça. Para que as pessoas se entendam, é preciso que ponham ordem nas suas ideias. Palavra com palavra, meu filho.*
>
> *– Toda ordem traz uma semente de desordem, a clareza, uma semente de obscuridade, não é por outro motivo que falo como falo. Eu poderia ser claro e dizer, por exemplo, que nunca, até o instante que deci-*

> *di o contrário, eu tinha pensado em deixar a casa; eu poderia ser claro e dizer ainda que nunca, nem antes e nem depois de ter partido, eu pensei que pudesse encontrar fora o que não me davam aqui dentro. (Nassar, 1975/2001, p. 160)*

## *"Se você quer ser entendido, escute"*

Na diacronia em que novos modelos trazem o tema em discussão neste artigo, Alejandro González Iñarritu, em 2006, diretor mexicano, no filme *Babel*, reinventa uma narrativa que dialoga com a tradição no contexto contemporâneo. A arte é sempre o não tempo, dada a universalidade de questões atemporais. Atual, nesse contexto, deve ser o suporte cinematográfico que tece a cena, a compor o diálogo entre narrativas aqui apresentadas.

O *trailer* do filme, por sua própria especificidade de sintetizar os principais núcleos de ação da trama, apresenta um casal de norte-americanos, em excursão pelo deserto marroquino, que deixou os filhos nos Estados Unidos com uma babá mexicana. A esposa é alvo de uma bala perdida (disparada pelo filho de um berbere, pastor de cabras) e, entre a vida e a morte, aguarda socorro para sair do vilarejo, em busca de outro espaço com melhores recursos.

A Babel instala-se, envolvendo Estados Unidos, Marrocos, Japão e México. A primeira hipótese é a de que se trata de um ataque terrorista. Quatro matérias sobre o fato ganham, pelo menos, primeiro plano: 1) o desvio do foco da notícia pela falta de investigação; 2) a lógica das empresas globais de comunicação, divulgando notícias artificiais em detrimento do conteúdo; 3) a difusão do medo como catalisador da audiência; 4) a manipulação das vidas cotidianas.

Nessa Babel em que o fato em si pouco importa, mas somente a versão ou versões ganham primeiro plano, o espectador se pergunta: Qual é a "protolíngua" que não veio à tona? Como uma arma ultramoderna foi parar em um lugar tão distante e sem indícios de que tenha sido adquirida para fins terroristas?

No *trailer*, síntese que ata as partes da história em ritmo de aceleração ou em aceleração, todos os dados apontam para romper a Babel. Enquanto a palavra Babel, em diferentes línguas, visualmente movimenta-se na tela, o texto verbal indicia os sentidos que podem orientar o espectador:

> *Voz em* off: *No início todas as pessoas falavam a mesma língua. Nenhuma proposta era impossível para eles.*
>
> *Voz em* off: *Era uma tarefa que os homens podiam realizar. Então, o Senhor disse: – Vamos até lá confundir sua linguagem, assim um não entenderá o que o outro fala.*
>
> *Voz em* off: *Se você quer ser entendido, escute.*

## *Dialogismo: a pluralidade de vozes em cena*

Mikhail Bakhtin, teórico russo do século XX, propõe o termo "dialogismo" para afirmar que uma obra literária, reveladora de densidade em sua construção, dialoga com outros textos que lhe são anteriores (explicitamente recuperando-os ou trazendo os temas que revisita), mantém intrinsecamente a polifonia em que várias vozes, vários vértices, constroem a trama e abre caminho para as próximas produções, em um diálogo continuamente aberto. Trata-se da reta infinita, sobre ela pontuando a semirreta, artifício para um mínimo de aparente estabilidade. Bakhtin traz essas questões nos estudos que se consagraram sobre a obra de Dostoiévski.

Esse modelo para pensar também cabe em textos verbais, não verbais, sincréticos, à maneira do diálogo entre Guimarães Rosa e Pedro Bial. O filme *Outras estórias,* de Pedro Bial (1999), é uma costura de contos do escritor mineiro, recriando-os, no cinema, como uma narrativa em que diferentes estórias compõem uma sequência em um fio condutor que as integra.

No Congresso Internacional de Semiótica de 2004, em Lyon, na França, o evento propunha o seguinte tema: "O papel da semiótica em tempo de globalização". Para os convidados, uma questão vinha à tona: como entender as tendências contemporâneas e os discursos que as representam? Com propostas diversificadas, talvez pudéssemos definir o congresso como fórum sobre as linguagens que constroem representações sobre o conceito de um mundo globalizado.

Em uma mesa, propunha-se a discussão sobre "o estudo da construção da significação em diferentes linguagens, no contexto do século XXI". Havia a intenção, primeiramente, de estabelecer, para a exposição teórica inicial com um público de vários continentes, uma comunicação em inglês ou francês, exigência da organização do evento. O objeto a ser apresentado, contudo – o filme *Outras estórias*, de Pedro Bial (1999), falado em português, sem legenda –, era o desafio vivido pelos participantes do evento, na universidade francesa.

De partida, um fio norteava a apresentação da pesquisa. O termo "globalização", central ao evento, reafirmando o consenso de que estamos todos conectados no planeta, é, por si só, uma farsa (termo assumido por um discurso ideológico tendencioso). Ao propor a discussão sobre esse sentido posto (e imposto), o trabalho desdobrava-se para uma questão: o que é ser universal, transcendendo limites de espaço e tempo? Esta é a linha que se pretendeu construir para o tema globalização: a oposição entre o discurso ideológico e a possibilidade de transpor o estranhamento de um filme falado em português para um público falante de outra ou outras línguas, instaurando, nesse sentido, outra forma de entender "globalização". A arte era, naquele momento, o vetor para romper a "confusão das línguas", convite a transpor o verbal, com vistas à multidimensionalidade dos sentidos, em outras linguagens. A Babel linguística, à primeira vista, e o encontro poético, em estrutura profunda, naquele espaço, eram uma proposta de revisão para pensar em que contexto cabe o termo em foco.

A ideia era atentar para o estranhamento inicial e o processo iniciático de fruir a estesia em um nível não nomeável de apreensão de outras instâncias de sentido, possível encontro de autores e público, mediados pela criação brasileira.

Guimarães Rosa é, muitas vezes, "estrangeiro" no Brasil. O caráter constitutivo de sua linguagem, fazendo ver/ouvir as latências que pulsam na pele de sua escritura, exige, como ele próprio manifestou, um leitor aberto a desafios. Na sala de espetáculo em que o filme de Pedro Bial foi apresentado, as condições iniciais eram, verdadeiramente, de uma Babel instalada. Mas, se fosse transposto o primeiro contato para mergulhar em outras camadas de sentido, ali poderia acontecer a tentativa verdadeira de globalização: a fruição do objeto estético, universal. Para além da barreira do verbal, a interação podia se materializar entre povos de diferentes línguas.

Naquela sala, sonhávamos juntos, matriz para viver transformações, modelo a se recriar em outros contextos. Se foi perdido miticamente o Paraíso e vivemos em uma Babel, é preciso considerar válidos os esforços para transcender signos paralisados com vistas a construir os poemas "que esperam ser escritos" (Carlos Drummond de Andrade, 2001). Buscar o Paraíso, a partir de uma condição de pensar, elaborar, em contínuo movimento.

A arte, em Lyon, ou em qualquer tempo e espaço, é o modelo que se pauta pelo estranhamento e pela contínua busca de decifrar o mistério da criação. A Babel vai desfazendo os fios para tecê-los em reinvenções.

## *Babel: o humano em permanente transformação*

Em suma, atando as pontas deste artigo, há um convite pessoal e intransferível: um texto escrito em que se pretende a interlocução entre *Mythos* e *Logos* exige, como qualquer outro, ponto final. Posta a roupa no varal, depois do processo semelhante ao das lavadeiras de Alagoas, fica a quase certeza de que a roupa que se veste traz a memória da água mítica, transformadora. Quando a secura se instala, o elemento líquido que fez a história sai do campo de presença. Mas, permanente, pode vir a qualquer hora em que se desenvolvem condições emocionais para viver a fertilidade em contínuas transformações! O leitor/ouvinte/espectador de todas as cenas é convocado a reinventar o processo de criação. Enquanto lavra, lava, canta, sem perder o tom!

# As matrizes míticas na obra *Torre de Babel*, de Bion

*Eva Maria Migliavacca*

A inspiração central neste ciclo de palestras sobre mitos consiste da obra de Bion. Eu não me considero propriamente bioniana. Ou kleiniana, ou freudiana. Ou algo equivalente. Acho que somos uma soma dinâmica de tudo o que absorvemos e tornamos nosso. Gosto de pensar em mim – como acredito que muitos dos presentes também pensem de si – mais como uma psicanalista que se beneficia de acordo com suas condições pessoais daquilo que grandes psicanalistas nos legaram. Hoje estudamos Freud e temos distanciamento suficiente para uma avaliação crítica, fazemos reformulações, recusamos algumas de suas propostas. O mesmo com Klein. Ela fez um recorte inovador na psicanálise, aprofundou e alargou a metodologia, foi uma clínica extraordinária, mas não é e nunca foi aceita sem conflitos. Ou Winnicott, muito amado e estudado, mas nunca unanimidade. Quanto a Bion, parece que ainda existe uma espécie de veneração ou de idealização; precisamos de um tempo maior a fim de sermos capazes de pensar criticamente – não para criticar, mas para fazer uma avaliação isenta de suas contribuições.

Não julgo, apenas descrevo essas observações que fazem refletir como nós lidamos com as pessoas que admiramos e que são nossos mestres. Entrar e nos perder num estado mental religioso e de adoradores, sem perceber, não é propriamente aquilo que cabe para quem se propõe a investigar e questionar continuamente a própria investigação. Pois é isso o que fazemos na atividade psicanalítica: investigar.

Bion tem sido muito estudado pelos psicanalistas e, em geral, tenta-se entender como ele pensava e de onde extraiu suas conclusões, quase como se se quisesse percorrer o mesmo caminho, entrar em seu pensamento e pensar o que ele pensou. Tarefa inglória e fadada ao fracasso, naturalmente. A obra de um pensador como ele pode ser um estímulo para reconhecermos a importância da liberdade de chegarmos às próprias conclusões, mesmo que destoem do instituído, mesmo que não tenham uma força revolucionária no grupo.

Ele se apoia em muitas fontes. E nós não só queremos seguir seus passos e tentar alcançar a compreensão que ele alcançou sobre a mente humana, mas também do modo *como* ele a alcançou. Eu também, no começo, no afã de querer entender Bion, li e reli seus livros, li livros que ele leu, fui atrás de referências que ele fez. Tudo tem seu tempo. No entanto, meu amor e minha paixão pela mitologia não foram inspirados por Bion. São muito anteriores à minha entrada na psicanálise. Existem desde quando eu era menina. Lógico que de início eu nem sabia o que era aquilo tudo, apenas ficava embevecida pelas histórias. Demorou muitos anos até se tornar algo bem mais interessante para mim que entretenimento.

Há vários mitos que inspiraram Bion. Para esta sequência de palestras, foram selecionadas cinco cenas, quatro narrativas do campo mitológico e uma cena que pertence mais propriamente à história, às quais, cenas, Bion se refere em sua obra. Sua origem cultural não é exatamente a mesma, ainda que dialoguem o tempo todo. Éden e Babel se originam da Bíblia, sendo que Éden se calca no poema de John Milton, *Paraíso Perdido*. Uma vem da tradição grega, nosso caro Édipo; uma é aparentada à grega, greco-romana, Palinuro extraído de um episódio da *Eneida*, de Virgílio; e o que teria acontecido no cemitério de Ur, dos idos tempos da Suméria, uma das mais antigas civilizações da Mesopotâmia.

O Édipo é indubitavelmente nosso mais conhecido – ainda que seja notável quão poucos psicanalistas realmente leram *Édipo Rei*, de Sófocles. E menos ainda *Édipo em Colono*. Pois, ainda que a fonte seja a narrativa mitológica que se encontra na Rapsódia V da *Odisseia*, de Homero, Freud se valeu acima de tudo da tragédia de Sófocles, que dá ao drama de Édipo um desfecho e um destino diferentes da narrativa mais antiga. De qualquer modo, Édipo nos é o mais familiar.

Éden tem uma fonte bíblica, mas é no *Paraíso Perdido*, esse extraordinário poema de John Milton, de difícil leitura e que, parece-me, relativamente poucos também chegaram a ler, é nesse poema que Bion se inspira, mais do que na Bíblia. Isso ele faz com a Torre de Babel, esta sim, inteiramente extraída de um período obscuro da história religiosa, muito antiga.

Palinuro e Ur são mais conhecidos entre os psicanalistas amantes da obra de Bion. Palinuro é destruído por arrogar-se capacidade de resistir ao irresistível: o poder de um deus, ou seja, ele supôs que poderia fazer frente ao desconhecido e imprevisível, que poderia controlar forças imponderáveis por um ato também de força. Medir forças com um deus tende a não ser um bom método. Valeria mais a pena saber o próprio tamanho e pensar outras estratégias. E Ur, que não é propriamente mito, remonta a tempos extremamente arcaicos e nos faz mergulhar no mundo primitivo de nossa mente, que necessita passar por um escrutínio minucioso a fim de recolher dele as bases que nos sustentam na vida interior e social.

Outros mitos estão à disposição em sua obra. O incontornável mito da caverna da *República*, de Platão. O mito de Er, maravilhoso, também extraído da *República*. E ainda, também não no campo mítico, mas constituindo uma grande fonte de associações, as ruínas de Çatal Huyuk, na Turquia.

Quando falo que poucos leram, não é crítica nem pedantismo. É que nossa formação escolar foi ficando e é cada vez mais pobre, em geral, no que diz respeito ao estímulo para essas leituras. Nós não temos orientação para ler esses textos. Eu tive sorte de ter irmãs mais velhas...

A diferença estabelecida pela origem cultural não é ou é superficialmente considerada por Bion, não está no centro. Seu objetivo é outro. Segundo entendo, ele usa esses mitos como modelos para pensar a vida psíquica, em especial no que diz respeito aos conflitos por vezes terríficos ligados ao conhecimento e à conquista da consciência de si. Todos esses mitos estão relacionados ou são usados por psicanalistas, nós, para tratar do maior dos dramas que todos experimentamos, tanto com os analisandos quanto com nós mesmos, ou seja, reconhecer e enfrentar a própria realidade mental.

É digno de nota esse olhar para o passado a-histórico, mitológico, atemporal, inscrito e preservado no imaginário mais que nos textos.

Achei um pouco estranho quando me convidaram para falar sobre Babel, porque tenho me dedicado muito à tradição mitológica e trágica grega e porque tenho estudado o *Paraíso Perdido*, sozinha e coordenando grupos já há um bom tempo. O convite chegou a mim por uma colega que sabe disso. Depois, comecei a me apaixonar por essa narrativa, mormente por ter aberto um leque mental que me permitiu ver sua tremenda e dolorosa atualidade. Para pensar tanto processos interiores e individuais como muitas coisas que observamos no campo social. Aliás, talvez nenhum dos mitos que Bion cita seja tão adequado e consistente para pensar a condição social e o homem no contexto social quanto o da Torre de Babel.

O que significa "Babel"? Confusão. E mais que confusão.

Qualquer um aqui pode encontrar em *Cogitações* o que Bion (1992/2000) escreveu a respeito desse mito. Sem delongas e se bem entendo o que ele escreve – e os colegas mais perspicazes na compreensão de sua obra que me corrijam, se necessário –, Bion conduz suas reflexões sobre o mito da Torre de Babel aplicando-o à destruição da função-alfa. Ele descreve a hostilidade de Deus à pretensão dos homens de alcançar o Céu como um ataque à palavra – que seria o elemento unificador dos homens. Deus, ao confundir as línguas, interrompe um ato de cooperação entre os homens. Ocorre a destruição de um possível vínculo criativo, portanto, da possibilidade de um processo de crescimento e concórdia.

Os homens encontraram um vale na terra de Senaar, na Babilônia, sob o comando do rei Nemrod, e disseram: "Vamos construir uma cidade e uma torre cujo ápice penetre nos céus. Façamo-nos um nome e não sejamos dispersos sobre toda a terra". E Javé: "Eis que todos constituem um só povo e falam uma só língua. Isso é o começo de suas iniciativas. Confundamos a sua linguagem, para que não mais se entendam uns aos outros", diz no Gênesis (cena do filme *A Bíblia*, de John Huston, 1966).

O Deus antigo, que precisava domar a vontade humana e submeter os homens à sua lei, interferiu numa empreitada arriscada e, ao que tudo indica, arrogante – como são todas as empreitadas nas quais o homem testa seus limites.

Não havia Babel antes da intervenção divina, a qual interrompe o aparente estado de concórdia no qual a humanidade vivia. Os homens não mais poderão se unir e ser fortes como um todo. Já não haverá harmonia. Já não haverá compreensão. Não haverá um crescimento integrado. A Babel impedirá. E assim se deu. Os homens não mais se entendem. Instauram-se o caos, as divergências, o ódio, as guerras, os morticínios, a intolerância, o medo e o repúdio ao outro.

Institui-se, portanto, um aspecto daquilo que define a própria condição humana: ao mesmo tempo que somos seres gregários, somos hostis àqueles que diferem de nós, mesmo que essa diferença seja essencialmente na aparência. Pois a aparência é aquilo que salta à vista em primeiro lugar, é a porta de entrada. Se ela nos parece desconhecida, imprevisível, portanto, incontrolável, não damos o segundo passo. Excluímos o outro, agredimos, matamos.

Vivemos um interminável e onipresente desencontro. Entre indivíduos, povos, grupos, culturas e sociedades diversas, países, continentes, religiões, origens sociais e econômicas, as várias expressões da sexualidade, cor de pele, pais e filhos, psicanalistas. Odiamos o outro que não fala a mesma língua que falamos, até mesmo por conta do time de futebol. Queremos matá-lo. Pois ele – esse outro – nos chama para sair de nosso mundo conhecido e enfrentar aquilo de que não gostamos, que nos incomoda, que nos desacomoda.

O Deus da Torre de Babel representaria um aspecto da psique que desorganiza o organizado, aquele que lança o homem em áreas delimitadas pelo medo e pelo ódio. Uma faceta que traz problemas e convoca os envolvidos a enfrentar o que antes não se via, mas que sempre esteve ali, e que desfaz os fios correntes de uma ação potencialmente evolutiva. É um Deus indiferente ao sofrimento e que, ao mesmo tempo, coloca a roda do mundo para girar. Sua ação exige uma adaptação, um reajuste, exige dar tratos à bola, exige criatividade e ousadia. É preciso deixar para trás o antigo, pois ele foi interrompido. Impõe-se pensar alternativas. Será preciso encarar a dispersão e encontrar brechas unificadoras para que a vida seja possível e o processo evolutivo seja reiniciado em novos termos.

Caberia no movimento dessa cena mitológica o conceito de cesura? Duas situações que se definem e se separam por um movimento novo que possibilita a erupção de outro processo em outra direção? Penoso, angustiante, mas essencial para interromper a estagnação mental.

Pois as diferenças separam, mas também possibilitam o estabelecimento de alianças entre os semelhantes. A Babel, a confusão, fica para trás à medida que os semelhantes constituem comunidades. E tornam-se necessárias, então, transações entre as várias comunidades, pois todas buscam sobreviver e fazer valer seus valores e suas prerrogativas. Se os conflitos e contrastes forem absorvidos, pode haver crescimento.

Como acontece entre psicanalistas: diferenças teóricas podem trazer conflitos e desentendimentos, posições religiosas e cheias de desprezo pelo colega que fala outra língua. Mas podem também ser fonte contínua de criatividade, cooperação mútua, reformulações, enriquecimento. Pois "falar a mesma língua" ou "falar línguas diferentes" vai muito além das palavras pronunciadas pela boca. Se a ação divina representa a destruição no seu nascedouro de um futuro possível, mesmo não previsto ou planejado, ao mesmo tempo abre variantes mil, ainda que bem trabalhosas.

Esse mito, na verdade, cumpre a função antropológica primeira de todo mito, que é a de explicar acontecimentos ou fenômenos observados pelo homem, em si mesmo e no mundo. Interessante essa solução que encontramos, ou que a humanidade encontrou ao longo dos tempos: inventar mitos para explicar e acalmar a própria perplexidade diante da existência à qual está atrelado. Ele se percebe. Percebe. Não compreende. Teme. Precisa explicar. Inventa um mito: foi Deus. A vida adquire sentido e o sentido traz alívio.

Explica-se com esse mito, repito, a destruição da fecundidade anunciada de um relacionamento com outrem. Explica-se também a diversidade de caminhos nos quais novos ajustes ou novas conjunções podem acontecer. Explica-se, ainda, a existência de um processo mental, ou seja, interno, subjetivo, próprio da relação do indivíduo consigo mesmo e com aquilo que, nele, tem potencial criativo. Nós o vemos no microcosmo de uma sessão, mas o vemos também no mundo mais amplo no qual estamos inseridos. Nós o vemos ao longo da história e nas diferentes regiões do mundo.

Explica-se, ainda, a diversidade de línguas dentro de uma mesma espécie – o que aparentemente não acontece com nenhuma outra espécie animal. A comunicação humana é truncada pelas diferenças entre as línguas. E a filologia busca com mais ou menos sucesso uma raiz comum para os idiomas – ou seja, tenta-se alcançar o momento anterior à Torre de Babel. Quase como um retorno de base científica para o momento anterior àquele que o mito descreve: o momento em que todos falávamos a mesma língua – se é que isso um dia aconteceu. Chegou-se a uma data de 3000 a.C. a 2500 a.C. para a raiz indo-europeia, da qual derivaram inúmeras línguas.

Como acréscimo, é curioso que o entendimento de diferentes línguas foi restaurado por ocasião do Pentecostes, quando os apóstolos são dotados de glossolalia. Isso se encontra na Bíblia, no livro Atos dos Apóstolos. Também quero citar um filme de Manoel de

Oliveira, de 2003, intitulado *Um filme falado*, em que personagens de diferentes origens, em um navio, falam cada um a sua língua, mas todos se entendem. O filme vai além disso, e o final é pouco animador: o navio explode...

Elevar a Torre de Babel é uma tentativa de eliminar a distância que nos separa do mundo divino.

E o que é o divino?

Uma colega comentou, tangenciando essa questão, a beleza que ela viu nos ipês-amarelos entre Bebedouro e Ribeirão Preto, em São Paulo. O que é aquilo? De onde vem? O que é essa natureza que nós absolutamente não criamos? Podemos cuidar, cultivar, preservar, destruir – mas não a criamos. A semente da vida nos é dada, em todas as suas variantes. Ela existe.

Divino é o desconhecido, não controlável, autônomo e independente que se revela ao homem. Divino é aquela área da vida e do mundo que não conseguimos definir direito, mas que nos acompanha todo o tempo. Está fora da ingerência, da compreensão e da influência humanas. É dado e se apresenta a nós, queiramos ou não. Isso é o deus. Isso é a manifestação da divindade. O divino *é*. Se o homem alcança os ceus, ele é como um deus, tudo pode. Porém nós não somos deuses. O divino inacessível nos confronta com o fato de que somos meras criaturas.

Babel nos marca e nos define na história mais ampla e no mundo em que vivemos. Pode ser amenizada, mas nunca destruída – foi e é uma instituição divina, veio com nossa natureza, é inerente a nosso ser. Pode, talvez, ocupar um lugar não dispersivo, desde que outros elementos que nos constituem prevaleçam. Pois, com o ódio e o medo, com seus derivados, há características de nossa humanidade, construtivas, graças às quais evitamos o caos completo e nos preservamos da total extinção – por enquanto. Pois, ao que parece, a prevalência dos sentimentos agregadores, integradores, concordes, tende a ser temporária e parcial e precisa ser renovada cada vez que nasce um indivíduo ou começa uma geração.

Em grande parte, o problema se resume ao conhecimento da própria condição de sermos feitos de sangue, sexo e carne, de desejos e medos, de segredos e ódios. Condição essa que nos lança em situações desde o bate-boca com a vizinha até as guerras de grande porte. Eis o conhecimento que nos chega com Satã. Eis o conhecimento que a Torre de Babel prenuncia. Quebra-se de novo a ilusão de entendimento e harmonia, resquício do Éden, e instaura-se a Babel do mundo em que vivemos.

Então, a dispersão nesse mito nos dá um retrato daquilo que presenciamos ao longo da história e que testemunhamos nos nossos tempos, tanto nas relações com o mundo externo e o mundo externo quanto em nossos conflitos interiores: ações determinadas pelo emergir de características da nossa natureza e que passam pelo que chamamos de irracionalidade.

Há inúmeros exemplos em nosso mundo atual.

Na época em que fui honrosamente convidada a falar sobre esse tema, eu tinha acabado de assistir a um documentário realizado em 2016, intitulado *Eu não sou seu negro*, de Raoul Peck. Nele, o notável escritor James Baldwin mostra a Babel em que vivemos, considerando o racismo e a segregação, muito violenta, que o homem pratica contra o homem. Um documentário extraordinário, essencial.

Babel também é o tremendo desencontro sofrido pelos refugiados que invadem desesperadamente a Europa. Um belo exemplo disso está exposto no documentário *Fogo no mar*, também de 2016. Na ilha de Lampedusa, na Itália, conta o diretor Gianfranco

Rosi, os habitantes recebem e aceitam tudo o que vem do mar. E agora o mar lhes está trazendo homens que fogem da miséria e do abandono, do ódio e da fome e que buscam outras paragens. A guarda costeira italiana os recolhe e a ilha os acolhe. As diferenças não contam, uma vez que, como diz o médico no filme, "Um homem que é um homem ajuda essas pessoas". Sem ser ingênua, isso tudo tem um preço e há um limite para o quanto se está realmente disposto a pagar.

E temos uma Babel política, social e moral aqui em nosso meio; ela não existe apenas nos eventos de escala mundial. Não vou me deter nela, fica apenas o registro, ainda que enfático.

Se pudéssemos voltar ao Éden, a um estado de absoluta concórdia e ausência de conflitos; se pudéssemos ter em mente que, desde o tempo passado, como mostra o físico Carlo Rovelli em seu livro *A realidade não é o que parece* (2017), todos somos compostos de átomos que se juntaram ao acaso, e nisso não somos, absolutamente, diferentes; se pudéssemos chegar à condição descrita por Primo Levi em seu encantador conto "Desfibragem" (2005), no qual, num tempo futuro, todos os seres, animais, vegetais, minerais fecundam uns aos outros, numa panspermia alegre e variada; se pudéssemos ser quem não somos, talvez, para começar e ser bem autocentrados, não existiria a psicanálise.

Torre de Babel, portanto, ao mesmo tempo que traz a diferenciação, traz a complicação. Complicação maior que está mais bem colocada em outros mitos. Não quero entrar na seara de outros, mas há um aspecto que gostaria de assinalar, até me valendo do fato de que vocês já passaram por Édipo e pelo Éden. Pois, seja na tragédia grega, no poema épico ou no mito bíblico, a trama chega ao mesmo ponto – mas com qualidades e desdobramentos diversos. Há alguns elementos semelhantes. E um fundamental, que os distingue.

Em primeiro lugar, nos dois primeiros, Édipo e Éden, o drama se desencadeia devido à ação do homem. As mudanças são provocadas diretamente por uma ação humana. Em Babel, não.

Édipo toma decisões, "sou quem sou e nunca serei tão outro que renuncie a conhecer de quem procedo", age cegamente até chegar ao horror de ver quem ele é: descobre-se assassino, mas acima de tudo parricida e incestuoso. Mata a relação parental. Ele passa então a incluir no conhecimento de si aquelas características que compõem seu ser e das quais não havia se dado conta durante toda sua vida.

Adão se deixa levar pelo amor a Eva, seduzida por Satã, esse grandioso personagem do poema de Milton. Não vou me deter no Satã. Não só porque vocês já devem ter se ocupado dele, mas porque é um personagem grande e complexo demais para meia dúzia de linhas. Adão escolhe comer o fruto. Ele reflete e sabe que sua ação é transgressora. E decide ser o companheiro de Eva em vez de submeter-se a Deus. Seu coração, seu amor maior está na mulher e não no Deus a quem ele venera. E come o fruto. Ao acordar, depois de consumada a volúpia com os efeitos daquela delícia, ele se dá conta de tudo o que o habitava e que ele não percebia. Ele se horroriza por perceber-se dotado de ódio, com seus incontroláveis derivados.

E em Babel? Em Babel, há uma intervenção divina direta, o que nos deixa um tanto perplexos e sem ação. A torre é a construção que conjuga os esforços de todos os homens. É seu foco, seu objetivo. Os homens estão em acordo, agem em uníssono. Concordes, mas sem reflexão. Uma espécie de estado bruto, primário, talvez. Visão curta, vamos atingir os céus – sem conflito. Então, a confusão de línguas, que lhes foi impingida e abriu caminho para a manifestação de tudo o que estava encoberto e que a dispersão condensa. Mas é Deus quem age diretamente para provocar esse efeito, que evidencia o medo e o ódio àquele que não me compreende e a quem não compreendo.

No desfecho dos três mitos está presente o mesmo elemento: os personagens são confrontados de modo inarredável com algo inerente à existência e que apenas não estava evidente. Ou seja, o homem dá um passo para o encontro com aspectos de si mesmo que estavam ali presentes, encobertos ou sem uso. E muda para sempre.

Édipo pode passar a viver sua realidade, sua verdade, após o deslumbramento, fruto sobretudo de sua decisão. E se reconhece sem meias medidas. O homem do Éden sai da cegueira em que se encontrava devido à influência de Satã, mas acima de tudo por ter feito uma escolha consciente. Ambos se revolvem em conflitos e dores por causa de seus atos. Em Babel, a intervenção divina, ao mesmo tempo que desorganiza, propicia um movimento de vida, mas não inclui as consequências conflituosas no espírito do homem. Ela tão só desencadeia o surgimento e a instalação definitiva da violência em suas múltiplas formas.

Como poderíamos dizer em uma palavra qual seria a diferença fundamental?

Babel não traz a consciência. Nem subjetiva, nem moral ou política. Babel não traz o reconhecimento consciente de quem se é. E é a consciência que possibilita fazermos algo com a consideração pelas consequências. Isso está maravilhosamente bem construído no mito de Édipo e no do Éden de Milton. A partir daquele deslumbramento, a verdadeira caminhada humana, ou a verdadeira travessia, pode se iniciar. Não tem fim nem tem solução, pois não é realmente um problema. Problemas podem ser resolvidos, solucionados, curados. A condição humana é-nos dada e nela somos. A clareza disso provavelmente estava em Albert Camus (1999), quando escreveu, aos 22 anos: "Agora, não desejo mais ser feliz, e sim apenas estar consciente" (pp. 108-109).

E isso ainda não basta. O problema é o que faremos e o que de fato podemos fazer a partir daí. Quais recursos temos para nos desvencilharmos do próprio emaranhado interno e encetar uma real mudança de posição? E é extremamente difícil modificar a própria dinâmica psíquica.

Isso porque a consciência traz consigo a percepção da responsabilidade por tudo o que somos, pensamos, sentimos, fazemos e ainda não conhecemos de nós mesmos. E responsabilidade é aquilo de que mais fugimos e que mais facilmente atribuímos a outrem. Melanie Klein foi realmente genial ao definir a dinâmica da posição depressiva: não é para menos que esse conceito seja um dos pilares das propostas de Bion, e não é para menos que Winnicott aceite posição depressiva como uma realidade, mesmo com todas as diferenças em relação a Klein. Não há como negar que é um processo penoso e que nos exige muito todo o tempo.

Esse é o pilar essencial, ponto central daquilo que definimos como o trágico: a consciência daquilo de que não se pode escapar, seja por qual meio for, pois o portamos em nosso próprio ser. A consciência nos confronta com a necessidade de assumirmos a parte que nos cabe e decidirmos o que fazer com aquilo. Assim é desde que o mito é mito até nossos tempos modernos. Está no Édipo. Está no Éden. E, com boa vontade, é incipiente em Babel. Este faz pensar que será preciso tempo para que a reflexão e a percepção influenciem ações tanto no plano subjetivo como no relacional.

Nós suportamos mal o preço de crescer. Queremos crescer magicamente. Vivemos mergulhados no pensamento mítico. Ainda vale a afirmação de Bion de que a própria psicanálise não saiu do que ele chama coluna C, mitos, sonhos e pensamentos oníricos?

Que um deus resolva e se responsabilize. Tantas vezes não por indolência, mas por condições tão precárias que... só Deus.

O fato é que esses mitos nos atraem tanto porque neles nós nos reconhecemos. Lemos neles nossa história pessoal e a história de nossa espécie. Eles nos confrontam com a realidade de quem somos e abrem a possibilidade de percebermos de que massa somos feitos. Acredito ser isso e ao mesmo tempo aquilo contra o que mais ciosamente lutamos e o que de mais precioso temos em nossa existência.

# Encontrando alguns vértices do estado "Babel" da mente, da cultura e da civilização por intermédio do mito

*Maria Luiza Soares Ferreira Borges*

Iniciamos o contato na manhã do dia 7 de outubro de 2017, em meio à multiplicidade de linguagens e sentidos vividos, já ao adentrarmos o espaço de nossa sociedade: o movimento da comissão organizando o café para nos receber com todo o cuidado e carinho, a alegria do encontro com colegas e amigos, o belo arranjo de orquídeas na entrada, o que mobilizou paradas, admirações, fotos. Em seguida, a abertura com a linguagem musical que tocou fundo nossas almas. A capacidade da música em nos sensibilizar e nos afetar, já na abertura do evento, apresentada por Yuka de Almeida Prado e Gustavo Costa, foi um grande presente. Iniciamos nosso mergulho na multiplicidade de sensações em diferentes tons e idiomas, cada um sendo tocado em suas peculiaridades sensitivas e afetivas. O ritmo, a cadência, a melodia, o idioma, o violão, a voz, formas de comunicação primordial, nos tocaram profundamente, aguçando nossos sentidos e a capacidade de viver a estesia. Todos esses movimentos e estímulos nos aproximaram de áreas do sentir, lembrando-nos do quanto o ser humano almeja um contato, um comunicar-se com o outro, algo tão necessário e, ao mesmo tempo, tão complexo e delicado.

Marisa Giannecchini inicia nos apresentando o mito como narrativa arcaico-primordial. Utiliza a obra *A árvore da vida*, de Gustav Klimt, como estímulo para pensarmos que o problema da comunicação se dá para além do plano de superfície. Evoca estímulos para pensarmos sobre os vértices de sentido pelos quais Babel pode ser apresentada. Ela ressalta que, no livro do Gênesis, ao narrarem o mito, a palavra "confusão" prevalece. Revelam-se o homem e o seu desejo de ser mais que homem, a *hybris* humana, a desmedida que o coloca diante do desafio da linguagem. Lembra-nos do mito de Cassandra, que configura a representação da dificuldade em ser ouvida, em se fazer ouvir. Marisa faz o questionamento: "Por que as línguas se fragmentaram?". Porque os homens se movimentam. Informa-nos que, no século XIX, houve grandes pesquisas linguísticas e tentativas de compreender as matrizes das línguas modernas, chegando ao que seria a protolíngua indo-europeia.

A palestrante se vale da história, por meio de textos poéticos, para pensarmos as reescrituras de Babel. Traz o poema de Camões, "Sôbolos rios que vão" (1963), como representação de nosso mundo inteligível, em que Sião é o lugar perfeito e Babel o tempo presente, platonicamente o mundo sensível, imperfeito. Toda tentativa se faz para alcançar o plano das ideias a partir da saída da caverna.

Outro vértice é "A biblioteca de Babel", conto de Jorge Luís Borges (2001), em que o mundo é constituído por uma biblioteca infindável, remetendo-nos ao que Bion propõe como pensamentos em busca de um pensador. A biblioteca aponta para a expectativa de organização do aparente finito rumo ao infinito.

O filme *Lavoura arcaica*, de 2001, exemplifica Babel a partir do desencontro de quem fala a mesma língua, sem que haja compreensão dos seres envolvidos no diálogo. O filho tenta mostrar ao pai a linguagem das emoções, enquanto o pai permanece preso à linguagem de controle do que é instituído. Reverbera nas dimensões edípicas que demandam uma continência emocional para serem elaboradas.

Em seguida, a palestrante ilustra a linguagem na superficialidade da informação, retratada no filme *Babel*, do diretor Alejandro González Iñárritu (2006). Salienta que as evidências são da ordem do parecer, o que dá margem às confusões. Ressalta ainda as inúmeras "babéis" que ocorrem na área da comunicação midiática, em que as informações rápidas e em tempo real podem ficar na ordem da aparência. A voz autoral do filme nos lembra de que o encontro com o outro ocorre para além do plano de superfície.

Na sequência, o tema em questão trouxe a "língua estrangeira", de Guimarães Rosa. Para o falante de língua portuguesa no Brasil, há um estranhamento diante da inventividade do escritor mineiro. Mas o leitor precisa enfrentar o desafio de conviver com um universo linguístico singular, transcender a camada epidérmica para chegar às camadas mais profundas, em que autor e público leitor possam se encontrar.

Em seguida, a psicanalista Eva Maria Migliavacca ressalta que os mitos são criados para tentar conhecer e enfrentar a realidade mental. O mito é também utilizado para pensar a condição social. O outro sempre nos chama para o desconhecido e remete ao aspecto da psique que se desorganiza no contato com o outro. Lembra-nos de que o "desorganizado" sempre esteve ali. No mito da Torre de Babel, as diferentes línguas, povos e culturas sempre estiveram presentes, mesmo que não observadas. A Babel foi a eclosão do que já estava lá. O conceito de "cesura" de Bion pode dar conta do fenômeno da ruptura do estado de confusão, da discórdia e da continuidade e multiplicidade de línguas e povos, após a eclosão da ruptura.

Eva utiliza como estímulos para pensarmos *Um filme falado*, com direção de Manoel de Oliveira (2003). O homem sempre buscou eliminar a distância entre o mundo terreno e o divino. O divino é o desconhecido que se revela ao homem, uma área da vida e do mundo que não conseguimos entender direito. O divino inacessível nos lembra de algo intangível. A dispersão nos dá o retrato de nossos conflitos. Ela nos convida também a perceber, por meio de dois documentários, *Eu não sou seu negro* (Peck, 2016) e *Fogo no mar* (Rosi, 2016), a Babel em que vivemos. No primeiro documentário, a dificuldade em lidar com as diferenças, a discriminação racial e cultural se revela como a "Babel" contemporânea. No segundo, a grave crise migratória na Europa revela a "Babel" reeditada na atualidade.

Eva também cita o conto "Desfibragem", um dos 71 contos de Primo Levi (2005), para pensarmos a diferenciação e a complexidade presentes na ação humana. Ela nos recorda que Bion enfatiza o mito de Babel como representação da destruição da palavra, destruição do encontro frutífero com o outro, como ataque aos elos e ao conhecimento.

Nos comentários entre os participantes, tivemos mais estímulos para pensarmos as reescrituras do mito. Paulo Ribeiro ressalta a Babel como o contato com a multidimensionalidade da mente, recorrendo a outra obra de Borges, *O Aleph*, que remete ao contato com essa multiplicidade e ao cuidado com o uso da língua, uma vez que podemos esgotar seus sentidos. Muitos foram os estímulos para refletirmos esse mito, estímulos férteis, que possibilitaram aberturas em nossa capacidade de pensar os vários vértices da "Babel" que podemos encontrar. Ao nos conformarmos com estados confusionais, por temor do desconhecido e por desejo de um estado mental de harmonia plena, que aponta para a apatia, esbarrarmos em áreas que evadem a possibilidade de crescimento. Senti-me estimulada a buscar mais compreensão e ampliação dos sentidos por intermédio das obras citadas.

Essas são algumas das reverberações que me suscitaram as apresentações, na tentativa de traduzir a essência do encontro. Cabe ao leitor envolver-se com o tema, e, juntos, transcendermos a superfície, em busca das nascentes dos sentidos.

# Cemitério real de Ur

# O cemitério real de Ur e o mundo dos mortos na Mesopotâmia antiga

*Jacyntho Lins Brandão*

Um dos mais espetaculares feitos do século XIX, levado a cabo em sua segunda metade e nas três primeiras décadas do século XX, foi sem dúvida a exumação dos vestígios arqueológicos das civilizações mesopotâmicas, incluindo cidades, cemitérios e toda classe de objetos, mas principalmente textos conservados em tabuinhas de argila, na escrita desde então conhecida como cuneiforme, pacientemente decifrada.[1] Criada no século XXXIII a.C., para registrar o

1 A história da decifração da escrita cuneiforme, que se encontra detalhada e saborosamente contada em Bottéro (1993), tem algumas datas significativas: a) entre 1772 e 1778, Carsten Niebuhr publica as inscrições monumentais que os reis persas Dario e Xerxes mandaram fazer em Persépolis (território atual do Irã), em três línguas; b) em 1803, Georg Grotenfend, comparando as três escritas, identifica nelas os nomes de reis persas, como Dario e Xerxes, bem como algumas fórmulas, dando os primeiros passos para a decifração; c) em 1846, Henry C. Rawlinson completa a decifração dos 42 signos da primeira escrita, que Dario (522-486) ordenou fazer, na rocha de Beshistun; a língua que ela registra é da família indo-europeia, sendo identificada como uma modalidade antiga do persa; d) a segunda escrita é decifrada na sequência, contando com uma centena de signos, numa língua que se convencionou chamar de elamita, porque esteve durante muito tempo em uso no sudoeste do Irã,

sumério, ela foi adaptada para escrever o acádio, língua de outra família, a semítica, já no século XXIX a.C., sendo adotada ainda, no correr do terceiro, do segundo e do primeiro milênio antes de nossa era, para registrar outras línguas de outros povos que cultivaram entre si níveis variados de interação. Trata-se, nos termos de Woods (2010), de um dos quatro sistemas de escrita por ele chamados de "prístinos", isto é, pelo que se conhece atualmente, de um dos "quatro momentos na história humana quando a escrita foi inventada *exnihilo*, do nada – isto é, do princípio –, sem nenhuma exposição ou conhecimento de alguma outra escrita" – os outros três tendo-se dado no Egito, também no século XXXIII a.C.; na China, no segundo milênio a.C.; e na América Central, na metade do primeiro milênio a.C.[2]

---

outrora chamado Elam, território conquistado pelos soberanos aquemênidas; e) avanços na decifração da terceira escrita se processaram paulatinamente por toda a primeira metade do século XIX, em virtude do trabalho de muitos pesquisadores, até que, em 1857, a Royal Asiatic Society, de Londres, enviou o mesmo texto a quatro assiriólogos – Rawlinson, Hincks, Talbot e Oppert –, pedindo que cada um o traduzisse isoladamente. Como as traduções coincidiam, entendeu-se que as bases para a decifração eram consistentes, e essa terceira língua, da família semítica, foi chamada acádio – a partir do nome da capital do império de Sargão (2334-2279 a.C.), a cidade de Akkad (o texto da prova de 1857 era uma inscrição do rei assírio Teglatphalassar, que reinou entre 1114 a.C. e 1076 a.C.); f) finalmente, outra língua seria ainda identificada nas inscrições cuneiformes espalhadas por toda parte, o sumério, que não tem relação com nenhuma outra língua conhecida, as datas principais sendo as da publicação de duas obras, *Les inscriptions de Sumer et d'Accad*, de François Thureau-Dagin, em 1905, e *Grundzüge der sumerischen Grammatik*, de Arno Poebel, em 1923. Desde então, decifrado o cuneiforme, constatou-se que ele foi usado também para escrever um total de onze línguas de diferentes famílias – sumério, acádio, eblaíta, elamita, persa, hurrita, hitita, palaíta, luvita, urartiano e ugarítico –, usadas em todo o Oriente Médio e na Ásia Menor, da atual Turquia até o Egito.

2 As duas escritas médio-orientais – a cuneiforme e a egípcia – sofrem, a partir do primeiro milênio a.C., a concorrência do sistema alfabético, que não constitui um sistema prístino justamente porque desenvolvido no local do globo

Além desse florescimento de civilizações altamente sofisticadas no chamado Crescente Fértil, em especial na Mesopotâmia, que se beneficiou da existência dos dois rios, o Tigre e o Eufrates, o que essa região tem de importante para a história da humanidade é o fato de configurar uma zona de convergência cultural, o que se observa a partir de dois indícios: o primeiro, tratar-se de um local miscigenado, em termos linguísticos e culturais; o segundo, o fato de que ideias, crenças, instituições e mesmo narrativas nela originadas se espalharam por todo o Oriente Médio, e também por Ásia Menor e a Grécia. Com efeito, não há dúvida de que os primeiros registros escritos que recebemos dos povos que habitavam essa região, graças aos sumérios, sobrepõem-se pelo menos a outro povo que falava outra língua, convencionalmente chamada proto-tigrídio, à qual se deveriam, entre outros termos, palavras em que a penúltima sílaba se repete na última, como os nomes dos deuses Inana e Humbaba, o que implica que, desde que deles temos notícia, se trata de um povo mestiço, suas concepções podendo remontar aos que os antecederam no sul da Mesopotâmia.[3] Da segunda perspectiva, pode-se dizer que foi provavelmente o caráter híbrido das culturas desses povos que fez com que se espalhasse por todo o Mediterrâneo oriental, podendo-se dizer que se configura uma

---

onde havia mais tempo a humanidade aprendera a escrever. Usada de início para as línguas do Oriente Próximo – fenício, hebraico, aramaico e ugarítico –, a escrita alfabética foi em seguida adaptada para o grego, o latim, o russo, o gótico, o árabe e para inúmeras outras línguas, continuando a sê-lo até os nossos dias. Ver Lam, 2010.

3 Cf. Diakonoff, 1990. Observe-se que áreas de convergência linguística e cultural têm como característica justamente a mestiçagem, já que se trata de um ponto de encontro e de passagem, como são, em termos linguísticos, os Bálcãs, onde se falam línguas indo-europeias de diferentes grupos (grego, albanês, eslavo, românico) e de outras famílias (húngaro, turco, romani), onde se usam quatro alfabetos (grego, cirílico, latino e árabe, este último até o início do século XX, quando se deu a reforma ortográfica do turco) e se encontra também uma pluralidade de práticas religiosas (ortodoxos, católicos e muçulmanos).

verdadeira *koiné*, compartilhada, pelo menos em parte, tanto por povos semíticos, como acádios, ugaríticos e hebreus, quanto por povos indo-europeus, como hititas, persas e gregos, além de outros que usaram línguas pertencentes a outras famílias, como elamitas e hurritas, o próprio sumério sendo uma língua isolada, sem parentesco com nenhuma outra até agora conhecida.

Nesse sentido, tão logo se procedeu à decifração do cuneiforme, teve início o levantamento de "paralelos" entre a documentação mesopotâmica e a grega, nos mais diversos campos, lançando por terra a crença oitocentista no "milagre grego", pois o que se constatou foi que os gregos devem quase tudo ao Oriente. Desde os estudos de Peter Jensen, publicados já a partir de 1902, sobre a epopeia de Gilgámesh e a *Odisseia*,[4] configurou-se uma área de pesquisa voltada para a busca e a análise de paralelos, de que se podem citar, como marcos importantes, os livros de Peter Walcott, *Hesiod and the Near East* (1966), de Walter Burkert, *Die orientalisierende Epoche in der griechischen Religionund Literatur* (1984), e, finalmente, a recolha monumental de todo esse esforço centenário feita por Martin West em *The East face of Helicon* (1997). Do ponto de vista que nos interessa – a existência humana após a morte –, muito cedo as concepções gregas relativas ao Hades foram aproximadas das mesopotâmicas (e muitas vezes até a elas

4 O artigo de 1902 tem como título "Das Gilgamiš-Eposund Homer", e, a fim de proceder aos "paralelos", Jensen dividia a *Odisseia* em duas partes (Odisseia I e Odisseia II), elas próprias apresentando paralelos entre si: "O paralelismo completo entre ambas as Odisseias, por um lado, e a Epopeia de Gilgamiš, por outro lado, também na ordem dos eventos é interrompido apenas por um mesmo evento em ambas as Odisseias, cada um dos quais também perturba o paralelismo entre elas mesmas, nomeadamente a primeira passagem por Cila e Caríbdis na Odisseia II, de que nenhum correspondente há na Odisseia I e na Epopeia de Gilgamiš, e o episódio de Éolo na Odisseia I, que se encontra em outro lugar, tendo como seus equivalentes o episódio dos feácios na Odisseia II e o episódio de UT-napištimna Epopeia de Gilgamiš" (Jensen, 1902).

assimiladas), e, como são ideias que ainda hoje compartilhamos, pelo menos em parte, muitas vezes se perde a dimensão de alteridade necessária quando trabalhamos com culturas afastadas no tempo; noutros termos, lida-se com os fatos esquecendo-se que os antigos são nossos outros, atores de um espaço e tempo que não são os nossos, mesmo que descubramos neles a origem de nossas crenças. Isso posto, é preciso observar que os processos de hibridização cultural que chegam até nós têm lugar ainda na própria Antiguidade, como quando o *sheol* dos hebreus, na *Septuaginta*, é vertido, pelos tradutores gregos, por Hades, num exemplo dos processos de conflução que se desdobraram na zona de convergência cultural do Médio Oriente desde a mais remota Antiguidade.

A par de todo esse rico arquivo textual, não menos importante é a documentação material, com obras arquitetônicas e escultóricas monumentais, além de toda sorte de objetos, desde o século XIX transportados para museus da Europa e da América do Norte, bem como, mais recentemente, aqueles conservados em museus do próprio Iraque. Nesse contexto, um dos achados mais impressionantes foi o cemitério de Ur, escavado entre 1922 e 1934 por Leonard Wooley e por ele datado como sendo do terceiro milênio a.C. No local foram encontrados 1.850 túmulos, as inumações estendendo-se por quatro períodos, assim designados por Woolley (1934, p. 32): a) o cemitério antigo ou pré-dinástico, dividido em duas fases, a primeira contando 389 túmulos – incluindo as dezesseis tumbas reais que aqui nos interessam –, e a segunda comportando 271 túmulos; b) os túmulos com cadáveres parcialmente queimados, pertencentes à época da primeira dinastia de Ur; c) um grupo de quinze túmulos difíceis de datar, mas que podem ser atribuídos à segunda dinastia; d) o cemitério da época sargônica (cerca de 2560 a.C.), com 408 túmulos. O próprio Woolley (1946), num breve ensaio voltado para o público não especializado, resumiu assim a situação geral do cemitério:

> *Imediatamente exterior ao muro que envolve o Témenos de Ur, a área sagrada dentro da qual se encontra a torre escalonada do deus Lua e os templos principais de seu culto, encontra-se um espaço aberto que, três mil anos antes de Cristo, era o local de sepultamento dos cidadãos de Ur. Mais tarde, nos dias de Sargão de Acad (cerca de 2560 a.C.), a área foi usada de novo para a mesma finalidade e os coveiros atrapalharam centenas dos túmulos mais antigos; mais tarde ainda, após 2000 a.C., casas foram construídas sobre o antigo cemitério e a descoberta de antigas sepulturas contendo tesouros induziu pessoas a cavar túneis profundos no solo, visando saqueá-los. Assim, muitas das tumbas reais que encontramos haviam sido roubadas muito tempo antes e o trabalho repetido no solo havia confundido a estratificação; não obstante, estava claro que o cemitério original era um pouco mais antigo que a primeira dinastia de Ur. (p. 19)*

Ora, as chamadas tumbas reais causaram enorme surpresa, por conterem não somente o cadáver do morto principal, mas os de outros acompanhantes, o número destes variando de 2 a 74. Portanto, além da presença nos túmulos de objetos que se supõe acompanhariam o defunto na existência após a morte, o que parece ser uma prática comum, no caso dos dezesseis potentados de Ur cujas sepulturas foram encontradas por Woolley também o que se supõe ser parte de sua corte parece que estava destinada a acompanhar seu senhor no mundo dos mortos. Mesmo que os restos materiais sugerissem isso, a interpretação do sentido de tais práticas impõe dificuldades consideráveis, que continuam sendo enfrentadas pelos historiadores.

Munidos, portanto, da documentação textual e material para tratar da morte e dos mortos, adotarei o princípio do estranhamento, sendo necessário que principiemos pelas questões mais básicas, procurando identificar os lugares-comuns compartilhados pelas culturas mesopotâmicas, isto é, o que se encontra na documentação em sumério e em acádio. Utilizo a expressão "lugar-comum" não no sentido depreciativo que a valorização contemporânea da originalidade lhe emprestou, mas como aquilo que permite a comunicação e a própria existência de comunidades culturais. Isso implica que, mesmo que se apresentem escalonamentos temporais na documentação com que se trabalha, relativizam-se os contatos pensados em termos de mera influência do mais antigo sobre o mais novo, para pôr o foco nos processos de compartilhamento, mestiçagem e transformação.

## *Os dois estados da existência humana*

O primeiro dado a ser observado é como, no espaço em causa – com registros que se estendem da documentação mais antiga à mais recente –, encontra-se a ideia de que a existência humana comporta dois estados sucessivos, em que o indivíduo se mantém como tal, nesta ordem: (a) um limitado em termos de princípio e fim, o de vivo, isto é, de uma vida corporal plena, que principia com a geração ou o nascimento e termina na morte; e (b) outro ilimitado em termos de fim, com uma corporeidade depauperada, na forma de um espectro ou sombra, que principia com a morte.

Essa precisão pode parecer simples generalidade, mas aponta para distinções importantes, pois não se registra, nas culturas mesopotâmicas, alguma ideia de reencarnação, isto é, ciclos de nascimento-morte-nascimento, do mesmo modo que não se registra a concepção de que a existência se reduza à vida corporal e finde com a morte, o que parece ser o ponto de vista mais arcaico entre os hebreus, bem como, talvez, na cultura minoica.[5] Não temos como regredir a ponto de identificar quando e como se criou a ideia de que a morte não implica o fim da existência, o que, em termos da alta Antiguidade, já se encontra tanto entre os sumérios quanto entre os egípcios.

Parece que, para a concepção de que a existência humana é linear e compreende os dois estados referidos – vida-morte –, oferece uma explicação o poema babilônico datado do século XVIII a.C. e convencionalmente chamado *Atrahasīs*, isto é, *Supersábio*, cujo título em acádio é *Quando os deuses como um homem* (*Inuma ilu awilum*). Trata-se de uma elaborada antropogonia que ensina como a humanidade foi criada para trabalhar para os deuses. Antes disso, a produção de alimentos estava inteiramente entregue aos deuses menores, chamados Igigu, os quais, durante doze centenas de anos, se ocuparam de irrigar, arar e colher, enquanto os deuses maiores, os Anunnakku, gozavam de ócio, sendo apenas os consumidores do que se produzia. Depois desse tempo, os Igigu se revoltam, cercam o palácio dos Anunnakku, usando como armas as foices com que trabalhavam, e instalam uma ampla crise. É nesse contexto que o deus Ea propõe que a humanidade seja criada para assumir o trabalho dos deuses, o que se faz na forma usual nos relatos do Oriente Médio, usando argila para modelar os protótipos, a argamassa obtida pela mistura, na argila, do sangue

---

5 Deve-se notar que as práticas mortuárias minoicas não apontam para nenhuma perspectiva de vida depois da morte: "a prática comum de múltiplos sepultamentos num mesmo túmulo e especialmente de sua reutilização não sugere uma última consideração para com o morto. Os ossos de cada sepultamento são tratados com pouquíssimo respeito: são eles empurrados sem cerimônia para um canto de modo que deem lugar a novas adições. Os cuidados obviamente terminam quando os traços físicos familiares do cadáver desaparecem. Assim, ideias de alguma espécie de sobrevida palpável são *a fortiori* improváveis na religião minoica" (Dietrich, 1997, p. 24).

e da carne de um dos deuses, aquele que havia chefiado a revolta (*Atrahasīs*, tabuinha 1, 189 ss.). Assim, narra o poema, na assembleia dos deuses, ao deus:

*We-ila, que tem* $te_4$*-e-ma,*
*em sua assembleia eles degolaram,*
*em sua carne e sangue*
*Nintu misturou argila (1, 223-226)*

e fez quatorze protótipos de homem, sete machos e sete fêmeas, sendo que, em virtude dessa origem – continua o texto –, o homem tem em sua composição "carne do deus" e

*na carne do deus e-te-em-muhá,*
*vivente seu signo floresce,*
*para que não se esqueça e-te-em-mu há (1, 228-230).*[6]

*Etemmu* nomeia propriamente o "espectro" de uma pessoa morta (cf., por exemplo, Sin-Léqi-Unnínni, *Ele que o abismo viu*, 2017, 12, 20), ou seja, constitui a forma do homem em sua existência *post mortem*, o que se deve, nos termos do *Atrahasīs*, à permanência, nele, do *tēmu* do deus sacrificado, isto é, de sua "previdência", seu "entendimento", sua "razão". Mesmo que a aproximação entre *etemmu* e *tēmu* seja analógica, pois o primeiro não deriva do segundo, o que parece que se deseja sublinhar é que o *etemmu* que permanece é, para dizer desse modo, a própria personalidade do vivo, sua individualidade ou propriedade.[7]

---

6 Não havendo outra indicação, todas as traduções são de minha autoria e responsabilidade.

7 Pode-se considerar que *etemmu* seria um equivalente bastante próximo, no grego homérico, de *psykhée eídolon* (cf. *Odisseia*, 2014, 11, 51 e 83, em que

Esse é um traço básico relativo aos mortos, cujo espraiamento e manutenção por pelo menos cinco milênios, em várias culturas, prova a força, não se devendo, contudo, entender que se trata do nosso conceito de "alma", como algo que se ajunta ao corpo e dele simplesmente se separa na morte, mas do que resta do próprio corpo, numa forma pouco consistente, ou seja, como um espectro que, de algum modo, guarda a forma corporal do vivo, garantindo que sua "propriedade" não se perca. É justamente o fato de o *etemmu* implicar outra forma de corporeidade que justifica a necessidade que tem o morto das oferendas voltadas para o corpo, incluindo bebida e comida, das quais se devem encarregar seus descendentes, ou seja, a prática das honras fúnebres está relacionada com essa crença que podemos considerar basilar.

## *O lugar dos mortos*

Considerando a sobrevida do *etemmu*, cumpre indagar onde ela se desenrola; os textos ensinam que, em termos gerais, a existência após a morte se desenrola num espaço telúrico, nos confins da

---

ambos se aplicam a Elpenor), tanto no sentido do que continua no estado de morto quanto no de que a propriedade do vivo não se dissolve, com a observação de que, segundo Circe, só a *psykhé*de Tirésias havia conservado as *phrénes* (capacidades) e o *nóos* (entendimento) depois da morte, enquanto as demais são "sombras" que se agitam (*skiaí*, cf. *Odisseia*, 2014, 10, vv. 493-495). Essa condição estaria bem expressa nas palavras que Anticleia dirige a seu filho, quando tentou ele por três vezes abraçá-la, mas ela "como sombra ou sonho voou" (vv. 208-209): "Ai de mim, filho meu, herói em suprema desdita, / a ti Perséfone, filha de Zeus, não está ludibriando, / mas essa é a marca (*díke*) dos mortais quando alguém morre. / Não mais os tendões seguram carnes e ossos, / mas a eles o ímpeto superior do fogo chamejante / subjuga, e assim que a vida (*thymós*) deixa os ossos brancos, / a alma (*psykhé*), como um sonho (*óneiros*), esvoaça e voa embora (*anapoptaménepepótetai*) (Homero, 2014, 11, vv. 216-222).

terra ou sob a sua superfície, para onde o morto vai por um caminho sem retorno, lugar de onde não se sai, isolado, privado de luz e silencioso. Essa concepção é bem testemunhada no *corpus* sumério e acádio de poemas de temática escatológica, que inclui, como exemplos principais, os sumérios (de acordo com os nomes como são modernamente conhecidos) *Lamento por Damu*, *Hino a Ningishzida*, *Gilgámesh, Enkídu e o mundo dos mortos* (*c.* 2100 a.C.), *Descida de Inana ao mundo dos mortos* (*c.* 1900 a.C.), bem como os acádios *Nergal e Eréshkigal* (*c.* 1400 a.C.), a tabuinha 12 da *Epopeia de Gilgámesh* (*c.* 1200 a.C.) – que traduz em parte o sumério *Gilgámesh, Enkídu e o mundo dos mortos* –, *Íshum e Erra* (*c.* 700 a.C.), *A visão do mundo dos mortos por um príncipe assírio* (*c.* 700 a.C.), e a *Descida de Ishtar ao mundo dos mortos* (*c.* 700 a.C.), que não constitui simples tradução da *Descida de Inana*.

Os nomes e o que eles sugerem sobre o lugar dos mortos, numa perspectiva bastante abrangente, são assim resumidos por Heidel (1949):

> *Os nomes pelos quais a morada dos mortos era conhecida entre os habitantes da região do Tigre e Eufrates são numerosos. Os versos de abertura da versão suméria da descida de Ištar ao mundo subterrâneo chama-a de kigal, "o vasto lugar de abaixo", palavra que pode referir-se também ao pedestal de uma estátua. Esse termo é um dos elementos que compõem o nome Ereškigal, "a senhora do vasto lugar de abaixo", isto é, a rainha do mundo inferior. No semítico babilônico ela é encontrada, por exemplo, na expressão iratkigalli, "o peito ou seio do mundo inferior". . . . Uma vez que o lugar onde se ajuntam os mortos está situado dentro da terra, os sumérios se referiam a ele*

> *também como kur e os semitas, na Babilônia, como irsitu [ou ersetu] ambos os termos significando "terra". Kur é a designação usual para o mundo inferior na recensão suméria da descida de Ištar, enquanto irsitu ocorre, por exemplo, na décima segunda tabuinha da Epopeia de Gilgāmeš e no nome Bēlit-irsitim, que, na versão semítica da descida de Ištar, é a designação babilônica para a rainha do mundo inferior. Outros nomes que os babilônios atribuíam ao reino dos mortos eram irsitilātāri (em sumério: kurnugia ou kurnugi), "a terra sem retorno"; arallûou aralû (sumério: arali), cuja etimologia ainda permanece obscura; mūšabirkallaou šubatirkalla, as duas expressões significando "sede de Irkalla", ou simplesmente irkallaou irkallum; kūtû, derivado do nome da cidade babilônica Kutu (a bíblica Cuthah), a cidade sagrada de Nergal, que, como uma divindade ctônica, era o rei do mundo subterrâneo; e urugal (em sumério), com o significado literal de "a grande cidade". (p. 171)*

Destes, os termos principais são, sem dúvida, em sumério, *ki* (terra) ou *kur* (montanha ou confins), em acádio *ersetu* (terra, interior da terra), ou seja, o que se destaca é tratar-se de um espaço telúrico, no caso do sumério não necessariamente subterrâneo, uma vez que *kur* costumava nomear as montanhas que, a nordeste, fechavam a planície mesopotâmica, constituindo uma espécie de fronteira natural.[8] Como observa Lorenzo Verderame (2014, pp. 38-40), o que se representa é um afastamento dos mortos, tanto

8 As listas bilíngues (sumério-acádio) insistem na correspondência kur = *ersetu*; outros termos são ainda empregados nas duas línguas, como *kurnugu*, *irkalla* etc. (cf. Horowitz, 1998, pp. 272 ss.).

em termos horizontais quanto verticais, para um espaço inacessível, "escuro, silencioso, caótico, monstruoso e mortal", noutros termos, considerando-se que a existência humana continua além da vida, os mortos se agrupam num local absolutamente separado dos vivos, inacessível a estes tanto quanto o mundo dos vivos é inacessível aos mortos.

Com a ideia da inamovível separação parecendo ser constante, a questão de se tratar de um espaço na superfície ou abaixo dela aponta para algum tipo de mudança, estudada em detalhe por Dina Katz (2003), que resume assim a concepção suméria:

> *O mundo dos mortos . . . estava a certa distância de Sumer e era atingido através de um caminho de comprimento desconhecido, que começava em algum ponto de Sumer. Mas em qual direção ia o caminho? As fontes são muito menos claras sobre isso. Três aspectos são claros: (1) o caminho estava dentro do reino dos mortos, já que não havia retorno; (2) a entrada para o caminho através do túmulo significa pelo menos que ele era subterrâneo; e (3) o fim do caminho estava a uma certa distância, o que significa que o mundo dos mortos, como sede permanente dos espíritos, era uma localidade confinada em algum lugar no reino dos mortos. As diversas fontes dão origem a várias opções: o reino dos mortos (1) ficava diretamente debaixo do solo em toda sua extensão . . . (2) ficava em profundezas subterrâneas . . . (3) ficava em algum lugar no oeste, onde Shámash [o Sol] se põe, ou na rota a leste; e (4) ficava talvez nos montes Zagros, a nordeste, como sugerido tanto pelo termo kur quanto pela descrição do mundo*

> *dos mortos como uma montanha. . . . As duas últimas possibilidades não são completamente contraditórias. (p. 47)*

Foi no correr do terceiro milênio a.C. que Katz (2003) entende que se procedeu uma mudança no imaginário sobre os mortos, que vai de par com a substituição de uma concepção horizontal do cosmo, em origem suméria, por uma concepção vertical, que tudo leva a crer que se deve à hegemonia dos semitas – que falavam acádio – no sul da Mesopotâmia:

> *Contudo, é razoável admitir que, durante o terceiro milênio, a percepção vertical coexistia com a horizontal; que a mudança foi o produto da transformação gradual na qual sumérios e semitas transmitiram uns aos outros experiência religiosa; e que ideias sumérias permearam as especulações semitas sobre o mundo dos mortos. (p. 54)*

O resultado disso, no que diz respeito à localização do lugar dos mortos, é que prevaleceu a ideia de que se encontra sob a superfície da terra.

De fato, num dos textos sumérios mais significativos sobre o reino dos mortos, a chamada *Descida de Inana*, não se pode ter certeza se a deusa se dirigiu a uma região abaixo do solo, o movimento que ela perfaz podendo corresponder simplesmente a baixar do "grande céu" (an-gal) à "grande terra" (ki-gal). Mesmo que o lugar que ela atinge, o palácio Ganzer, se localize no mundo dos mortos, seja inacessível e protegido por sete portas, a descrição de sua rota não implica que ingresse num local subterrâneo. Trata-se, de qualquer modo, de um espaço que lhe é estranho, domínio de sua irmã Erec-ki-gala, isto é, a Senhora de ki-gal, onde, uma vez adentrado, Inana se torna um cadáver, logo pendurado num gancho (vv. 164-172). Como ressaltam os deuses Énlil e Nana, reprovando a ação da deusa e recusando-se a socorrê-la, "minha filha almejou o an-gal e o ki-gal também . . ., os divinos poderes do ki-gal não devem ser almejados, pois quem os conquista tem de permanecer no ki-gal" (vv. 173-216).

De modo diferente, parece que já no poema sumério conhecido como *Bilgames, Enkídu e o mundo dos mortos* não resta dúvida de que o palácio Ganzeré é concebido como a entrada para uma região subterrânea, pois o que motiva a descida de Enkídu até os mortos é o fato de terem caído, num buraco no chão, a bola (*pukku*) e o taco (*mukkû*) do rei, o qual, então,

> *Com ---- não consegue alcançá-los,*[9]
>
> *Usa sua mão, mas não consegue alcançá-los,*
>
> *Usa seu pé, mas não consegue alcançá-los.*
>
> *À porta de Ganzir, entrada do mundo inferior, ele se assenta,*
>
> *Atormentado por soluços Bilgames começa a chorar. (Gilgamesh, Enkídu e o mundo dos mortos, 164-168, em Gadotti, 2014)*

Em *Ele que o abismo viu* (Sin-Léqi-Unnínni, 2017) fica claro, do mesmo modo, que se trata de os objetos terem caído num local inferior; da parte de Enkídu, entende-se que é preciso descer para buscá-los, o entrecho principiando já com os lamentos de Gilgámesh:

9 Indico com um tracejado simples (----) as lacunas existentes nos textos.

*Hoje, a bola na casa do carpinteiro deixado tivesse eu!*

*Mulher do carpinteiro, que é como a mãe que me pariu, deixado tivesse eu!*

*Filha do carpinteiro, que é como minha irmã pequena, deixado tivesse eu!*

*Hoje, a bola na Érsetu caiu-me,*

*O taco na Érsetu caiu-me!*

*Enkídu a Gilgámesh respondeu-lhe:*

*Senhor meu, por que choravas, teu coração tendo atormentado?*

*Hoje, a bola eu mesmo da Érsetu trar-te-ei,*

*O taco eu mesmo da Érsetu trar-te-ei.*

*Gilgámesh a Enkídu respondeu-lhe:*

*Se à Érsetu desces,*

*Meus conselhos consideres tu! (Sin-léqi-unnínni, 2017)*[10]

Para além da diversidade de concepção até aqui apontada, e ressaltando que a localização subterrânea do lugar dos mortos é a corrente na documentação em acádio, alguns traços podem ser a ele acrescentados: trata-se de uma terra sem retorno, escura, silenciosa, coberta de poeira, em que os moradores bebem água turva e se alimentam de barro. Em *Descida de Ishtar* tudo isso se encontra bem descrito:

10 As traduções da chamada epopeia de Gilgámesh são de minha autoria.

*Ao Kurnugu, à terra sem retorno*
*Ishtar, filha de Sin, seus ouvidos voltou,*[11]
*E voltou, a filha de Sin, seus ouvidos*

*À casa trevosa, sede de Irkalla,*
*À casa onde quem entra não sai,*
*À jornada da rota sem volta,*

*À casa dos moradores privados de luz,*
*Em que pó é seu sustento, barro seu manjar,*
*Luz não podem ver, na escuridão habitam,*

*Seus trajes, como de pássaros, vestimentas de penas,*
*Sobre a porta e o ferrolho camadas de pó.* (Descida de Ishtar ao Kurnugu, vv. 1-11, em Brandão, 2019, p. 94)

Saliente-se que *Kurnugû* é um empréstimo do sumério, termo composto que tem o significado de "terra" (*kur*) "sem retorno" (*nugi*$_{4}$*a*), ou seja, trata-se do equivalente exato do que se diz no segundo hemistíquio do verso, *qaqqari* (terra) *lā târi* (sem retorno). Conforme Horowitz (1998, pp. 272-278), caso, no poema, poeta e leitor levassem em conta o sentido do composto sumério, o primeiro verso seria tautológico, sendo por isso mais razoável admitir

11 Traduzo literalmente o acádio *uzunša iškun*, que indica que Ishtar voltou para a terra dos mortos sua "atenção", sua "mente", ressaltando que a relação do "ouvido" e da "audição" com "compreensão" e "sabedoria" parece própria das culturas semíticas, o ouvido tendo a função que, entre os gregos, se atribui preferencialmente ao olho.

que *Kurnugû* era sentido então como um nome próprio, *qaqqari lā târi* tendo a função de esclarecer seu significado. O ponto central parece ser, exatamente, a separação absoluta entre o mundo do alto e o de baixo, a qual se aplicaria também aos deuses. Em *Nergal e Eréshkigal* (versão de Tell el-Amarna) a ação é desencadeada em vista do fato de que, os deuses tendo organizado um banquete, era impossível que Eréshkigal, a rainha da *Érsetu*, dele tomasse parte, pois só divindades mensageiras podem circular de um espaço ao outro. Assim, não querendo deixar sua irmã totalmente privada da festa, os deuses celestes enviam ao mundo de baixo um mensageiro, que transmite a seguinte ordem a Eréshkigal:

*Não podemos descer até ti*

*E tu não podes subir até nós.*

*Manda alguém para buscar uma parte da comida para ti! (Nergal e Eréshkigal3, 1-5, em Gurney, 1960, vv. 4-6)*

Reforçando a separação, a descrição do Kurnugu que encontramos em *Descida de Ishtar* repete-se em *Ele que o abismo viu* – quando, gravemente enfermo, Enkídu tem, em sonho, a visão do mundo dos mortos (Nergal e Eréshkigal3, 1-5, em Gurney, 1960, 7, vv. 184-192) –, bem como em *Nergal e Eréshkigal*, em que se lê que o deus Nergal se dirigiu

*[À jornada da rota] sem volta,*

*[À casa dos moradores] privados de luz,*

*[Em que seu sustento é pó,] seu manjar é barro,*

*[Seus trajes, como de p]ássaros, vestimentas de penas,*

*[Luz não podem ver, na] escuridão habitam. (Nergal e Eréshkigal3, 1-5, em Gurney, 1960, p. 114)*[12]

Essas retomadas literais de um texto a outro não devem causar estranheza, pois a poesia mesopotâmica valoriza a repetição de lugares-comuns, os quais indicam que são tradições que conformam uma espécie de teia literária, a intertextualidade constituindo valorizado recurso poético. Também no fragmento conservado como apêndice a um poema médio-assírio de louvor a Tiglath-pileser I (LKA 62) (citado por Lapinkivi, 2010, p. 23), que parece ser o prólogo de uma versão da descida de Ishtar, embora consideravelmente divergente da neoassíria, alguns lugares-comuns se reiteram – terra sem retorno, trevosa, coberta de pó:

*À deusa, senhora da terra grande,*

*A Ishtar, moradora do centro de Irkallu,*

*Ashrigingal, senhora da terra grande,*[13]

*A Ishtar, moradora do centro de Irkallu:*

*À casa de Irkallu, à qual quem vai não retorna,*

*Lugar onde luz não há para seu povo,*

*Lugar onde seus mortos ficam envoltos em pó,*

*À casa de trevas, onde estrela não surge,*

*A filha de Sin seus ouvidos abriu,*

---

12 Dos primeiros cinco versos da coluna III conservam-se apenas o fim, sendo reconstituídos com base em *Descida de Ishtar* (os trechos entre colchetes são os reconstituídos pelo editor).

13 Arshigingal é outra pronúncia de Eréshkigal, "rainha da terra grande", isto é, o mundo dos mortos.

*Abriu os ouvidos e nela os pôs,*

*Naquela à qual quem vai não retorna.*

Além de todos esses traços que, podemos entender, têm como objetivo ressaltar o estado de confinamento em que se encontram os mortos, as camadas de pó que cobrem portas e ferrolhos garantindo que a entrada da Érsetu jamais se abre – uma ideia expressa também em *Ele que o abismo viu*, quando se assevera que "o sequestrado e o morto: um é como o outro" (Sin-léqi-unnínni, 2017, 10, 316) –, parece que têm importância também as indicações de que os defuntos se encontram num estado geral de inanição.

## *A condição dos mortos*

Dizer que os mortos se vestem de penas, como pássaros – o que, como se viu, reiteradamente se repete em conexão com o caráter depauperado do próprio local que habitam –, parece remeter justamente ao silêncio que reina na Érsetu, o que se explica pelo fato de que, nela, não se ouviriam mais que arrulhos. Em *Nergal e Eréshkigal*, com efeito, afirma-se que "[... eles arrulham] como pombos" (3, 7).[14] Essa curiosa concepção aparece também em *Ele que o abismo viu*, no sonho em que Enkídu vê sua própria morte, arrolando traços que reiteram e ampliam a descrição presente na *Descida de Ishtar* e em *Nergal e Eréshkigal*:

*Tudo, amigo meu, que sonho vi esta noite!:*

*Bramaram os céus, a terra rugiu,*

14 Gurney, 1960, p. 114: [... *i-da-mu-mu*] *ki-ma* [*su*]-*um-me*.

*No meio de ambos estava eu de pé,*

*Havia um moço, sombrio seu rosto,*

*Ao de Anzu seu rosto era igual*

*E a mãos de leão as suas mãos, a garras de águia as suas garras.*

*Pegou-me os cabelos, era forte para mim,*

*Nele bati e como uma corda de pular ele saltou,*

*Em mim bateu e como uma balsa me tombou,*

*Como um forte touro selvagem pisou-me sobre,*

*Veneno ele ---- o meu corpo. . . .*

*Em mim bateu e em pombo me mudou,*

*Atou como a um pássaro meus braços,*

*Pegou-me e levou-me à casa das sombras, sede de Irkalla,*

*À casa onde quem entra não sai,*

*À jornada da rota sem volta,*

*À casa dos moradores privados de luz,*

*Em que seu sustento é pó, seu manjar é barro,*

*Seus trajes, como pássaros, vestimentas de pena,*

*Luz não podem ver, em escuridão habitam,*

*Sobre a porta e o ferrolho camadas de pó,*

*Sobre a casa do pó silêncio se derrama. (Sin-léqi-unnínni, 2017, 7, 165-192)*

Também na 12ª tabuinha de *Ele que o abismo viu* se insiste nesse silêncio, o que parece remeter ao estado geral de carência que afeta os mortos, ou seja, como observa Kramer (1944, p. 21), nesse texto Gilgámesh previne Enkídu com relação a "certo número de tabus do mundo subterrâneo, contra os quais ele deve precaver--se",[15] a partir do que algumas generalizações poderiam ser feitas: os mortos vivem cobertos de poeira, carentes de cuidados corporais, alheios a todo tipo de movimentação, ruídos e manifestação de sentimentos:

> *Gilgámesh a Enkídu respondeu-lhe:*
> *Se à Érsetu desces,*
> *Meus conselhos consideres tu!*
>
> *Roupa limpa não vistas:*
> *Como forasteiro reconhecer-te-ão!*
> *Óleo perfumado do frasco não te passes,*
> *À sua fragância cercar-te-ão!*
>
> *Tua arma à Érsetu não arremesses,*
> *Os pela arma atingidos rodear-te-ão!*
> *Cetro em tua mão não leves,*
> *Os espectros tremer far-te-ão!*
>
> *Calçados nos pés não te calces,*
> *Ruídos à Érsetu não se impõem!*

15 Para um resumo dos traços do mundo dos mortos, ver Fiske (1969).

*A esposa que amas não beijes,*

*Na esposa que detestas não batas,*

*O filho que amas não beijes,*

*No filho que detestas não batas:*

*O clamor da Érsetu arrebatar-te-á! (Sin-léqi-unnínni, 2017, 12, 10-27)*

De fato, é um estado de carência que define a condição do morto, decorrente do que passou ele em vida, tendo importância dois fatores: o número de filhos que cada um gerou e o modo como morreu. Isso significa que os requisitos estão de todo dados, sem possibilidade de modificação, pois um morto não poderá, como já se viu, retornar à vida, bem como entre os mortos não há procriação – eles não conservam nem mesmo os órgãos genitais. O catálogo presente tanto em *Bilgames, Enkídu e o mundo dos mortos* quanto em *Ele que o abismo viu*, quando Enkídu faz, para Gilgámesh, um arrolamento da sorte dos mortos na Érsetu, é eloquente nesse sentido:

*Dize, amigo meu, dize, amigo meu,*

*As regras da Érsetu que viste, dize!*

*Não te direi, amigo meu, não te direi:*

*Se as regras da Érsetu que vi te digo,*

*Tu mesmo sentarás a chorar!*

*Eu então me assente e chore!*

*Amigo meu, o pênis que acariciavas e teu coração alegravas,*

*---- como vestimenta velha vermes o devoram!*

*Amigo meu, a vulva que acariciavas e teu coração alegravas,*

*Como uma fenda da Érsetu de terra está cheia!*

*O senhor disse ai! e à terra jogou-se,*

*Gilgámesh disse ai! e à terra jogou-se:*

*Quem um filho tem viste? Vi,*

*Uma estaca na sua parede está fixada e amargo sobre ela ele chora!*

*Quem dois filhos tem viste? Vi,*

*Em dois tijolos senta-se e sua comida come!*

*Quem três filhos tem viste? Vi,*

*Num odre suspenso água bebe!*

*Quem quatro filhos tem viste? Vi,*

*Como o que uma junta de burros tem seu coração se alegra!*

*Quem cinco filhos tem viste? Vi,*

*Como um bom escriba sua mão é hábil,*

*Com facilidade no palácio entra!*

*Quem seis filhos tem viste? Vi,*

*Como um lavrador seu coração se alegra!*

*Quem sete filhos tem viste? Vi,*

*Como irmão mais novo de deuses em trono se assenta e ---- ouve!*

*---- viste? Vi,*

*Como um bom estandarte está escorado no canto! . . .*

*Quem uma viga golpeou viste? Vi,*

*Ai de seu pai e sua mãe! quando arrancam estacas vai de um lado a outro!*

*Quem a morte de seu deus morreu viste? Vi,*

*No leito do deus deita e água limpa bebe!*

*Quem no combate faleceu viste? Vi,*

*O pai e a mãe a cabeça sustentam-lhe e a esposa à sua face chora!*

*Quem tem seu cadáver a jazer na estepe viste? Vi,*

*Seu espectro na Érsetu não descansa!*

*Quem de seu espectro quem cuide não tem viste? Vi,*

*Restos da panela, migalhas de pão que na rua jogam ele come! (Sin-léqi-unnínni, 2017, 12, 90-152)*

As diferentes sortes, como se vê, têm relação estreita com o número de filhos, embora nem todos os casos sejam transparentes: (a) um filho, uma estaca; (b) dois filhos, dois tijolos; (c) quatro filhos, uma junta de quatro bois; (d) cinco filhos corresponderiam aos cinco dedos da mão do escriba; (e) os seis filhos do lavrador correspondem aos seis animais necessários para puxar o arado.[16] Embora no caso de *Ele que o abismo viu* o texto esteja danificado, não sendo possível saber a quem se faz referência depois do que se diz do pai de sete filhos, no poema sumério correspondente quem suporta o sofrimento de jazer jogado a um canto é um "eunuco" (*tiru*), ou seja, do arrolamento daqueles que tiveram filhos o foco passa agora para os que filhos não geraram. É significativo que, no mesmo poema, logo após aquele que teve sete filhos, compareçam, pela ordem, "o homem sem herdeiros", "o eunuco", "a mulher que não deu à luz", "o moço que não desnudou o seio de sua esposa", "a moça que não desnudou o seio de seu marido". Assim, fica claro que a oposição se faz entre os férteis e os inférteis, com vantagens para os primeiros, a importância do número de filhos decorrendo da necessidade que tem o morto de que lhe sejam feitas oferendas, o que compete a seus descendentes, em primeiro lugar a seu herdeiro, mas, na falta deste, também a suas filhas (Gadotti, 2014, pp. 111-127).

O segundo critério do catálogo dos defuntos diz respeito ao tipo de morte que sofreram. Assim, de um lado, quem morreu a morte de seu deus, ou seja, quem teve uma morte tranquila, sem violência e na idade adequada, "no leito do deus deita e água limpa bebe" – a água limpa parecendo remeter também às libações que esse morto recebe dos filhos, que provavelmente ele não deixou de ter numa vida com duração adequada. Ao contrário, o que morreu atingido por uma estaca, o que morreu em combate, aquele cujo

16 As duas últimas correspondências são propostas por Charpin, 2010, pp. 65-66.

cadáver não recebeu honras fúnebres e, mais uma vez, o que não tem quem cuide de seu espectro (por não ter filhos ou por outra razão) têm uma condição indesejada.

Não se deve pensar que a diferença de sortes envolva prêmios ou castigos, como acontece nas crenças escatológicas salvacionistas (familiares a nós), mas trata-se antes da constituição de elos entre dois espaços tão nitidamente separados, o dos vivos e o dos mortos. Além dessa relação entre o vivido e a sorte na Érsetu, tanto o número de filhos quanto o tipo de morte têm impacto na lembrança e nos cuidados de que pode dispor o morto. Esses são, por sua vez, outros tantos elos, configurados em termos da honra que se presta aos defuntos.

## *As tumbas reais de Ur*

Não é difícil conjecturar que a prática da inumação dos cadáveres na zona de convergência do Oriente Médio esteja diretamente ligada à ideia de um lugar dos mortos subterrâneo. Isso é sugerido pelo uso, para nomeá-lo, de termos cujo significado primeiro é túmulo, como, em hebraico, *sheol* e, em acádio, *qabru*, o qual traduz o sumério *urugal* (literalmente, "grande cidade"). O túmulo parece ter sido entendido, em alguns contextos, como uma entrada efetiva para o mundo dos mortos.

Nesse sentido, o que há de extraordinário no testemunho das chamadas tumbas reais de Ur é o fato de que os cuidados com o morto parecem não estar a cargo dos vivos – ou não só a cargo deles –, mas o defunto se cerca de um conjunto de pessoas cujo destino é segui-lo no *kur*. Leonard Woolley (1934) descreveu assim esses túmulos de reis:

> *as chamadas "Tumbas Reais" incluem uma construção de uma ou mais câmaras feitas de pedra ou tijolo, e o sepultamento é marcado por prolongadas cerimônias, nas quais parte importante cabe aos sacrifícios humanos. . . . O corpo principal é sempre posto no interior da câmara da tumba, acompanhado de regra por poucos servidores; então, um lugar tem de ser destinado aos corpos das outras vítimas, este problema sendo resolvido de modo variado. (p. 33)*

No caso da tumba 789, Woolley (1934) supõe que,

> *depois que o corpo principal foi deitado na tumba com os servidores perto dele – estes não jazem como para um sepultamento, mas se encontram agachados, para servir, e desprovidos de qualquer equipamento fúnebre – e depois que as oferendas foram postas no chão ou nas prateleiras que podem guarnecer a parede da câmara, a porta é bloqueada com tijolos e pedras e rebocada suavemente, a primeira parte da cerimônia estando completa. O ato seguinte é mais bem ilustrado pelos túmulos 789 e 800, onde o "poço da morte" se encontra fora da câmara e há por isso uma clara distinção entre as duas partes da cerimônia. . . . Nessas sepulturas, a do "rei" e a de Shub-ad . . . podemos imaginar o sepultamento na câmara ter sido completado e a porta selada; resta o poço aberto com suas paredes revestidas e seu piso coberto de esteira, vazio e sem mobília. Agora, pela passagem em declive, chega uma procissão de pessoas, os membros da corte, soldados, servidores*

*e mulheres, estas com todas suas vestimentas de cores vivas e adornos de lápis-lazúli, prata e ouro na cabeça, e com eles músicos tocando harpas ou liras, címbalos e sistra; eles tomam sua posição na parte mais distante do poço e para aí são conduzidos ou empurrados de costas pelo declive os carros puxados por bois ou asnos, com os condutores nos carros. . . . Cada homem e mulher leva uma pequena taça de argila, pedra, ou metal, o único equipamento necessário para o rito que seguirá. . . . Finalmente, é evidente que os músicos tocam até o fim e cada um bebe de sua taça; seja se eles levam consigo a poção, seja se a encontram preparada para si . . . eles preparam a si mesmos para a morte. Alguém então desce e mata os animais e talvez organize os corpos drogados, e, quando isso está feito, terra é lançada do alto sobre eles e o preenchimento do túmulo tem início. (pp. 34-35)*

A cerimônia imaginada por Woolley é verossímil, tendo em vista os restos arqueológicos: há esqueletos de seis soldados, postados em ordem, na entrada – sem dúvida para guardá-la de salteadores de túmulos –, encontrando-se logo depois os restos de seis bois, destinados, provavelmente, a puxar os dois carros mais ao fundo, junto de um deles havendo um crânio, que se pode conjecturar ser o do condutor da junta de bois; mais no interior, outros cadáveres e objetos cercam o cômodo principal, protegido por uma porta, onde teria sido inumado o corpo do titular da tumba.

A hipótese de que os participantes desse tipo de funeral tivessem tido uma morte não violenta, mas pelo uso de algum tipo de veneno, foi sugerida a Woolley por sua esposa, que também participava das escavações e chamou a atenção para a paz com que parecia que todos eles tinham se entregado ao fim. Mais recentemente, o exame dos restos reproduzidos usando aparelho de tomografia, revelou que o crânio da vítima foi perfurado por um instrumento de ponta, quando ela ainda estava viva. Portanto, caso se usasse alguma droga na cerimônia, deveria ser algum tipo de entorpecente, o que não dispensaria que, uma vez alojadas em seus lugares e antes que o túmulo fosse coberto com terra, as pessoas sofressem um golpe fatal na cabeça, sendo conduzidas à morte.

Quando da descoberta dos túmulos reais de Ur, duas hipóteses foram aventadas: a primeira, que, por ocasião da morte do rei ou de um nobre, o pessoal a seu serviço seria também morto e enterrado; a segunda, que se tratava de algum tipo de ritual de fertilidade que incluiria o sacrifício dos participantes. Essa segunda possibilidade foi muito cedo descartada, pois não parecia razoável que o titular de um casamento ritual – a figura principal do túmulo – fosse ele também sacrificado. Assim, parece que o mais razoável seja admitir a primeira hipótese, restando entender o que justificaria que, por ocasião da morte do rei, se sacrificasse também seu séquito. O problema principal é que não havia nenhum texto conhecido que fizesse alguma alusão a prática semelhante. Esse tipo de sepultamento permaneceu, portanto, durante muito tempo dependente apenas da documentação material – a qual, aliás, constitui, para a história, uma fonte tão importante quanto a textual. O significado possível da cerimônia, bem como a fonte textual para sua compreensão, passa a ser agora nosso objeto de atenção.

São duas as hipóteses mais razoáveis para o que se encontra no túmulo. A primeira, provavelmente a mais diretamente sugerida pelos restos arqueológicos, seria que a corte de um grande senhor recebia também a morte para que pudesse continuar a servi-lo no mundo dos mortos, ou seja, assim como outros pertences eram com ele enterrados, também o eram aqueles que os usariam na continuidade sem fim de seu serviço. A lógica desse procedimento é que não teria sentido enviar para o mundo dos mortos, com o rei, por exemplo, sua harpa feita de material precioso, sem que se despachasse com ela também o harpista.

Uma segunda hipótese, mais produtiva, foi proposta recentemente por Susan Pollock (2008): o que se encontra nos chamados túmulos reais de Ur é a "morte de uma casa" real, o que se deduz da situação histórica da época pré-dinástica, quando a realeza (*nam-lugal*), com sucessão de pais para filhos, ainda não se tinha estabelecido, o que só parece ter acontecido na metade do terceiro milênio a.C. Antes disso, "uma importante instituição econômica e social" nas cidades-estado "era a 'casa grande' ou *oîkos* (em sumério, *e-gal*, literalmente, 'casa grande', com referência a um palácio)". Essas casas "incluíam os templos dos deuses tanto quanto o palácio e outras casas comandadas por membros (incluindo homens, mulheres ou crianças) da família real" (Pollock, 2008, p. 210). Ora, a sucessão no poder não sendo hereditária, quando morria um rei, competia à cidade-estado – ou a parte dela – escolher o sucessor, sendo necessário que toda a casa do rei morto fosse antes eliminada, para a entronização do novo senhor:

> *os túmulos reais erguem-se para a deliberada, embora metafórica, destruição das casas grandes e essa distinção entre casas exerce um papel central na forma como elas e seus membros eram enterrados. O ato de enterrar uma casa envolvia, entre outras coisas, o exercício por algumas pessoas, sobre outras, do poder de vida e morte. . . . As mortes das casas que esses funerais proclamam eram metafóricas e, nesse sentido, ideológicas, mas também terrivelmente reais para as*

> *pessoas que iam para sua morte precoce nos túmulos. (Pollock, 2008, p. 216)*

## A cidade dos mortos

O que principalmente incomodava Woolley era a dissonância entre a documentação material fornecida pelas tumbas reais de Ur e a documentação escrita, uma vez que não se conhecia, na sua época, nenhum texto que relatasse algum enterro com vítimas humanas. Esse texto na verdade existe, sua reconstituição tendo se beneficiado da descoberta recente de novos manuscritos em Mê-Turan (Tell Haddad). Trata-se de *O grande touro selvagem jaz*, conhecido também como *A morte de Bilgames*.[17] Do que nele se encontra, desejo ressaltar apenas dois aspectos, relacionados com os ritos fúnebres previstos quando da morte de Bilgames: seu túmulo e seu sepultamento.

Alertado pelos deuses sobre seu fim próximo, o herói toma providências para que seu túmulo seja construído no fundo do Eufrates, naturalmente a fim de protegê-lo dos ladrões de sepultura. Assim, o rio é desviado, a tumba é construída e de novo o rio é trazido para seu leito:

> *O senhor convoca uma força de trabalho em sua cidade,*
>
> *O arauto soa sua trombeta na terra:*
>
> *Ó Úruk, levanta! Viola o rio Eufrates!*

17 A documentação encontra-se publicada em Cavigneaux e Al-Rawi, 2000. Apesar dos avanços, a interpretação do texto é ainda muito difícil. A leitura e o entendimento que adoto aqui depende de George, 2003b.

*Ó Kullab, levanta! Esvazia o Eufrates de suas águas!*[18]

*O que convoca Úruk era um Dilúvio,*

*O que convoca Kullab era uma densa névoa!*

*Nem mesmo o meio de um só mês se passa,*

*Nem mesmo cinco dias, nem mesmo dez dias,*

*E eles violaram o Eufrates, esvaziaram suas águas,*

*Seus seixos olhavam para Utu com admiração.*[19]

*Então, no leito do Eufrates a terra rachou de seca.*

*Ele construiu sua tumba de pedra,*

*Construiu seus muros de pedra,*

*Fez portas de pedra em sua entrada.*

*A barra e a soleira, duríssima diorita,*

*Os ferrolhos, duríssima diorita,*

*As vigas, moldadas em ouro,*

*Para dentro ---- ele moveu pesado bloco de pedra. . . .*

*Assim ---- nos dias futuros,*

*---- não descobriria,*

*---- quem buscasse jamais descobriria sua localização.*

18 Kullab era uma das partes de Úruk, o termo sendo também usado para designar a própria cidade.

19 Utu é o deus Sol, em sumério, chamado Shámash em acádio.

Uma vez feita a tumba, o texto continua:

> *Sua amada esposa, seu amado filho,*
>
> *Sua amada esposa mais velha, sua amada esposa mais nova,*
>
> *Seu amado menestrel, camareiro e ----*
>
> *Seu amado barbeiro, seu amado ----*
>
> *Seus amados criados e servos,*
>
> *Seus amados bens ----*
>
> *Foram baixados em seus lugares, como se para uma revista do palácio, no meio de Úruk (George, 2003b, p. 206).*

A relação com as tumbas de Ur é perfeitamente harmônica, permitindo que se corrija a interpretação de Woolley, segundo o qual apenas criados e servidores do rei seriam com ele imolados, para adotar a de Pollock, relativa à morte de toda uma casa. De fato, o que se sugere é a morte da casa de Bilgames, uma vez que tanto suas esposas quanto seu filho o seguirão na tumba.

Isso conduz ao último dos aspectos que quero abordar: na forma como o mundo dos mortos é concebido na tradição mesopotâmica, pelo menos desde metade do terceiro milênio a.C., ele se apresenta como uma grande cidade, em sumério, literalmente, *uru-gal* (cidade grande). Assim, conta com uma rainha, Eréshkigal, com seu esposo Nergal, em alguns contextos considerando o rei, bem como com uma série de serviçais: Namtar, o vizir; Hushbishag, a governanta; Qássa-tábat, o faxineiro; Ninshuluhhatumma, o camareiro;

Bíbbu, o açougueiro;[20] Bélet-séri, a escriba.[21] Habitam-no também vários deuses, os Anuna, que atuam como juízes, além de Etana, Shákkan e, especialmente, Dúmuzi. A Bilgames, no poema antes citado, é prometido que, cabendo-lhe morrer mesmo que sua mãe seja uma deusa, será ele honrado como juiz dos mortos.

O que parece, portanto, é que, recebendo um funeral como o testemunhado pelas tumbas de Ur, em que o acompanham sua família, seu harém e toda sua corte, o que faz Bilgames pode ser considerado uma simples transferência, da cidade dos vivos para a cidade dos mortos, de sua casa, a fim de que tenha ela continuidade numa existência sem fim. Mesmo que essa configure uma situação excepcional – não havendo outros textos que apresentem "a morte de uma casa" –, não deixa de ser significativo que o maior dos heróis da Mesopotâmia seja aquele que permite vislumbrar quão firme podia ser a convicção de seus conterrâneos de que a existência humana ultrapassa o fim da vida.

20 Cf. Sin-léqi-unnínni, 2017, 8, 156-178.
21 Cf. Sin-léqi-unnínni, 2017, 7, 204.

# A história do cemitério real de Ur como modelo para a investigação do desejo de conhecer

*Raul Hartke*

O relato de Bion acerca do enterro do rei dos Caldeus no cemitério real de Ur, aproximadamente no ano 3500 a.C., com o saque ao túmulo realizado cerca de quinhentos anos mais tarde, faz parte de uma palestra realizada em 1971 na Los Angeles Psychoanalytic Society – e que foi publicada em 1977. Baseia-se em conjecturas desenvolvidas pelo famoso arqueólogo inglês Sir Leonard Woolley a partir de suas escavações realizadas no local da antiga Suméria onde existiu a importante cidade de Ur, supostamente a terra de Abraão. A região pertence atualmente ao Iraque.

De acordo com a reconstrução imaginada por Sir Woolley, uma procissão de notáveis da corte acompanhou o corpo do rei para dentro de um fosso preparado no local que até então era a lixeira da cidade. Os nobres carregavam consigo suas mais valiosas joias e pertences. Havia um acompanhamento musical e ocorreu a ingestão de alguma droga narcótica, provavelmente haxixe. O fosso foi então coberto de terra, sepultando todos os que se encontravam em seu interior. Tornou-se um local sagrado, desejado posteriormente como sepultura por todos os que esperavam algo mágico para após a morte. Com o passar do tempo, vulgarizou-se, voltando ao seu uso original como lixeira.

É esse relato, com suas implicações, extensões e instigações, que constituirá o objeto de minha exposição. Para Bion (1977d), as duas imagens nele presentes, o enterro e o saque no cemitério, representariam todo o domínio de trabalho dos psicanalistas. Vou abordá-lo inicialmente em relação ao uso que Bion lhe dá na psicanálise, procurando também expandir alguns dos seus questionamentos. Depois, tentarei examiná-lo sob o vértice da teoria do objeto estético de Donald Meltzer, que considero próxima o suficiente das concepções de Bion para possibilitar correlações, mas também distinta o bastante para permitir confrontações e, assim, expansões de significados. Finalmente, procurarei ilustrar a vivência da experiência emocional provocada pelo impacto do objeto estético por meio de apresentação e comentário de uma canção composta por Edu Lobo e Chico Buarque, interpretada por Milton Nascimento.

No texto sobre a grade anteriormente referido, Bion descreve as seguintes "histórias" (segundo sua expressão): o cemitério real de Ur, o mito de Édipo, a Árvore do Conhecimento no Jardim do Éden, a confusão de línguas na Torre de Babel e a morte de Palinuro descrita na *Eneida* de Virgílio. Ele as considera uma *"galeria pictórica verbal"*. De acordo com suas palavras, "com uns poucos agregados que recolho da leitura geral, oferecem-me modelos para quase todos os aspectos das situações emocionais que observo no domínio onde se intersectam a prática psicanalítica e as teorias psicanalíticas" (Bion, 1977d, p. 16).

Como a presente reunião é parte de um evento maior sobre mitos na obra de Bion, é mister sublinhar que, diversamente dos outros relatos mencionados, o "cemitério real de Ur" não é um mito no sentido mais estrito desse termo, mas sim, como destaquei no início, uma tentativa de reconstrução histórica efetuada por um arqueólogo. Mas Bion o utiliza como um modelo, assim como procederá com os mitos, e isso conduz à questão do que seria para ele um modelo.

Da mesma forma como faz em outros casos, ele toma esse termo emprestado das ciências, dando-lhe, porém, um significado específico para a psicanálise: "são termos", diz ele, "emprestados da filosofia, dentre outras áreas, mas não devem ser compreendidos a partir do significado das disciplinas de onde se originam; devem ser considerados como tendo um significado essencialmente apropriado à psicanálise" (Bion, 1963/2016a, p. 17).

Para ele, modelos são representações já conhecidas, em geral baseadas predominantemente em imagens sensoriais (sobretudo visuais), empregadas como ferramentas iniciais, como andaimes provisórios para tentarmos conhecer e lidar com fenômenos ainda desconhecidos. Na grade estão categorizados, pelo menos em suas formas mais primitivas, na fila C, a mesma dos pensamentos oníricos, dos sonhos e dos mitos (Bion, 1963/2016a).

É importante sublinhar que, na citação anterior, Bion situa seus modelos pictórico-verbais numa posição entre o material trazido pelo analisando e as teorias de que o analista dispõe para compreendê-lo e interpretá-lo. Assim, e essa é uma característica geral dos modelos, por um lado já implicam certa elaboração abstrata, mas ainda permanecem bastante próximos da concretude e singularidade do material original. São, por esse motivo, de mais fácil e rápida compreensão, como é o caso geral das imagens. Por outro lado, sofrem ainda com as restrições e limitações que essa maior concretude e particularização ocasiona, diversamente de uma teoria no sentido mais estrito do termo, constitutiva da fila F da grade. A teoria, devido a seu maior nível de abstração, permite maior flexibilidade e generalização para outras situações do presente e do passado. Mas esse nível de abstração também encerra o risco de transformar-se em mera manipulação vazia e arbitrária de símbolos desgarrados de situações reais. Por essa razão, Bion valoriza a necessidade de mantermos nossas mentes em uma oscilação permanente entre movimentos de concretização/particularização e de abstração/generalização. Isso significa movimentos para cima e para baixo ao longo das colunas de sua grade.

De acordo com suas próprias palavras, "o uso de um modelo tem o valor de restaurar uma sensação de concreto a uma investigação que pode ter perdido o contato com seu *background* através de abstração" (Bion, 1962/1977b, p. 64).

Os modelos estão presentes nas teorizações psicanalíticas, no funcionamento mental cotidiano e naquele do analisando e do analista em sessão. Assim, Bion utiliza os sistemas digestivo e reprodutor como modelos para sua teoria do pensar. Mas alguém também pode dizer que se comportou como um bebê para expressar que agiu infantilmente, ou que um *tsunami* o atingiu a fim de comunicar a intensidade da experiência. Ou o analista pode dizer que o paciente sentiu sua interpretação como uma facada nas costas (eventualmente com razão).

Qualquer experiência humana é um modelo para novas experiências. Dos elementos de cada uma delas podem ser abstraídos modelos que preservarão algo da experiência original, mas já com uma flexibilidade suficiente para ser aplicado a outra experiência sentida como similar. Como, entretanto, nenhum modelo é exatamente correspondente à uma nova situação, ele é, ou pelo menos precisaria ser, facilmente substituído por outro mais apropriado. Assim, são efêmeros, diversamente das teorias. Mas, quando algum mostra-se útil em múltiplas ocasiões, pode-se cogitar transformá-lo em uma teoria.

O *conteúdo manifesto* dos sonhos – assim como foi referido no caso dos mitos – é frequentemente tomado nas sessões como modelo para a compreensão do funcionamento psíquico do indivíduo. Isso é diferente da abordagem clássica constituída pela ênfase na descoberta do conteúdo latente.

Em todas as situações aludidas é fundamental que o modelo não seja confundido com a experiência em si, para a qual serve apenas como um andaime, conforme já abordado.

Nesse sentido, a focalização excessiva no sonho, no mito ou em qualquer construção que esteja sendo usada como modelo pode transformar-se em uma barreira, em vez de um caminho para a ampliação do conhecimento de determinado fenômeno. Em outras palavras, o andaime torna-se mais importante que a edificação!

A partir de 1962, Bion explicitou sua teoria de que a emoção constitui o núcleo da vida psíquica (Meltzer, 1983/1987) e de que o desejo de conhecer (K) é um vínculo tão primário e fundamental quanto o amor (L) e o ódio (H).

Sob o vértice de K, vários conceitos psicanalíticos básicos são redimensionados ou mesmo modificados, começando pela teoria ampliada do sonhar. Segundo essa proposição bioniana, o trabalho de sonho não objetiva apenas, nem principalmente, dar expressão disfarçada a pensamentos latentes já existentes no inconsciente, mas sim propiciar, pela primeira vez, representação psíquica para experiências emocionais em desenvolvimento. Nessa função, é um trabalho que está permanentemente ocorrendo na mente, tanto durante o sono como em vigília.

O objeto, por sua vez, originalmente a mãe, converte-se em um provedor de significados – originalmente um seio propiciador de "amor, entendimento, experiência e sabedoria" (Bion, 1962/1977b,

p. 11) –, em vez de apenas um "objeto de serviço" (Meltzer, 1983/1987), isto é, gratificador ou frustrador.

O inconsciente como reservatório das pulsões eróticas e destrutivas é complementado ou, para muitos analistas, substituído pela ênfase no ainda "não descoberto" ou "não evolvido", que não necessariamente tem origem no próprio indivíduo (Bion, 1965/1977e, p. 171).

Às angústias classicamente descritas por Freud e Klein, soma-se, sob o vértice de K, outra, quiçá o desamparo mais fundamental do ser humano como ser pensante: o "terror sem nome" (Bion, 1962/1977b), ou seja, o medo da perda radical do significado da experiência emocional.

O objetivo da análise passa a centrar-se primordialmente na expansão do continente mental em vez de enfocar o trabalho predominante sobre conteúdos inconscientes (Ferro, 1995). E muitas intervenções almejam na verdade *criar* inconsciente mediante o incremento da função-alfa.

Inclusive no que diz respeito ao mito e ao complexo de Édipo, Bion privilegia o conflito gerado pela arrogância de Édipo ao querer conhecer a verdade a qualquer preço, diversamente de Freud e Klein, que, cada qual a seu modo, centram-se nos conflitos incestuosos e parricidas, de amor e de ódio, da criança em relação aos pais. Sob o vértice bioniano, a Esfinge, com seu enigma, e Tirésias, com sua oposição à busca da verdade, também ganham um lugar de destaque.

A meu ver, é por essa razão que, em sua "*galeria pictórica verbal*" exposta no trabalho de 1977, Bion inclui também os mitos da Árvore do Conhecimento no Jardim do Éden e da Torre de Babel. Em ambos, uma deidade opõe-se à busca do conhecimento, punindo quem o procura com a expulsão do paraíso, no primeiro caso, e com a confusão de línguas, no outro. E é também por esse motivo que as questões por ele levantadas a partir do relato dos supostos acontecimentos no cemitério real de Ur giram basicamente em torno do pensar ou não pensar, da curiosidade, da fantasia de onisciência, ou seja, questões ligadas ao domínio do conhecimento.

Em outras palavras, a história e os referidos mitos são usados como modelos para investigar questões relacionadas ao vínculo K, conforme será exposto a seguir. A ênfase nesse vínculo constitui, a meu ver, o vértice bioniano na psicanálise.

No que diz respeito ao comportamento dos membros da corte que se deixam ser sepultados vivos, Bion abre várias perguntas que vou expor com algumas ênfases e expansões.

Que força poderosa, emocional, cultural ou religiosa levou essas pessoas a um comportamento sabidamente mortal? Não seria algo muito mais dinâmico e ativo que a simples ignorância? Quando chamamos isso de "crença religiosa", por exemplo, o que realmente significa? Seria apenas o pensamento mágico sobrepujando o racional? Quais seriam os fenômenos grupais envolvidos? Que "droga" mental poderosa seria responsável por esse bloqueio radical da razão? Existe atualmente algum comportamento humano grupal que apenas em um futuro longínquo será percebido como tão absurdo quanto aquele dos membros da corte de Ur? Algo que ainda nem sequer nos ocorre questionar?

Recursivamente cabe até mesmo nos perguntarmos se nosso uso das teorias de Bion ou de outros psicanalistas, bem como da própria psicanálise, não poderia ser uma "droga" mental narcotizante. E o que dizer do uso indiscriminado de psicotrópicos? Do consumismo, da procura abusiva de cirurgias plásticas, da busca alucinada por poder e riqueza, da exploração desenfreada da mãe natureza? Enfim, de tantos outros comportamentos humanos atuais que pouco ou nunca questionamos para valer?

Quanto aos saqueadores, que agiram em uma época na qual provavelmente ainda persistiam as crenças mágicas vigentes na época do enterro, Bion questiona se não deveríamos celebrá-los como "Pioneiros da Ciência", porque as desafiaram na tentativa de alcançar seus objetivos. Mas quais seriam suas motivações? Cobiça? Curiosidade? Que "droga" mental lhes propiciou a força para suplantar seus temores mágicos? Como, em meio a tudo isso, descobriram o local exato da tumba real?

No texto em apreço, predominam questões em vez de respostas. Questões que geram ou deveriam gerar um desassossego em relação a nossas respostas habituais e quase automáticas. Que abrem e mantêm vivo o pensar. Essa atitude mental perpassa toda a obra de Bion e procura evitar a tendência a respostas prematuras e supostamente definitivas, pelo temor ao novo, ao desconhecido e até ao incognoscível. Em outros trabalhos, Bion cita várias vezes a frase de Maurice Blanchot: "a resposta é a desgraça da pergunta".

É evidente, entretanto, que não permanecemos apenas formulando questões sobre algo que estamos tentando conhecer, nem mesmo Bion assim procede. Mas ele está permanentemente alertando sobre a forte propensão humana a acomodar-se no já conhecido. Está sempre procurando estimular o desenvolvimento daquilo que Keats chamou "Capacidade Negativa", isto é, "a capacidade... para estar às voltas com a incerteza, o mistério, a dúvida, sem um anseio exacerbado para chegar ao fato e à razão" (Bion, 1970/1977a, p. 125). Para ele, a busca do conhecimento a partir da experiência emocional, o vínculo K, exige uma constante tolerância à dúvida e a um sentimento de infinitude (Bion, 1962/1977b).

Algumas páginas adiante, Bion não deixa de tentar uma resposta parcial ao motivo que teria levado os saqueadores ao roubo.

Refere-se à conjunção de uma baixa tolerância à frustração com uma grande ambição, geradora da cobiça. Esta última, por sua vez, provocaria a busca imediata de resultados, substituindo o pensamento pela fantasia de onipotência. Tal substituição tende a aumentar e perpetuar a situação, porque, como diz Freud, é justamente a interpolação do pensamento entre o impulso e a ação que possibilita tolerar a frustração e encontrar meios para alcançar alguma gratificação real.

Mas seria apenas a cobiça que, por exemplo, levaria governantes a exigir propinas e acumular riquezas em quantidades que desafiam quaisquer limites? Que outra ou outras "drogas" mentais poderiam motivá-los?

O tópico da curiosidade, por sua vez, levanta outras questões importantes, principalmente a partir de distinções realizadas por Donald Meltzer (1978).

Segundo ele, Freud atribuía a origem da curiosidade, isto é, a pulsão epistemofílica, às angústias da criança quanto à vida sexual dos pais na vigência do complexo de Édipo. Klein, por seu turno, a considerava um instinto em si, tendo como objeto inicial o corpo da mãe, com objetivos intrusivos, agressivos. Para Meltzer, ambos não distinguiriam essas modalidades de curiosidade do desejo de conhecimento como uma satisfação primária, constitutivo do vínculo K proposto por Bion. Um vínculo, como já referi, tão primário e fundamental como os de amor e ódio.

Essas distinções efetuadas por Meltzer parecem-me importantes. Assim, por exemplo, a eventual curiosidade referida por Bion sobre o caso dos saqueadores de Ur seria, para mim, possivelmente, uma curiosidade intrusiva destrutiva, diferente do desejo de conhecer que, pelo menos idealmente, deveria preponderar em uma verdadeira investigação científica. Cabe, portanto, questionar se os saqueadores poderiam ser realmente considerados "Pioneiros da Ciência", como sugere Bion.

É evidente, entretanto, que a pesquisa dita científica também é movida por uma mistura complexa de motivações humanas, incluindo a cobiça por riqueza e poder. Conforme diz o próprio Bion (1977d, p. 46), "mesmo pessoas extremamente cultas e cuidadosas como Sir Arthur Evans foram acusadas de serem destrutivas em função de terem destruído mais do que puderam esclarecer através de suas escavações e reconstruções". Sir Evans é o famoso arqueólogo que dirigiu as escavações do Palácio de Cnossos a partir de 1899.

Que ensinamentos isso pode oferecer para nosso trabalho como psicanalistas? Quantas vezes não usamos, segundo outra metáfora de Bion (1977d), uma bomba atômica para desenterrar do inconsciente uma nesga de conhecimento? Será que conseguimos usar, na maior parte do tempo, delicados pincéis e o "olho da imaginação" em nossas "escavações" psicanalíticas?

Todas essas questões acerca da curiosidade, do desejo de conhecer e de suas relações com o amor e o ódio conduzem-me a outra parte da presente exposição.

De acordo com Bion (1970/1977a), o desenvolvimento da capacidade de pensar depende, entre outros fatores, da possibilidade de vivenciarmos e observarmos determinada experiência sob diferentes vértices, sejam eles sensoriais, mentais, culturais, temporais etc. Em outras palavras, depende da possibilidade de pensá-la sob múltiplas perspectivas ou pontos de vista. E, conforme já referi, esses distintos vértices não podem ser nem tão afastados entre si a ponto de não permitirem correlações mútuas, nem tão próximos que impeçam as confrontações necessárias para a evolução do conhecimento.

Levando isso em conta, procurarei a seguir examinar a história do enterro real de Ur sob outro vértice, baseado mais uma vez em uma contribuição de Meltzer e Williams (1988/1995).

Suas raízes estão plantadas na obra bioniana, mas o fruto também contém contribuições pessoais de Meltzer. Assim, considero-o um ponto de vista adequado para constituir uma possível "visão binocular". Inclui, por exemplo, a tese da realidade última incognoscível, mas a contextualiza teoricamente e a expressa de uma forma mais próxima de uma representação pictórica, tornando-a, portanto, mais apreensível clinicamente, pelo menos a meu juízo.

Refiro-me às suas formulações sobre o objeto e o conflito estéticos.

Segundo Meltzer e Williams (1988/1995), um aspecto essencial de nossa relação apaixonada com os outros e com o mundo que nos cerca é a existência de uma diferença e de um conflito entre a *percepção* de seu exterior admirado, apreensível aos órgãos dos sentidos, e seu interior ambíguo, essencialmente misterioso, que pode ser apenas *concebido* mediante a imaginação. Meltzer o denomina "conflito estético". O impacto dessa situação gera um vínculo peculiar, conjugando, por um lado, amor, ódio e desejo de conhecer, e, por outro, fortes emoções antivínculos, como o puritanismo (antiamor), a hipocrisia (antiódio) e o filistinismo (anticonhecimento). Tal conflito, fundamental no ser humano, envolvendo um objeto presente, mas com um interior inapreensível diretamente, é, para Meltzer, ainda mais importante que aqueles relacionados à separação ou perda. Diz ele:

> *O interior oculto do objeto, da mesma forma que o objeto ausente, é um forte estímulo para o pensamento, talvez o mais forte dos dois, sendo, em sua natureza, mais apaixonado que ansioso. Enquanto as angústias*

> *engendradas pela ausência do objeto tendem a despertar violência a serviço da dominação e controle do desejo, a paixão ligada ao interior oculto do objeto estético promove o amor, convida à exploração. (Meltzer, 1986/1990, p. 209)*

"Para termos experiências estéticas", prosseguem Meltzer e Williams (1988/1995, p. 213), "é necessário que nos exponhamos ao êxtase das qualidades formais externas do objeto. E, a partir daí, temos que nos confrontar com nossas dúvidas e suspeitas a respeito de suas qualidades internas".

O conflito estético é mais facilmente tolerável quando existe reciprocidade, isto é, quando seu objeto é capaz de retribuir essas mesmas emoções (Meltzer & Williams, 1988/1995). Caso contrário, defesas serão acionadas contra a dor da incerteza, da insegurança e, inclusive, da desconfiança geradas pelo interior inacessível. Defesas causadoras de recuos na relação apaixonada ou de fantasias onipotentes de intrusão.

Os recuos consistem, por exemplo, em cisões do outro, distribuindo defensivamente os vínculos de amor, ódio e desejo de conhecer, bem como os antivínculos, entre diferentes objetos, e também em cisões do próprio *self*, impedindo, assim, a capacidade de vivenciar integradamente as emoções.

As fantasias intrusivas, por sua vez, objetivam evitar as angústias já aludidas, transformando – na fantasia – o interior essencialmente *misterioso* do outro (em última instância incognoscível) naquilo que constituiria meramente um *segredo* passível de ser afinal decifrado e resolvido. Essas intrusões envolvem uma *violação* da privacidade alheia, entendendo-se por privacidade os espaços do outro, sejam eles sociais, físicos ou mentais, que só podem ser conhecidos e compartilhados mediante convite e aceitação. Tal violação constitui, para Meltzer e Williams (1988/1995), o fundamento emocional de todas as formas de violência humana.

Em termos gerais, todas essas defesas objetivam diminuir o impacto provocado pelo objeto estético e constituem diferentes maneiras de embotamento da sensibilidade ou de uma perversão da paixão, que promove desvalorização e degradação do outro, cinismo, vulgarização do gosto etc. (Meltzer & Williams, 1988/1995).

Quando, por outro lado, há reciprocidade nessa relação apaixonada, o respeito à privacidade promove o desenvolvimento da imaginação criativa como um instrumento para tentar conceber o interior misterioso sem violar o objeto. Essa é a essência do vínculo K, do desejo de conhecer. O amor deseja possuir o objeto; o ódio, destruí-lo. É apenas o predomínio do vínculo K (sempre acompanhado pelos outros dois) que respeita a autonomia com o fito de conhecer mais profundamente o alvo da paixão. Assim, é esse o vínculo que necessita imprescindivelmente preponderar na relação analítica, por exemplo. E não parece ter sido o preponderante na mente dos saqueadores do cemitério real de Ur.

A força dos desejos e ações intrusivas depende de fatores tanto do apaixonado quanto de seu objeto. A cobiça referida por Bion desempenha certamente um papel importante. Mas existem também inúmeras formas possíveis de provocação por parte do objeto. Desde pseudoconvites que incitam os desejos intrusivos até a exibição sutil ou exuberante de sinais de segredos como forma de exibir e sentir poder. A exuberância das riquezas enterradas no cemitério real de Ur era tal que Sir Woolley decidiu enviar em código alguns dos relatórios às direções dos museus que o patrocinavam, pelo temor à cobiça que poderiam despertar.

É interessante também comparar a violação destrutiva e o roubo realizado pelos saqueadores com a escavação arqueológica de Sir Woolley. Ele é considerado um dos primeiros arqueólogos modernos, pois escavava com método e fazia registros cuidadosos, escritos e fotográficos, de todos os seus achados, usando-os para tentar reconstruir a história antiga. Segundo Agatha Christie (Kriwaczek, 2010/2018, p. 129), que o conheceu de perto e visitou suas escavações, Sir Woolley "via com os olhos da imaginação . . . para realizar sua reconstrução do passado". Podemos, assim, conjecturar que predominou nele o desejo de investigar para ampliar o conhecimento, diversamente dos saqueadores. Isso não significa que também ele, como todos nós, não sentisse desejos intrusivos. É interessante registrar, nesse sentido, que, antes das escavações de Ur, realizadas entre 1922 e 1934, Sir Woolley trabalhou para a Inteligência Naval Britânica como espião contra os alemães. Na Primeira Guerra Mundial (1914-1918) chegou a ser capturado pelos turcos, passando dois anos em um campo de prisioneiros. Espionar é, por definição, uma forma de roubar informações, sem o convite do outro. É violação, qualquer que seja o seu objetivo. Seja como for, em Ur parece ter predominado o vínculo K. Mas é provável que todas as pesquisas humanas sempre envolvam diferentes misturas de curiosidade intrusiva e desejo de expandir o conhecimento. Inclusive a psicanalítica!

Para Meltzer um objeto estético central no desenvolvimento psíquico humano é constituído por indícios, angústias, desejos e fantasias experimentados pela criança a respeito do que ocorre no quarto dos pais quando não está com eles. Em outros termos, suas fantasias sobre a relação sexual parental, a chamada "Cena Primária". Que segredos e mistérios existiriam atrás daquela porta fechada? Os segredos soterrados no cemitério real de Ur poderiam incitar nos saqueadores e nos arqueólogos as curiosidades ligadas a esse confronto inevitável e doloroso de todo ser humano com algo que desperta paixões, mas do qual está excluído? Meltzer pensa que sim, mencionando Ur em um momento particularmente inspirado de sua obra que, a meu ver, sintetiza poeticamente grande parte de sua teoria do objeto estético. Cito-o textualmente:

> *A partir deste imaginário evocativo, como se fosse a partir de um sítio arqueológico, aparece na mente a imagem da Câmara Nupcial, cuja privacidade e mistério precisam ser guardadas, e isto só se pode fazer à custa do amor e respeito vindos de fora. Mas quando falta o amor, e o mistério e a privacidade são vistos como segredos de poder, a câmara torna-se uma fortaleza, o sítio de uma catástrofe, seus remanescentes históricos indo de Ur a Dachau. Esta estrutura do mundo interno, que sempre teve lugar na arquitetura da religião . . . é o "âmago do mistério", onde se gera todo o significado. O lugar deste intercâmbio criativo, chamado de modo tão prosaico de quarto dos pais, é o lugar de adoração e maravilhamento no mundo interno. Ou, mais corretamente é aqui que aparece a função alfa, onde o ato criativo da formação simbólica vai seguindo silenciosamente seu curso durante a noite. Por meio de seu funcionamento, podemos ir dormir cansados e confusos e acordarmos revitalizados e uma vez mais boquiabertos frente ao belo que há no mundo e ao maravilhamento por sermos criaturas vivas, que sentem e pensam. (Meltzer & Williams, 1988/1995, pp. 113-114)*

Consequentemente, ciúme pela exclusão, inveja pelos prazeres, regalias, riquezas e poder não compartilhados poderiam ser acrescentados à lista dos fatores responsáveis pelo desejo de invadir e saquear.

Além disso, a ânsia de participar desses privilégios da "Câmara Nupcial", conforme dizem Meltzer e Williams (1988/1995), não constituiria um possível elemento dinâmico para além da simples ignorância que Bion cogitava como outra motivação para o comportamento irracional dos nobres de se deixarem enterrar com o rei? Ou existiria uma força ainda mais primitiva e misteriosa, como a fantasia de retorno ao útero da mãe terra?

Quando nos encontramos em uma sessão psicanalítica tentando compreender e interpretar a mente de nosso analisando, conhecer o seu mundo interior, é fundamental nos perguntarmos se estamos movidos predominantemente pelo desejo de conhecer, que respeita a privacidade do outro, ou por alguma forma de curiosidade intrusiva excessivamente contaminada pelo anseio de possuir ou de agredir. E o(a) analisando(a) está relatando suas intimidades para tentar entender seu funcionamento psíquico ou, sobretudo, para atiçar a curiosidade intrusiva do analista? E este último não pode também comportar-se de modo que incrementa tal curiosidade no(a) paciente?

Para finalizar, apresentarei e comentarei uma obra artística que, a meu juízo, descreve maravilhosamente o impacto do objeto estético, as angústias suscitadas e os avanços e recuos no seu enfrentamento.

Trata-se da canção "Beatriz", que faz parte do espetáculo musical *O Grande Circo Místico*, criado em 1983 para o Balé Teatro Guaíra pelo dramaturgo, diretor, cenógrafo, figurinista e artista plástico Naum Alves de Souza. Ele se inspirou no poema homônimo de Jorge de Lima, publicado em 1938 no livro *A túnica inconsútil*. Em resumo, o poema conta a história do amor entre o filho de um médico aristocrata austríaco, que almejava vê-lo seguir essa mesma profissão, e uma equilibrista de circo chamada Agnes. O casamento entre eles originou a dinastia proprietária do internacionalmente conhecido Grande Circo Knieps.

A trilha sonora foi composta por Edu Lobo (música) e Chico Buarque (letra). Considero importante ouvir "Beatriz" na gravação original de Milton Nascimento para uma compreensão melhor do que será descrito a seguir.

Meu objetivo não é interpretar psicanaliticamente a letra dessa belíssima canção. Desejo, isto sim, usá-la como um andaime para nos ajudar a vivenciar a experiência emocional do impacto de um objeto estético.

Para tanto, vou apenas sublinhar alguns pontos da letra, explicitar determinados significados e expandir outros. Eventualmente, citarei trechos de outras canções do espetáculo, mas apenas para reforçar as emoções relacionadas a "Beatriz".

Será, assim, meu modelo litero-musical para expor a teoria do conflito estético.

Impactado com a visão da bailarina equilibrista do circo, que na poesia de Chico Buarque passa a chamar-se Beatriz, nosso protagonista incita-nos a partilhar sua experiência maravilhosa. "Olha", nos diz ele. Ou seja, não se trata, nesse primeiro momento, de pensar; apenas de contemplar com encantamento. Mas logo começa a expressar uma angustiante sequência de questionamentos. Dúvidas o afligem. "Será que ela é moça, será que ela é triste?" Ou será que é o contrário de tudo isto? Quem ou o que ela realmente é? Manifesta então um primeiro recuo diante do impacto estético e das angústias suscitadas. Quem sabe o rosto dela é apenas pintura, máscara? Mas o fascínio persiste, sempre tingido por novas inseguranças e desconfianças. "Será que ela dança no sétimo céu?" Sétimo céu, o símbolo da felicidade plena no islamismo e no cristianismo medieval. A última camada do mundo espiritual, onde está o trono de Alá, segundo o Alcorão. O último dos sete céus, que seria, para os cristãos da Idade Média, a Mansão dos Bem-Aventurados. Mas também vulgarizado no nome de uma famosa revista sobre banalidades do mundo da televisão brasileira e de seus artistas nos anos 1970-1980. Ela é Bem-Aventurada ou somente deseja a fama? É autêntica, genuína, ou apenas decora o seu papel, finge, representa para encantar, seduzir? Apenas uma bela atriz! "Não sei se é um truque banal, se um invisível cordão sustenta a vida real" ("O circo místico"[1]). Toda essa angústia, todas essas dúvidas, inseguranças e desconfianças diante de alguém tão fascinante provocam, a essa altura, o anseio de conhecer o seu interior: "se eu pudesse entrar na sua vida". Mas ela está lá no seu mundo, distante, inacessível, secreta, misteriosa!

> *Pelo amor de Deus. Não vê que isso é pecado; desprezar quem lhe quer bem... Será que o Deus que criou nosso desejo é tão cruel? Mostra os vales onde jorra o leite e o mel e esses vales são de Deus... Não vê que Deus até fica zangado vendo alguém abandonado...!* ("Sobre todas as coisas")

Diante disso tudo, manifesta um novo recuo, tentando, quem sabe, restringir ou distorcer a dolorosa sensibilidade. Não será ela apenas uma boneca de louça, em vez de um ser humano? Ou, talvez, éter, que evapora e pode inclusive anestesiar? Insinua-se nesse momento o temor da fuga emocional mais radical, isto é, da desorganização defensiva da própria mente: "Será que é loucura?". Não! Isso já é demais. Não vou sucumbir nas trevas da

1 "O circo místico" é uma das canções de *O grande circo místico*, assim como "Sobre todas as coisas", "Ciranda da bailarina", "A Bela e a Fera" – que serão mencionadas mais adiante.

desmentalização! Pensando melhor, talvez toda a sua vida seja um mero cenário, não uma vida real. Quem sabe ela não mora no "sétimo céu", mas em um mundano e prosaico "arranha-céu"! Ou até em uma casa desenhada com giz, que é facilmente apagável? A aflição será menor se ela for somente ilusão. Ou, pelo menos, um ser solitário chorando sozinha num quarto de hotel, em vez da deslumbrante bailarina que desperta todas essas emoções e angústias. Parece que estou agora ouvindo a voz de crianças dizendo que o rei está nu, que,

> *procurando bem, todo mundo tem pereba, marca de bexiga ou vacina. E tem piriri, tem lombriga, tem ameba... coceira, verruga... frieira... falta de maneira... piolho... um irmão meio zarolho... unha encardida... dente com comida... casca de ferida... ramela... teve escarlatina ou tem febre amarela... medo de subir... de cair... de vertigem... pecado... sujo atrás da orelha... calcinha um pouco velha... problema na família... Só a bailarina que não tem?* ("Ciranda da bailarina")

Se pelo menos eu pudesse entrar na sua vida e descobrir seus segredos! Às vezes, assalta-me um desejo de ser o homem mais forte do planeta, rude, selvagem, de possuí-la à força se não corresponder à minha paixão: "Oh bela, gera a primavera, aciona o teu condão. Oh bela, faz da besta fera um príncipe cristão. Recebe o teu poeta, oh bela. Abre teu coração. Abre teu coração ou eu arrombo a janela" ("A Bela e a Fera"). Mas ela é minha Beatriz, como Beatrice Portinari, a musa inspiradora de Dante Alighieri, que o guiou para o Paraíso. Beatriz, minha musa, "me ensina a não andar com os pés no chão"; a sonhar, a imaginar, a te ver melhor justamente quando fecho os meus olhos. A usar, como um bom arqueólogo, os olhos da imaginação! Leva-me para sempre contigo, mesmo eu sabendo que para sempre é sempre por um triz (que rima com teu próprio nome), que nunca poderei te possuir plenamente, fazer-te totalmente minha, garantidamente minha. Que posso, isto sim, ser possuído por ti, absorvido por ti. Esses meus desejos fazem-me temer que te transformes em uma cigana bruxa que vai ler desastres em minha mão. Ajuda-me! Por favor, "diz se é perigoso a gente ser feliz". Você, amigo espectador que está me ouvindo, olhe comigo: será que ela é uma estrela no céu ou é mentira, comédia? Será que é divina? Será que faz parte de *A divina comédia*? E se um dia ela despencar lá do sétimo céu? Se de repente eu perceber que outros, como eu, pagaram para vê-la e que agora exigem bis? Que ela não é só minha? Que é uma atriz em busca de aplausos e, qual uma sereia, fascina toda plateia? Que sou apenas outro na multidão? "Chove tanta flor, que sem refletir um ardoroso espectador vira colibri!" ("O circo místico").

Mas, olhando bem, acho que é um arcanjo, um habitante do Sétimo Céu, quem está passando o chapéu! Então, pode ser que ela seja mesmo divina!... Desejo e realidade, céu e terra digladiam-se dentro de mim, tocando as cordas sonoras mais agudas e mais graves do meu espírito!

Quanta paixão, quanto fascínio! Quantos anseios e angústias! Quantos segredos e mistérios! Quanta imaginação, quantos sonhos! Perguntas sem fim. "Ah, se eu pudesse entrar na sua vida!"

O resto, da mesma forma como termina a canção na interpretação de Milton Nascimento, é melodia e, depois, silencio e mistério.

# Um passeio numa manhã de sábado: visita ao cemitério real de Ur e à Biblioteca do Conhecimento

*Maira Cecília Avi*

No quarto encontro do curso As matrizes míticas na obra de Bion, ocorrido na manhã de sábado, 17 de março de 2018, fiz um passeio emocionante por civilizações, conceitos, música, poesia, teatro e, penso eu, dentro de mim mesma. Devo avisar que o veículo que me conduziu nesse passeio foi minha imaginação, mas o combustível que o alimentava foram as falas do professor Jacyntho Lins Brandão e do psicanalista Raul Hartke e a interpretação da atriz Renata Martelli.

Quando cheguei na Sociedade naquela manhã, fui recebida pela cordialidade dos colegas e percebi o carinhoso cuidado da Comissão do Espaço Cultural da Sociedade Brasileira de Psicanálise de Ribeirão Preto (SBPRP) no preparo do curso. No entanto, notei que não lembrava sobre qual assunto seria o encontro daquele dia. Todos tão cuidadosos, e eu tão descuidada, despreparada. Acabei me consolando ao imaginar que um Bion criado em minha mente me diria: "Muito bem! Sem memória, sem desejo e sem necessidade de compreensão. Vai para a experiência!".

Seguindo o conselho, ocupei um lugar no auditório e aguardei.

Eis que surge no fundo da sala a atriz Renata Martelli, interpretando uma personagem que dizia: "É só um jogo, *just a little game*". Enquanto ela caminhava entre as fileiras de assentos do auditório repetindo essas palavras, decido aceitar seu convite e entrar no jogo. Assim, eu me pus a jogar com minhas emoções e percepções e imaginar.

Primeiro me emocionei com a temática da morte na interpretação de Renata. Eu a via abrindo baús para desenterrar objetos diversos, enquanto eu tateava palavras para nomear minha emoção. Um metrônomo marcava o compasso num tempo que se tornava triste e verdadeiro. Desenterrei os mortos ao me lembrar de pessoas queridas que se foram e enterrei os vivos que ainda estão comigo, ensaiando a perda. Emoção aterradora. Aplaudimos a morte em dois tempos.

Depois, limpando o excesso da terra que cobria os mortos, abre-se espaço para ouvir o bem vivo professor Jacyntho Lins Brandão. Retirando camadas de terra que escondem riquezas, ele nos apresenta civilizações da Antiga Suméria, povo distante de nós tanto espacial quanto temporalmente. Estamos no deserto da Mesopotâmia. O professor alerta para não domesticar o que descobríamos desses povos, respeitando o mistério nas relações das origens. Seguimos na direção do cemitério de Ur. Nesse momento me tornei uma arqueóloga. Cavava, observava e construía com ele narrativas sobre os possíveis costumes e relações desses povos. Assim, foi uma aventura entre objetos de ouro, instrumentos musicais, lixo, esqueletos e montes de terra soterrando o passado.

Em busca de conhecer como lidavam com a morte, fiquei sabendo que, possivelmente, essas antigas civilizações mantinham o reino dos mortos a uma distância horizontal, isto é, depositavam os corpos em terrenos afastados das casas. No entanto, isso se transforma, em dado momento, em uma distância vertical cujo sentido era para baixo, ou seja, enterrar. Por isso, estávamos agora ali escavando.

Criou-se o mundo inferior, o mundo dos mortos. O deus Gilgámesh aparece no cemitério! Quer nos contar sobre esse mundo inferior que ele conheceu. Mas fala uma língua muito diferente. Ainda bem que o professor Jacyntho sabe traduzi-la para nós! Ficamos sabendo que os mortos vivem uma existência, mas deteriorada e infértil. Gilgámesh nos deixa para encontrar um amigo que também ouvirá sua história.

Continuando as escavações, observamos que os mortos eram enterrados com todos de sua família ou corte e também com seus bens mais valiosos. Observamos cemitérios construídos em cima de cemitérios, cidades inteiras em cima de outras cidades. Senti-me, na condição de viva, elevada pelos mortos já que vivemos sobre camadas sedimentadas de cemitérios. Sobre quantos cemitérios de antigas civilizações exerço minha existência? Fiquei curiosa buscando conhecimento. Mas o que é conhecimento?

Nesse instante entra o psicanalista Raul Hartkee que nos conduz à enorme e admirável Biblioteca do Conhecimento. Assim que entramos nela, os livros se agigantam e conseguimos passear por entre linhas e parágrafos. Caminhamos por entre as palavras de Freud e Klein, recolhendo objetos como se continuássemos numa escavação. Mas não são objetos concretos, são conceitos, ideias que nos fazem navegar pelo conhecimento.

Assim, chegamos a Bion. Observamos sua ideia do Conhecimento como um vínculo que nos move, com o vínculo de Amor e o vínculo de Ódio, em busca de nós mesmos. No entanto, somos avisados por Raul de que a curiosidade pode nos levar tanto ao conhecimento como à invasão. Pergunto a mim mesma se, enquanto estava no cemitério de Ur, eu saqueava ou descobria? Os saqueadores das tumbas de Ur eram desbravadores ou ambiciosos?

Invadimos túmulos para conhecer ou conhecemos à medida que invadimos? Homens pioneiros e corajosos ou homens ambiciosos em busca de poder? Suspeito que boas direções para se aproximar de respostas a essas perguntas estarão nos outros vínculos, o amor e o ódio.

Volto para as escavações de Ur e vejo camadas e mais camadas de possibilidades de existência. Retornamos para o auditório, passando pela biblioteca, onde Raul pega um livro. Quando chegamos, vejo camadas e mais camadas de possibilidades, de intenções, de maneiras de expressar ou de imaginar quem somos.

Estamos todos no auditório, quando Raul nos fala do impacto que sentimos no contato com a beleza de outro que não sabemos quem é, que não conhecemos por dentro. Esclarece o impacto estético que experimentamos no contato com o belo, citando falas do livro de Meltzer que ele trouxe da biblioteca. Contando com a nossa humanidade, apresenta a canção "Beatriz", de Edu Lobo e Chico Buarque. Milton Nascimento empresta sua voz para que possamos enxergar Beatriz. Forte emoção. Raul nos ajuda a contemplar a beleza de Beatriz, dizendo ser apenas um modelo.

Eu me pego tentando contemplar a beleza e o mistério de sermos quem somos como indivíduos e como grupo, lidando com o impacto estético que geramos uns nos outros. Penso no impacto estético que também sentimos quando em contato com nossas mais profundas verdades transitórias.

E, no fim, estou pensando que viver é um jogo (*just a little game*) de imaginar.

# Morte de Palinuro

# A morte de Palinuro na *Eneida*: considerações sobre a construção narrativa do mito

*Márcio Thamos*

## *Introdução*

Aclamado ainda em vida como o grande poeta de Roma, Virgílio (70-19 a.C.) escreveu três obras modelares, *As Bucólicas* (um conjunto de dez poemas pastoris), *As Geórgicas* (um poema em quatro livros sobre os trabalhos do campo) e a *Eneida* (um longo poema heroico em doze cantos); tornou-se autor tão celebrado em seu tempo que, durante a Antiguidade, formou-se a tradição das "sortes virgilianas" (*sortes virgilianae*), uma espécie de oráculo em que se escolhia a esmo um verso do poeta, abrindo ao acaso uma de suas obras, na busca de respostas para segredos do futuro.[1] Desde então, o prestígio de Virgílio se confirma e se renova no constante diálogo entre os poetas. Para ter uma dimensão dessa influência duradoura, basta lembrar que, em *A divina comédia*, ele aparece como o próprio guia de Dante até as portas do Paraíso e que, em *Os Lusíadas*, Camões o converte em seu principal modelo épico.

---

1 Cf. os verbetes "Oráculos" e "Virgílio", em Harvey (1987).

Apesar de toda a fama de Virgílio ao longo dos séculos, a *Eneida*, o poema que lhe rendeu os mais verdes louros, talvez seja hoje um desses livros que quase todo o mundo conhece de ter ouvido falar, mas sem ter tido, na verdade, a oportunidade de ler... Assim, convém fazer aqui uma rápida contextualização da obra antes de abordar o tema proposto.

A *Eneida* é uma epopeia nacional romana, escrita entre 29 a.C. e 19 a.C. e publicada após a morte do poeta. Trata-se de um poema narrativo cujo tema central é o estabelecimento de um grupo de troianos no Lácio, região centro-oeste da Itália, sob a liderança do herói Eneias, filho de Vênus, após a Guerra de Troia, vencida, como se sabe, pelos gregos. Dividida em doze cantos, a obra é composta de quase 10 mil versos[2] e possui uma estrutura narrativa original que dialoga com as epopeias homéricas, a *Ilíada* e a *Odisseia*.

Nessa estrutura grandiosa, podem-se reconhecer duas partes complementares: a primeira tem como assunto principal as viagens de Eneias desde Troia até a Itália (Cantos I a VI); a segunda trata primordialmente da guerra enfrentada pelos troianos no Lácio (Cantos VII a XII).[3]

O guia de toda a frota pelas viagens através do Mediterrâneo, tendo, portanto, responsabilidade direta no sucesso da travessia

---

2 São 9.896 hexâmetros, tipo de verso tradicionalmente adotado para a poesia épica na Antiguidade grega e romana desde Homero.

3 Dispondo em sequência esquemática o tema fundamental de cada canto, pode-se ter uma rápida noção da estrutura narrativa: *Primeira parte* (As viagens de Eneias): I: A tempestade (início da narrativa "*In medias res*") e o banquete em Cartago; II: Relato da queda de Troia; III: Relato das viagens pelo Mediterrâneo; IV: O romance de Dido e Eneias; V: Competições atléticas em homenagem a Anquises; VI: A descida do herói ao mundo dos mortos; *Segunda parte* (A guerra no Lácio): VII: Chegada ao Lácio: guerra à vista; VIII: Visita a Evandro em busca de reforços; IX: Cerco ao acampamento troiano; X: A morte de Palante e a morte de Mezêncio; XI: Trégua e novos combates; XII: A vitória final de Eneias.

pelo mar até a terra indicada por Apolo aos troianos, é Palinuro, o mítico piloto do navio de Eneias. Assim, embora tenha uma participação que se poderia dizer discreta na obra, aparecendo apenas na primeira parte do poema (aquela em que sobressaem as viagens),[4] Palinuro tem uma atuação fundamental para o desenrolar da narrativa, com um significado simbólico que ultrapassa em muito a percepção de uma primeira leitura.

Três passagens do Canto III, apresentadas a seguir, caracterizam Palinuro como um piloto experiente e diligente, que goza da total confiança dos companheiros. Quem fala é o próprio Eneias, contando sobre suas viagens, num banquete oferecido aos troianos pela rainha de Cartago:[5]

1. Após abandonar a ilha de Creta, onde chegaram a fazer morada por acreditar numa interpretação errônea do oráculo de Apolo, os troianos enfrentam uma grande tormenta (Virgílio, 1959, III, vv. 192-204):

   *Depois que as naus ganharam o alto-mar,*
   *e já não mais se vê nenhuma terra,*
   *somente o céu em torno e em torno as águas,*
   *então sombria nuvem sobre nós*
   *pairou, trazendo a noite e a tempestade;*

---

4 O *Index verborum vergilianus* (Wetmore, 1961) registra treze ocorrências do nome de Palinuro na *Eneida* (nos Cantos III, V e VI).

5 A tradução dos trechos da *Eneida* apresentados aqui são de responsabilidade do autor deste ensaio, bem como a tradução das passagens de estudos sobre a obra, em edições estrangeiras, inseridas no texto. Para as citações da *Eneida*, segue-se invariavelmente Virgílio, 1959, mantendo sempre o cotejo com a edição comentada por J. Conington (Virgílio, 2011) e a edição crítica de G. B. Conte (Virgílio, 2009).

*na escuridão as ondas se eriçaram.*
*E logo os ventos todo o mar revolvem,*
*e os fluidos campos crescem feito montes:*
*lançados somos pelo vasto abismo.*
*A luz do dia os nimbos solaparam,*
*e arrebatou o céu a noite líquida.*
*Rasgando as nuvens, raios recrudescem;*
*perdido o rumo, em vagas cegas vamos.*
*O próprio Palinuro reconhece*
*que no céu não distingue dia e noite*
*nem atina com a rota em meio às ondas.*
*Três dias, pela escura cerração,*
*na incerteza do pélago vagamos*
*– dias sem sóis e noites sem estrelas.*

*Postquam altum tenuere rates nec iam amplius ullae*
*apparent terrae, caelum undique et undique pontus,*
*tum mihi caeruleus supra caput astitit imber*
*noctem hiememque ferens, et inhorruit unda tenebris.*
*Continuo uenti uoluont mare magnaque surgunt*
*aequora, dispersi iactamur gurgite uasto;*
*inuoluere diem nimbi et nox umida caelum*
*abstulit, ingeminant abruptis nubibus ignes.*

*Excutimur cursu et caecis erramus in undis.*
*Ipse diem noctemque negat discernere caelo*
*nec meminisse uiae media Palinurus in unda.*
*Tris adeo incertos caeca caligine soles*
*erramus pelago, totidem sine sidere noctes.*

A menção ao piloto nesse trecho faz notar a consideração de Eneias pelo amigo, pois o fato de o próprio Palinuro reconhecer que não pode atinar com a rota serve para caracterizar o perigo extremo por que passaram os troianos durante essa tempestade no mar.

2. Ao atingir um ponto do mar especialmente perigoso, depois de deixar a região do Epiro, na costa oeste da Grécia, como de costume, os troianos evitam navegar à noite (Virgílio, 1959, III, vv. 506-520):

*No pélago, lançamo-nos ao pé*
*dos vizinhos Ceráunios,*[6] *donde à Itália*
*rumo e rota mais curta pelas águas.*
*Mas cai o sol, e assombram negros montes.*
*No aconchego da terra, junto ao mar,*
*nos estiramos, sorteamos remos,*[7]
*e pela praia seca descansamos:*
*o sono banha os corpos fatigados.*

6 *Ceráunios*: montes costeiros do Epiro, com fama de perigosos para a navegação.

7 Tiram a sorte para saber quem são os remadores no dia seguinte.

*E ao centro do orbe ainda não descia*
*a Noite conduzida pelas Horas,*[8]
*sem preguiça levanta Palinuro,*
*e escuta os ventos todos, sonda as brisas,*
*e examina as estrelas em conjunto*
*no silêncio do céu a deslizar:*
*Arcturo, os dois Triões, chuvosas Híades,*[9]
*e Órion armado de ouro,*[10] *atento, observa.*
*Vendo no céu tranquilo tudo calmo,*
*do alto da popa dá sinal bem claro;*
*então o acampamento levantamos,*
*buscamos o caminho e abrimos velas.*

*Prouehimur pelago uicina Ceraunia iuxta,*
*unde iter Italiam cursusque breuissimus undis.*
*Sol ruit interea et montes umbrantur opaci.*
*Sternimur optatae gremio telluris ad undam*
*sortiti remos passimque in litore sicco*

8 O cortejo das Horas acompanha a Noite em seu curso pelo céu até que ela se recolha à sua morada nas profundezas da terra (cf. o verbete "Nuit", em Lavedan (1952)).

9 *Arcturo, os dois Triões* e *Híades*: estrelas e constelações do hemisfério boreal.

10 *Órion armado de ouro*: constelação do gigante caçador, cuja espada e cujo cinturão se destacam pelo brilho intenso.

*corpora curamus; fessos sopor inrigat artus.*
*Necdum orbem medium nox Horis acta subibat:*
*haud segnis strato surgit Palinurus et omnis*
*explorat uentos atque auribus aera captat;*
*sidera cuncta notat tacito labentia caelo,*
*Arcturum pluuiasque Hyadas geminosque Triones*
*armatumque auro circumspicit Oriona.*
*Postquam cuncta uidet caelo constare sereno,*
*dat clarum e puppi signum; nos castra mouemus*
*temptamusque uiam et uelorum pandimus alas.*

Destacam-se aí a prontidão e a ciência sutil do piloto na observação dos astros, o que permite à frota seguir seu curso em segurança.

3. Ao se aproximarem do estreito que separa a Sicília da península Itálica, os troianos ouvem o terrível rumor de monstros marinhos que o adivinho Heleno aconselhara evitar (Virgílio, 1959, III, vv. 558-563):

*E assim, meu pai Anquises: "É Caríbdis!*
*São estes os escolhos tão terríveis,*
*as rochas de que Heleno nos falava.*
*Eia amigos, aos remos todos juntos!"*
*É o que fazem, e logo Palinuro*
*torce a proa, que range, para a esquerda:*

*atrás, a armada inteira à esquerda vira,*
*valendo-se dos remos e dos ventos.*

*Et pater Anchises "Nimirum hic illa Charybdis;*
*hos Helenus scopulos, haec saxa horrenda canebat.*
*Eripite, o socii, pariterque insurgite remis".*
*Haud minus ac iussi faciunt, primusque rudentem*
*contorsit laeuas proram Palinurus ad undas;*
*laeuam cuncta cohors remis uentisque petiuit.*

Nesse trecho, nota-se a condução ágil e firme de Palinuro, que é acompanhado sem hesitação por toda a frota.

Cabe ainda lembrar que, no início do Canto V (quando os troianos deixam a praia de Cartago, no norte da África, em direção à península Itálica), diante da ameaça de uma nova tempestade que se forma em alto-mar, por conselho de Palinuro e sua experiente prudência, Eneias decide, sem objeção, fazer uma escala na Sicília, antes de seguir para o fim da viagem (cf. Virgílio, 1959, V, vv. 8-34).

Palinuro, no entanto, morre justamente no último lance desse longo e penoso itinerário de Troia à Itália, depois de conduzir com firmeza a frota por todo o Mediterrâneo, quando os troianos completavam a travessia que os levaria enfim ao seu objetivo. Tomado por um sono invencível, o piloto cai no mar durante a noite calma, enquanto os companheiros dormiam, confiantes em sua sempre atenta vigília.

## *A morte e a morte de Palinuro*

A morte de Palinuro é contada primeiro, em terceira pessoa, pelo narrador, no final do Canto V da *Eneida* (cf. Virgílio, 1959, vv. 827-871). Num passo imediatamente anterior da narrativa, os troianos já deixavam a Sicília rumo às praias da Itália, depois de uma segunda estada na ilha, onde eram bem recebidos pelo rei Acestes. Preocupada com a sorte de Eneias e com a perseguição implacável de Juno aos troianos, Vênus pede a Netuno que conceda às naus um percurso tranquilo. O deus do mar consente de bom grado, acrescentando, porém, em tom oracular, que apenas um pagaria pela salvação de todos (Virgílio, 1959, V, vv. 814-815):

> *"Um só procurarás em vão no abismo;*
>
> *um por muitos dará a própria vida".*
>
> *"Vnus erit tantum amissum quem gurgite quaeres;*
>
> *unum pro multis dabitur caput".*

A vítima escolhida foi Palinuro.

Assim que as águas se aplanam e o céu se mostra sem nuvens, Eneias, contente, ordena que os mastros sejam levantados e as velas, estendidas. A frota segue então levada por ventos brandos. Como sempre, o piloto da nau capitânia traçava a rota a ser imitada pelos demais (Virgílio, 1959, V, vv. 833-834):

> *Indo à frente de todos, Palinuro*
>
> *conduzia a cerrada esquadra; os outros*
>
> *deveriam seguir por ele o rumo.*

> *Princeps ante omnis densum Palinurus agebat*
>
> *agmen; ad hunc alii cursum contendere iussi.*

O importante papel de Palinuro na aventura troiana de chegar à Itália é claramente ressaltado nesses versos: ele tem a sensível função de ser os olhos de todo o grupo, velando sempre atento pelo destino de todos.

A noite já ia pelo meio de seu curso no céu, e os navegantes repousavam tranquilos, estirados sob os remos, quando Sono, filho da Noite e irmão da Morte, descendo das estrelas, desliza pelos ares e procura Palinuro.

Chama a atenção o fato de a tropa estar viajando à noite, o que não é comum,[11] mas compreende-se que a longa distância, nesse caso, obrigasse a um percurso maior por mar aberto, sem a possibilidade de praticar uma cautelosa e desejável navegação de cabotagem (desse modo, os troianos evitavam aproximar-se outra vez dos perigos do estreito de Cila e Caríbdis[12]). Assim, o último trecho da viagem, na travessia noturna do mar Tirreno, reveste-se de grande expectativa; cria-se então um cenário inteiramente significativo, pleno de mistério, para a conclusão do episódio da morte de Palinuro.

---

11 Cf. passagem citada acima: Virgílio, 1959, III, vv. 506-520.

12 Cila é um monstro que devorava os navegantes intrépidos ou desavisados, e sua gruta é situada do lado direito do estreito de Messina, a passagem pelo mar entre a ponta da península Itálica e a Sicília; Caríbdis é um sorvedouro, em frente à caverna de Cila, do outro lado do estreito, que três vezes por dia engolia e regurgitava com rugidos profundos as ondas do mar. Na passagem pelo Epiro, o adivinho Heleno adverte os troianos a evitarem esse que seria o caminho mais curto para Cumas, onde Eneias deve aportar primeiro na Itália (cf. Virgílio, 1959, III, vv. 410-432).

Sentado na popa do navio, sob a aparência de um dos companheiros de viagem,[13] o deus fala com o piloto e tenta convencê-lo a descansar um pouco, propondo substituí-lo em sua função por algum tempo. Sem se afastar do leme e de olhos fixos nos astros, Palinuro responde (Virgílio, 1959, V, vv. 848-851):

> *"Acaso queres que eu ignore a face*
> *da espuma plácida e as ondas calmas?*
> *Que eu tenha confiança em tal prodígio?*
> *Eu entregar Eneias – e por quê? –*
> *às falsas brisas e à serena farsa*
> *de um céu que tantas vezes me enganou?"*

> *"Mene salis placidi uoltum fluctusque quietos*
> *ignorare iubes? mene huic confidere monstro?*
> *Aenean credam (quid enim?) fallacibus auris*
> *et caelo, totiens deceptus fraude sereni?"*

Palinuro tenta resistir a Sono e se recusa a deixar o leme e a fechar os olhos, ainda que tudo pareça propício ao repouso. Ao contrário, ele vê a excessiva calma da noite como um mal presságio e se esforça em redobrar a cautela.

No entanto, o deus sacudiu-lhe sobre a testa um ramo molhado nas águas do Letes e do Estige,[14] fechando-lhe os olhos cansa-

---

13 Como se compreende normalmente, já que o nome "Forbante" ocorre uma única vez em todo o poema, justamente nesta passagem, sem maior contextualização: *Phorbanti similis*, "semelhante a Forbante" (Virgílio, 1959, V, v. 842).

14 O Letes e o Estige são dois rios do mundo das sombras. As águas do Letes, que

dos. Em seguida, Sono o atira nas ondas do mar. O piloto cai de cabeça, agarrado ao leme e gritando em vão pelos companheiros, enquanto o deus se eleva aos ares.

Palinuro era um piloto infatigável, que por ofício desafiava sempre Sono. Assim, tudo se passa como uma vingança do deus contra aquele que desdenhava de seus poderes. Por isso, pode-se dizer que "O grito que ele lança no meio da imensidão do oceano é como que o símbolo do escárnio de seus esforços, e de seu isolamento"[15] (Thomas, 1981, p. 152).

Entretanto, levada pelos ventos, a armada continuava seu curso em segurança, de acordo com a promessa de Netuno, mas já se aproximava dos rochedos das Sereias, quando Eneias percebeu que sua nau vagava sem piloto e guiou a embarcação pelas águas noturnas ele mesmo. Lamentoso e abalado pelo amigo, assim falou (Virgílio, 1959, V, vv. 870-871):

> *"Demais, ó Palinuro, confiaste*
>
> *no pélago e no céu sereno e irás*
>
> *insepulto jazer em praia obscura".*

> *"O nimium caelo et pelago confise sereno,*
>
> *nudus in ignota, Palinure, iacebis harena".*

O lamento de Eneias ressalta o destino infeliz de Palinuro, que desse modo, sem as honras fúnebres, sofreria a mais temida morte que se poderia receber. E tudo acontece contraditoriamente no

---

os mortos bebiam, são conhecidas por provocar o esquecimento, e as do Estige eram famosas por suas propriedades mágicas.

15 "Le cri qu'il jette au milieu de l'immensité de l'océan est comme le symbole de la dérision de ses efforts, et de son isolement."

meio da noite tranquila, depois de tantos perigos enfrentados pelo mar, quando enfim os troianos se aproximavam da Itália, seu objetivo longamente acalentado. Sobre a narrativa da morte de Palinuro encerrando o Canto V do poema, Karl Büchner (1963) faz um comentário sensível:

> *Assim, o Canto se conclui, em tom esmaecido, com uma morte. Não porque Virgílio gostasse de concluir seus Cantos com um caso mortal, mas para simbolizar, nessa conclusão, a amálgama de morte e de vida, o estreito entrelaçamento de dores e de alegrias. A dureza da vida, que exige sempre esforços e vigilância, está presente também nesta passagem, que descreve a mais pacífica das viagens pelo mar.*[16] *(p. 441)*

Assim, no início do episódio da morte de Palinuro, logo que as águas e o céu se amansam, as "suaves alegrias" (*"blanda gaudia"*) que se insinuam no ânimo de Eneias (cf. Virgílio, 1959, V, vv. 827-828) sublinham antecipadamente, por contraste, um significado que vai além do adorno retórico da narrativa e da sugestão de sintonia entre o espírito do herói e os elementos da natureza.

Como nota também Büchner (1963, p. 441), esse final noturno do Canto V de certo modo prepara a atmosfera do canto seguinte, em que Eneias, guiado pela Sibila de Cumas, descerá ao mundo dos mortos.[17] Ali, Palinuro ainda uma vez volta à cena e explica en-

---

16 "Così il libro si conclude, in tono smorzato, con una morte. Non perché Virgilio concludesse volentieri con un caso mortale i suoi libri, ma per simboleggiare in tale conclusione l'amalgama di morte e di vita, lo stretto intreccio di dolori e di gioie. La durezza della vita, che esige sempre sforzi e vigilanza, è presente anche in questo passo, che descrive il più pacifico dei viaggi per mare."

17 Encerra-se assim a primeira parte da obra, em que se narram as "viagens aventurosas" do herói.

tão, ele mesmo, as tristes circunstâncias de sua morte (cf. Virgílio, 1959, VI, vv. 337-383). Curiosamente, o relato do piloto apresenta uma versão que não coincide com a narrativa anterior.

O desembarque dos troianos na Itália se dá primeiro em Cumas, onde Eneias deveria consultar Sibila antes de subir costeando até o Lácio (a região indicada pelo oráculo de Apolo para a fundação da nova Troia). Nos arredores da cidade, uma caverna em um bosque sagrado era uma conhecida entrada para o mundo das sombras, onde reina Plutão. O herói pede à sacerdotisa que lhe ensine o caminho infernal a fim de rever seu finado pai, Anquises, que habitava agora os Campos Elísios, a região dos bem-aventurados. Tendo Eneias cumprido todos os preceitos recomendados por Sibila, ela o acompanha como guia na descida ao escuro Averno.

Quando se aproximam das águas do Cocito e do Estige, por onde Caronte passava com sua barca, uma multidão aglomerada nas margens suplicava para atravessar o rio. O barqueiro sombrio aqui e ali recebe alguns enquanto outros ele expulsa para longe. Admirado com o que vê, o herói pergunta a Sibila qual o significado daquele tumulto. A sacerdotisa então explica que aquela é a multidão dos insepultos; os que são levados pelo barqueiro foram sepultados, pois não é permitido passar de uma margem a outra antes que os ossos repousem no sepulcro; sem isso, os infelizes que chegam (Virgílio, 1959, VI, vv. 329-330)

> *"Por estas margens vagam e volteiam*
> *cem anos; finalmente recebidos,*
> *revisitam as águas desejadas".*

> *"Centum errant annos uolitantque haec litora circum;*
> *tum demum admissi stagna exoptata reuisunt".*

E eis que, tristonho, andava por ali o piloto Palinuro. Ao reconhecê-lo, Eneias dirige-se a ele (Virgílio, 1959, VI, vv. 341-342):

> *"Que deus, ó Palinuro, te roubou*
>
> *de nós e em meio às águas te lançou?"*
>
> *"Quis te, Palinure, deorum*
>
> *eripuit nobis medioque sub aequore mersit?"*

Surpreendentemente, o piloto responde: "nenhum deus me lançou no mar" (*"nec me deus aequore mersit"*, Virgílio, 1959, VI, v. 348). E conta que, caindo, arrastou consigo o leme, arrancado por acaso com muita força. Contudo, explica que não morreu afogado, mas foi levado pelo vento violento durante três noites, avistando a Itália no quarto dia. Nadando aos poucos, já alcançava a segurança da praia, quando de súbito foi morto por gente cruel, que investiu de espada contra ele, esperando poder roubá-lo. Seu corpo agora rolava com os ventos entre o mar e a praia. Por isso, Palinuro suplica a Eneias que providencie seu enterro ou que, de algum modo, o leve dali com ele na travessia do rio. Nesse ponto, a profetisa intervém e lhe assegura que isso é impossível; no entanto, ela o consola dizendo que, na verdade, os habitantes daquela região, levados por prodígios, erguerão para ele um túmulo e que o lugar terá para sempre o nome de Palinuro (*"aeternumque locus Palinuri nomen habebit"*, Virgílio, 1959, VI, v. 381).[18]

Nota-se que não são poucas as diferenças entre a história contada pelo finado piloto no Canto VI e a narrativa de sua morte no

18 De fato, um promontório na costa da Lucânia, onde o piloto teria sido sepultado, ainda hoje é conhecido como "Cabo Palinuro".

Canto V. Essas diferenças não escaparam aos tradicionais comentadores da obra de Virgílio.

De imediato, chama a atenção o fato de que Palinuro nega ter caído no mar por intervenção de um deus. Para Conington (Virgílio, 2011, p. 471), "Palinuro não sabia da iniciativa do deus do sono de jogá-lo no mar, assim como Ilioneu não sabia da iniciativa de Éolo de produzir a tempestade".[19] O comentador se refere então à passagem do Canto I em que Ilioneu conta à rainha Dido como os troianos chegaram às praias de Cartago, depois de enfrentar uma terrível tempestade no mar (cf. Virgílio, 1959, I, vv. 530-538). Embora procure assim justificar o que poderia parecer certa incoerência da narrativa, o fato é que o paralelo aí sugerido não parece um argumento suficiente (pois Ilioneu não poderia nem mesmo desconfiar que a tempestade tinha sido enviada por Éolo, já que em nenhum momento o deus dos ventos se apresenta a ele, sob qualquer forma, como fez o deus do sono no caso de Palinuro). Mas Conington (Virgílio, 2011, p. 472) também ressalta que "Não se ouve falar de nenhuma tempestade na narrativa do final do Canto V",[20] como sugere o relato de Palinuro, e ainda acrescenta (Virgílio, 2011, p. 472): "Peerlkamp observa com razão que dificilmente se perceberia pela narrativa que havia decorrido tanto tempo entre a perda de Palinuro e a visita de Eneias às sombras".[21]

Büchner (1963) também não deixa de mencionar o problema das divergências entre a narrativa do final do Canto V e o relato

---

19 "Palinurus did not know the agency of the god of sleep in throwing him overboard, as Ilioneus did not know the agency of Aeolus in producing the storm" (cf. VI, 348).

20 "We hear nothing of a storm in the narrative at the end of Book 5" (cf. VI, 354).

21 "Peerlkamp observes with reason that we should hardly have gathered from the narrative that so long a time had elapsed between the loss of Palinurus and Aeneas' visit to the shades" (cf. VI, 355).

do próprio Palinuro, no Canto VI, e registra a posição de Heinze, como autoridade filológica, a respeito da questão:

> *Constatou-se um entrave de interpretação na maneira diferente como é contada a história de Palinuro, e se tira daí a conclusão de que o V Canto ainda não estava composto quando foi escrito o VI. Heinze é de opinião que se poderia tirar uma conclusão cronológica do fato de que a história do VI Canto não pressupõe que no V já havia sido contado algo sobre a morte de Palinuro.*[22] *(p. 448)*

Mas, nesse caso, é preciso notar que, mesmo que o Canto VI tenha sido composto antes do V, isso não explica a discrepância das narrativas – a menos que se suponha que Virgílio tenha simplesmente esquecido do que havia escrito no Canto VI, quando mais tarde compôs o V, o que não parece um argumento razoável para se tomar em consideração.

## *Considerações finais*

Para compreender o papel de Palinuro na *Eneida* é importante não perder de vista a relação estreita que os troianos mantêm com Eneias, o herói protagonista, que é de fato o guia maior de todo o grupo. Cabe notar, como Joël Thomas (1981, p. 241), que,

22 "È stato riscontrato un ostacolo di interpretazione nella differenza del modo in cui è raccontata la storia di Palinuro, e se ne è tratta la conclusione che il quinto libro non era ancora composto quando fu scritto il sesto. Lo Heinze è dell'opinione che si potrebbe trarre una conclusione cronologica dal fatto che il racconto del sesto libro non presupporrebbe che nel quinto fosse già stato raccontato qualche cosa della morte di Palinuro."

"Ao contrário da *Odisseia*, em que as desavenças entre Ulisses e seus marinheiros eram muitas, a *Eneida* nos oferece uma imagem dos companheiros de Eneias que os apresenta como um reflexo fiel de seu Eu".[23] Na progressão da narrativa, o herói experimenta um claro amadurecimento como chefe e ganha paulatinamente o fortalecimento de ânimo necessário à consecução de seu objetivo, contando para isso com o esforço e a participação de seus companheiros – "eles são indispensáveis à evolução espiritual de Eneias, e ao sucesso do projeto heroico"[24] (Thomas, 1981, p. 244).

Na posse dessa chave interpretativa, é possível compreender o valor simbólico da escolha de Palinuro como vítima necessária para garantir a salvação de todos na última grande travessia pelo mar, antes de os troianos alcançarem, finalmente, a Itália. Na verdade,

> *a morte de Palinuro vem em momento oportuno, quando Eneias não precisa mais de um guia terrestre e desde então conhece a rota: já não é necessário que o herói dependa de um piloto – de agora em diante, e isso é um grande progresso, seus guias serão exclusivamente espirituais.*[25] *(Thomas, 1981, p. 271)*

É bastante significativo que a morte do piloto aconteça *antes* do desembarque em Cumas. Assim, quando chegam finalmente

---

23 "Contrairement à l'*Odyssée* où les sujets de dissension entre Ulysse et ses marins étaient nombreux, l'Eneide nous propose une image des compagnons d'Enée qui les présente comme un reflet fidèle de son Moi."

24 "ils sont indispensables à la maturation spirituelle d'Enée, et à la réussite du projet héroïque".

25 "la mort de Palinure vient à sont heure, alors qu'Enée n'a plus besoin de guide terrestre, et connaît désormais sa route: il n'est plus nécessaire pour le héros de s'en remettre à un pilote – désormais, et c'est un grand progrès, ses guides seront exclusivement spirituels".

à Itália, mesmo antes de subir ao Lácio, que é o objetivo preciso da viagem, é Eneias em pessoa quem conduz a nau capitânia que orienta toda a armada. Ele então já é seu próprio Palinuro, isto é, já possui o conhecimento e as habilidades que lhe permitem navegar por si mesmo. Virgílio assim ressalta a figura do herói que, num ponto decisivo da viagem, mostra-se pronto para assumir o controle da frota – e o destino dos troianos nessa nova terra em que pretendem se estabelecer.

Nesse sentido, a observação de David O. Ross (2007, p. 104) amplia de certo modo o significado sublinhado aqui: "No final do Canto, quando a frota se aproxima da Itália na calma de uma viagem noturna, Palinuro não é mais necessário: a transformação se realizou, o passado troiano tornou-se o futuro romano".[26] A morte de Palinuro marca um recomeço, em um novo patamar, da jornada do herói, tanto no nível individual quanto no coletivo que ele representa. Tendo alcançado o necessário desenvolvimento terrestre, que o fortalece no cumprimento de sua heroica tarefa, Eneias agora segue um rumo mais sutil e busca, imediatamente ao desembarque na Itália, seus guias espirituais, a Sibila de Cumas e seu finado pai Anquises, que lhe revelam segredos de que necessita para seguir seu caminho e completar afinal a custosa missão de estabelecer os troianos no Lácio, criando as bases da futura civilização romana.

Com relação às dificuldades de interpretação criadas pelo modo inesperado como Palinuro faz o relato de sua morte no Canto VI, depois que esse episódio já tinha sido narrado no Canto V, convém registrar que, diante de diferenças tão expressivas, é difícil convencer-se de que sejam meras inconsistências na composição da *Eneida*, como pretendem alguns críticos. Ao contrário, se

26 "At the end of the book, as the fleet nears Italy in the calm of a night voyage, Palinurus is no longer required: the transformation has been effected, the Trojan past has become the Roman future."

prestamos atenção em um detalhe da descrição narrativa, a discordância entre as duas versões parece ganhar sentido, e podemos mais uma vez perceber que o significado dos elementos textuais articulados pelo poeta ultrapassa o simples ornato de estilo. No Canto V, dirigindo-se diretamente ao piloto, o narrador diz que Sono desce do céu, "buscando a ti, Palinuro; tristes sonhos te trazendo" (*te, Palinure, petens, tibi somnia tristia portans*, Virgílio, 1959, V, v. 840). E, depois de conversar com sua vítima, o deus o faz adormecer, sacudindo-lhe na cabeça um ramo umedecido com água do Letes, o rio do esquecimento, e impregnado das virtudes soporíferas do Estige (Virgílio, 1959, V, vv. 854-856). Assim, no contexto onírico e misterioso do Canto VI, não seria estranho imaginar que a história contada por Palinuro sobre a sua morte fosse, na verdade, fruto dos "tristes sonhos" que lhe havia trazido o deus do sono, já que ele mesmo, tocado pelo poder das águas do Letes, não poderia se lembrar do que tinha realmente acontecido.

# Mito da morte de Palinuro

*Antonio Sapienza*

O vértice desta exposição é derivado da prática psicanalítica, e seu desenvolvimento parte da narrativa *Eneida* (doze livros), epopeia escrita por Públio Virgílio Maro (70 a.C.-19 a.C.). A *Eneida* está traduzida por Abril S.A. Cultural (1983). Os primeiros seis livros têm a *Odisseia*, do escritor Homero, como modelo, e os seis últimos livros guardam a *Ilíada* como padrão. Seguem-se atos contidos em dinâmica mítico-religiosa.

O protagonista principal é o príncipe troiano Eneias, que sobrevive à destruição de Troia pelos gregos e que, viúvo, carrega seu pai Anquises em suas costas e leva seu filho Ascânio pelas mãos. Planeja uma fuga pelo mar, procurando um sítio para conquistar e refundar "nova" cidade: Roma.

A seguinte transcrição é extraída literalmente de Sapienza (2016, p. 233):

> *De modo cada vez mais aprisionador me tomava o sono,*
>
> *Detrás do casco arrancando a paz aos pedaços*

*Consumia os olhos crueldade mortal;*

*Piloto vencido de um disperso emblema,*

*Mas nas veias já petrificava "a fúria". (Ungaretti, 1992, p. 251, tradução livre)*

O combate de Palinuro contra as trevas da noite se passa em dois turnos: (1) o mestre experiente na arte de dirigir naves enfrenta inicialmente Morfeu, o deus do sono, que já lhe enviara maus sonhos (presságios e pesadelos) e que, agora, o convida a adormecer, uma vez que o mar está calmo. Palinuro resiste a esse convite, argumentando que o mar é traiçoeiro e imprevisível e que não está, como líder experiente, a colocar a vida dos tripulantes em risco; coloca-se cada vez mais intensamente em estado de vigília junto ao timão do navio, num crescendo estado mental de perseguição, contempla a escuridão e as estrelas. (2) É então que o deus do sono, num crescendo de desafio e irritação, volta disfarçado sob a forma do cavalheiro Forbes ("dotado de traços de psicopatia" e "mestre em disfarces"), que se senta no beiral da nave e, tendo apanhado um punhado de água do rio Letes (o rio que nos faz esquecer os "pecados" cometidos durante a vida), joga-o em Palinuro. Palinuro é atingido por essa aspersão e, tomado de letargia, vem a ser projetado violentamente ao mar. Após sofrer essa queda súbita, nosso herói permanece agarrado fortemente a uma parte do leme espatifado. Assim Palinuro é sepultado pelas ondas revoltas do mar, vindo a desaparecer diante do olhar estupefato e pesaroso de Eneias, seu comandante, que o estava observando.

Na sequência não manifesta de imediato, Palinuro reaparecerá na Sicília, como insepulto, em um cabo geográfico que levará seu nome: "Cabo Palinuro".

O exercício da experiência clínica em sessão de análise contém permanentes riscos e perigos para as funções do psicanalista em relação a seu analisando, a cada sessão. A seguir destaco exercício que visa o resgate de elementos psicanalíticos de minha contratransferência, como frutos residuais de desastres primitivos.

É interessante que como analista procuro preservar estabilidade do *setting* e tento exercitar-me diariamente por meio de grade própria, se possível por clareza de linguagem escrita, visando apurar perturbações nas funções de continência e *rêverie*, qual diário secreto.

Destacarei nas funções do escritor uma conjunção constante de dois elementos psicanalíticos: a experiência de exílio e as principais vicissitudes por sobrevivência após prevalente dinâmica do subgrupo de guerra: Ataque – Fuga.

De modo sucinto, realço ainda na experiência emocional da sessão psicanalítica o registro de escolha de três vértices: (1) vértice científico, que busca por meio do vínculo K (conhecer) a Verdade: K → O (Deus, Realidade Última, Infinito); (2) vértice estético, visando cultivar harmonia, beleza, incluindo Artes: Música, Literatura, Escultura, Pintura, Poesia etc.; (3) vértice mítico-religioso: Mitologias, Religião, Ato de Fé e Rituais. O arco da vida humana se estende desde a cesura do nascimento até a cesura da morte sinalizando o valor da temporalidade e de nossa transitoriedade humana.

A oscilação Narcis-ismo ↔ Social-ismo estabelece valiosa oscilação de natureza política ligada a fatores da relação de cada indivíduo e seu relacionamento com a dinâmica de grupos desde sua vida pré-natal. Esses fatores são valiosos nas realizações que cercam as realizações e conflitos de natureza grupal. O subgrupo de idílio e suicídio de Dido requereu elaboração de Eneias.

Nos movimentos e na interação da parceria analítica, a capacidade de atenção do analista é de valor extraordinário como fator de garantia à estabilidade do próprio *setting*. Em *Interpretação dos Sonhos* (1900), Freud destaca como devendo ser *flutuante* a qualidade da atenção do analista à medida que o analisando desenvolve associações livres. Trata-se de atender a condições ideais do trabalho de análise que ocorrem em momentos preciosos e raros do processo analítico, uma vez que as resistências mobilizadas pela ativação de partes da personalidade psicótica frequentemente obstruem esse livre trânsito na experiência clínica. Por outro lado, na abordagem de pacientes fronteiriços (*borderline*) e em situações de atuação, a qualidade de atenção do analista deve ser *vigilante*, a fim de que possam ser preservadas as condições mínimas para o prosseguimento da própria análise. Valendo-se da permissividade do *setting* analítico, o paciente poderá usar sua verbalização de modo evacuativo, como arremedo das associações livres; na verdade, são dissociações livres... Descuidos mais ou menos graves por parte do analista, somados à violência emocional implosiva ou explosiva por parte do analisando, podem levar a conluio e impasse analíticos, tornando-se *naufragante* a atenção, a qual poderá ou não ser futuramente resgatada.

O mito de Palinuro, descrito nos livros V e VI da *Eneida*, é utilizado por Bion em "A Grade" (1977d; ver "The death of Palinurus", p. 35). Bion ilustra de maneira magistral as vicissitudes a que as funções de memória, atenção e indagação estão submetidas, em virtude da influência complexa de fatores emocionais e fantasias inconscientes. O episódio escolhido por Bion narra os embates sofridos por Palinuro, primeiro piloto da esquadra de sobreviventes troianos comandados pelo príncipe troiano Eneias, na noite que antecede ao desembarque do conjunto de navios em busca de novas terras, para refazer as bases de uma nova nação: o sonho do imperador Augusto, da Nova Roma, a quem o texto de Virgílio visa exaltar.

Essa narrativa permite-nos explorar o poder mortífero de certas crenças e ideias persecutórias profundamente sepultadas ou recalcadas em nível inconsciente e que podem alcançar efeitos mentais devastadores, comparáveis à detonação de violenta bomba atômica. Talvez parte da inevitável periculosidade do trabalho analítico em cada sessão consista no próprio fato de ser função específica para o analista o reconhecimento, no analisando, de áreas primitivas prenhes de violência potencial, quais pensamentos selvagens, aguardando acolhimento, transformação em possível domesticação e civilização: transformações em pensamentos pensáveis. Trata-se de uma alusão aos resíduos de "Mudança Catastrófica" que subjazem nas vibrações de contratransferência, como partículas de Partes Psicóticas da Personalidade de cada psicanalista. Cabe aqui certo lembrete ao Mito de presumível Análise Completa também para nós, os psicanalistas. Penso que luta por crescimento mental advirá até o final da vida de cada indivíduo.

O analista poderá, por sua vez, ser atingido de modo eficaz por identificações projetivas do analisando e experimentar estupor letárgico, desmoronando em torpor profundo na poltrona analítica, com destino semelhante ao de Palinuro. Sua atenção torna-se *naufragante*, nem flutuante, nem vigilante. No melhor dos casos, a parceria poderá examinar as bases desse inusitado acontecimento em sala de análise, visando a avaliação dos fatores e graus de participação de cada uma das duas pessoas presentes na sala de análise, sendo que o estupor pode ocorrer simultaneamente na dupla, qual conluio e desastre de um sono hipnótico, ou em um só dos presentes. Valeria ainda destacar criticamente o grau de periculosidade entretido na atitude de *hipervigilância* por parte do analista, que poderá se tornar obstrutiva como escotomas ao exercício de atenção flutuante, instrumento indispensável para a investigação do desconhecido graças a recursos metodológicos denominados por Freud (1975, pp. 65-66) *cegueira artificial.*

O leitor da *Eneida* ficará surpreso com o desfecho e destino da obra. Pois há certo descompasso entre o final da escrita e a atitude de Virgílio que, doente e extenuado, jaz no leito de morte, no ano de 19 a.C., e extremamente angustiado vai tentar destruir sua epopeia e obra-prima, por considerá-la inacabada, ao participar de um festival em Brindisi, com o imperador Augusto, aniversariante – aos 43 anos, seu ilustre e nobre homenageado, que se encontra também envolvido em dinâmica de suposto básico de guerra, em luta pelos poderes absolutos contra seus rivais políticos. Um escravo tomado de senso comum e realismo conseguirá impedir com vigor que Virgílio queime e destrua a *Eneida*, que vai desde então permanecer a salvo em poder de Cesar Augusto. Diferenciação entre morte do corpo e morte da mente.

*PS*: O escritor austríaco Hermann Broch (1886-1951), em seu livro *A morte de Virgílio* (2001), narra a história das últimas dezoito horas de vida do poeta Virgílio, que havia sido trazido da Grécia por Augusto para morrer na sua terra, Andes, perto de Mântua. É muito tarde, porém, para ir até o norte da Itália, contudo a reflexão e morte do grande poeta mantuano aconteceria ali mesmo em Brindisum (hoje Brindisi). A obra de Broch está dividida em quatro partes: Água (a chegada), Fogo (a descida), Terra (a expectativa) e Éter (o retorno), o que faz da narrativa uma espécie de caminho iniciático. No ano de 1938, Hermann Broch foi preso pela Gestapo e, durante as cinco semanas de cárcere, o escritor – judeu e austríaco – começou a conceber *A morte de Virgílio*, sua obra-prima, um marco na literatura do século XX. Nessa monumental empreitada literária, o autor recria, como já apontamos, as dramáticas últimas dezoito horas da vida de Virgílio, um dos maiores poetas da literatura clássica latina, nas quais ele cogita destruir a *Eneida*, obra-prima de sua vida. O romance é construído por sonhos, pensamentos e falas do próprio poeta Broch, como um complexo fluxo de consciência, que delineia, num mosaico narrativo, os dramas existenciais e estéticos do artista diante de experiência emocional da intransferível morte pessoal.

# Por mares nunca dantes navegados: a Virgil-ânsia da confiança

*Patrícia Rodella de Andrade Tittoto*

*Dante tem Virgílio como o próprio guia. Virgílio me é velho!*
*O passado é tão recente que está ali, à frente...*
*Márcio Thamos e Antonio Sapienza*
*cantam a mim um mundo novo.*
*(Venho buscar o canto de um mundo novo.)*

Distâncias percorri, procurando, indagando-me, resistindo e entregando-me, sem não tão poucas lutas internas...

Venho abraçando e combatendo meu Édipo; plasmo, inesperadamente, toda minha agonia e vergonha nas expulsões dos jardins de meus édens; tento ascender às arrogantes torres de pensamentos que ferem os céus de minhas linguagens (tantas ainda tão confusamente cindidas); sepulto algumas de minhas (des)ilusões e tento adentrar o santuário sagrado de meus mistérios...

Não paro por aí... E decido buscar outras de minhas terras-do-sem-fim que, em suas profundezas, sem descanso, com dores de parto rangem, feito nau desatando seus cordões umbilicais do porto, na ânsia de liberar vida.

A rota, então escolhida, foi aquela a passar pelas vizinhanças de *A morte de Palinuro*.

Deslizando por rios de intempestivos relevos, submetidos a uma gravidade feita discreta, chego primeiramente a um local onde o dia me parece começar e, curiosamente, no crepúsculo dessa minha escrita, terminar: um "estacionamento".

Citando Beckett (1957/2002, p. 128), "o fim está no começo e, no entanto, continua-se"...

E continuo... Um pequeno espaço nesse estacionamento, que me faz parecer um jardim, pela presença de duas pessoas queridas que encontro. Levava a elas relatos de experiências recentes de temores, de ver naufragar alguns sonhos, do desmoronar de constructos que pareciam tão estruturalmente indestrutíveis. Muitas Troias pessoais sucumbidas por descuidos no baixar a guarda de tantas de minhas observâncias intuitivas. O calor da receptividade dessas duas Helenas (etimologicamente, do grego "tocha" ou "luz") era tal, que removeu minha pontuação fatal aos acontecidos: soltei minhas amarras do ponto final e apontei minha proa à outra direção, virei-me para contemplar um mar de inclusões, de possibilidades...

Consagrando os instantes, o que sobrevive e os que sobrevivem em mim, avanço alguns passos...

Eu chegava à nossa sociedade com um plano de curso e, de repente, adentrando-me pela porta principal, sou convidada, por duas outras pessoas que me são também tão significativas, a escrever sobre minhas impressões daquele encontro que finalizaria um ciclo de palestras tão amorosamente cuidado: As matrizes míticas na obra de Bion.

Recebo o frescor de uma linda flor-convite e ponho-me a florir! Mas com a carícia da brisa chega também o vento do decorrer...

Meu rigoroso senso de responsabilidade abre, imediatamente, um espaço-redemoinho de "compromisso autodefinidor". A definição seria o meu fazer, e este, requerendo uma solidez pretendida, "teria" de evitar imprecisões ao que seria apresentado. Isso me leva a perseguir toda trilha de anotações possíveis.

Essa trilha desvanece-se por um tempo... Outra, mais aprazível, dá o tom nos próximos minutos ali passados... Entra a trilha musical...

E ode ao Lácio! O ambiente é arejado: tantas vozes – como Händel, Sartori, De Cortis, Cardillo, Mazzuchi & Di Capua – sendo entoadas sensivelmente, na interpretação de algumas de suas criações, por Sasha Ganade, acompanhado pelas mãos de Lucas de Paula, que acariciava febrilmente as teclas como seu instrumento maior ali. E eu, emudecida com tamanha emoção convocada, temia não poder maestrar-me audição necessária.

Outra composição dá continuidade de maneira quase lírica àquela manhã em arte: Antônio e Márcio articulando seus textos que habitavam paisagens advindas por inspiração em *Eneida* e no conjunto épico/trágico de suas próprias augustas existências.

Minhas turbulências então começam, pois adoro ouvir, mas, concomitantemente, odeio ficar presa à "terra firme" das palavras ditas, sem poder vagar pelas imagens oníricas (de outra vinculação qualitativa de imprecisões) que transformam o olhar dessa "terra à vista".

A tensão se intensifica entre a existência contemplativa do que ocorria naquele auditório e a fixação ainda inatingível de buscar as palavras que sempre estou a esperar de mim nos registros em sensibilidade da experiência. Queria ter às minhas mãos um leme de controle das minhas construções verbais. Construções o mais fiéis possível à própria torrente de experiências com as quais tenho de me haver e que permita suscitar leituras diversas, como um quadro abstrato, no qual possa se ver aquilo que se quiser.

Vejo fechar aquela manhã com uma palavra a pulsar-me: Confiança!

E eis que, no dia que se segue ao anterior, meu sol se converge em lua, perco meu leito, vejo desaparecerem minhas margens, e tudo vira um gigante oceano... Fico servente de meu erros, enganos e danos... Tentei esquivar-me de algo maior que eu... Mas aconteceu: sou vencida pela perda de todas as minhas anotações materiais. As folhas de papel já se tornavam, onde estivessem, vegetativas!

Jogo-me nos mares de minhas incertas memórias, identificando-me com a alusão a Palinuro, presente no poema épico *Marmion* (1808), de Walter Scott (1771-1832), na introdução ao Canto I, em que o poeta, ao falar da morte de William Pitt (1759-1806), declama:

> *Oh, imagine como, até o último dia,*
>
> *Quando a morte pairou reivindicando sua presa,*
>
> *Com o jeito tranquilo de Palinuro,*
>
> *Permanecendo firme em seu perigoso posto,*
>
> *Rejeitando toda chamada de descanso necessária,*
>
> *Com a mão da morte segurando o leme,*
>
> *Até que ao cair, na decisão fatal,*
>
> *Cedeu ao comando do navio. (Scott, 1808/2017, p. 7, tradução livre)*

Cedo à perda do "comando" e trago até vocês meus deuses internos, habitantes do Olimpo-Inconsciente, brincando com minhas percepções e sentidos, direcionando-me, alguns, à evanescência de meu sono e sonhos e, outros, à sensação e lembrança de estar à deriva, sem meu astrolábio para tentar sussurrar-me nortes diante do infinito da dispersão pairando nos céus de meu ser.

Já que o viver, mais uma vez, dá-me mostras de não ser preciso, de não ter precisão... é preciso navegar! E, neste barco, que batizo agora, viajam elementos, rostos conhecidos e histórias desses conhecidos (que muitos que me leem já devem ter reconhecido), que embarcaram comigo, dia 19 de maio de 2018, saindo do porto-auditório da Sociedade Brasileira de Psicanálise de Ribeirão Preto (SBPRP). Antes, eu muito gostava desses espécies-especiarias! Agora, eu navego com essas preciosidades! E delas se origina a matéria de tantos dos sabores e aromas que perpassam no desembarque das palavras, que faço aqui.

Preciso pôr-me a confiar nas braçadas de minha mente para chegar a algum lugar... na esperança de que algum sentido sobreviva. Evacuar o sonho ou elaborá-lo? Cortejara dinâmica de meus próprios mitos nele...

Alcanço algumas coordenadas... Quero apenas uma orientação estética em que eu me reconheça e em que outros me reconheçam.

Vou-me lendo e esquecendo, deixando um porvir prevalecer no movimento das marés de minha alma.

Não seria justo eu nadar, nadar e nadar e morrer na praia de isolamento da publicação de meus sonhos, atacada, em autoato criminoso, por um bando de plágios vis, atravessada pela espada da inércia de meus pensamentos, em fuga de qualquer esforço.

Tento ater-me ao descerramento da bandeira da imitação-pirata e atar-me ao hastear daquela que traz escrito: "Mantenha a Inquietação – e 'aguente o rojão'!"... Assim, quisera quem sabe ainda conhecer e sustentar as bandeiras diversas dos diversos que há em mim.

E... quantas vertigens! Ai!... E ai daqueles que eu possa estar nauseando em tédio ou em prenúncio de restar ainda, nesta leitura, uma longa jornada.

Rezo aos seus deuses que, em um espectro de cansaço, possam alcançar a faixa visível que lhes cabe, abarcando alguns de seus níveis... Que busquem alguma razão, ainda que óptica, para não abdicar dessa travessia que só me entusiasma por sabê-la junto a vocês.

Às vezes nos amotinamos contra o aqui e agora em que estamos inseridos, ateando fogo à oportunidade de estarmos despertos no viajar por meio da parceria. Da mesma forma que o espectro do pai de Eneias, Anquises, visita-o, somos visitados pelos nossos objetos aletargados, tais quais nossos mortos, cujo luto ainda não elaboramos. Ou outros que ainda não ganharam sepultura, como Palinuro, e que os sentimos como se estivessem parcialmente vivos, comandando ainda o interior de nosso navio-psiquismo.

Letargiados, como rios lentos passando por entre as pestanas do sono e as da vigília, podemos deixar de irrigar os vales de nossas melhores plantações, deixando morrer, em secura, nossa maior produção criativa, nutrida pelos vínculos do amor, do ódio e do conhecimento.

Palinuro foi tocado pelas águas do Lete, tidas como as águas do esquecimento. Pudéramos nós não nos deixarmos lançarem banhos de outras águas... aquelas de aniquilamento das memórias afetivas!

Ousando viver, neste momento, meus pensamentos selvagens – ou seriam de salvação? –, viajando por águas turbulentas sem a pretensão de que minha embarcação leve ao porto da verdade exclusiva, conjecturo pensar essas memórias afetivas que me fizeram seguir até aqui, amarradas, com nó de marinheiro, ao sentimento de *Confiança*... Fiar conjuntamente!

A confiança não andaria de dedos entrelaçados à experiência do sonho? Um sonho com pressuposição de outro sonho... com memória de voz musical e memória de perfume natural, soando e exalando do peito de alguém fundamental... *Rêverie*...

O sonho de terror de Palinuro seria não poder adormecer, não poder fechar os olhos para o que trouxesse acolhimento e contenção aos pavores de seus companheiros de viagem?

Eles próprios tendo vivido a destruição de sua civilização-mundo-protegido, necessitando re-ver essa matéria-prima em carga consigo – separações, perdas e mortes – em sonho verdadeiro, gerador de uma nova realidade, uma nova Troia.

Palinuro parecia ficar desperto para que outros adormecessem, inclusive Eneias. Protegia o sono e o sonhar de seus companheiros (energia essencial para manutenção da vida); permitia fazer ressonar em si os pensamentos despedaçados que assombravam esses homens e mulheres ainda carregando as muralhas ruídas, os corpos imaginários de entes queridos e o mar de corpos dilacerados pelo ódio (transmutado em ilusões e mentiras), pela inveja, pelo não amor, pelo não conhecimento que também traziam, em seus conflitos perenes internos...

Bravo timoneiro-mor, que abarca os sonhos terríficos de horrores do outro tão fragilizado e tenta, junto a ele, passar por caminhos em imprevisibilidades, em batalhas memoráveis – também entre o saber e o desconhecimento –, em carestias do pensar. Mares bravios, rochedos implacáveis, fúria dos ventos... Agindo com *cuore pensatore* na condução dessa travessia. Coragem de seguir adiante, levando pira acessa às atabafantes aluviões de superstições – advindas de "mal-entendidos" com a realidade – que privam movimentos para atravessar os "7 mares" da existência. Herói necessário à nomeação desses terrores sem nome e suas transformações dos suprimentos de aspectos dolorosos e insuportáveis em matérias com rico teor simbólico.

Palinuro, com Eneias, parecia segredar o casal parental aos seus parceiros de viagem. Levavam a estes a possibilidade de pensar o casamento do céu com o inferno. Lembro-me do poema "A influência", de José Oiticica (1919):

> *Tu que me lês, hás de sentir o abalo,*
>
> *A força do meu braço condutor,*
>
> *Hás de ouvir voz de deus enquanto falo*
>
> *E o protesto dos bons no meu clamor*
>
> ...
>
> *Então, fremendo à influência do meu canto,*
>
> *Erguerás teu espírito abatido*
>
> *E quererás viver, subir, lutar. (p. 137)*

Herói-humano, não mistificado, não alçado à idolatria. Herói-poeta, liberto, perdido, sentindo que sente. Com imensidão de glórias formadas por gotículas represadas em gratidão. Gratidão compartilhada.

Eneias e Palinuro conseguiram sobreviver às reações amotinadas, quando exerciam, cada qual, sua função de *continência* aos companheiros de jornada. Permaneceram com toda a tripulação, apesar das revoltas. Viveram, porque sabiam-se vivendo maior condição de sobrevivência, sem perder o ânimo, a paixão, o interesse e... sem deixar em abandono nenhum daqueles compatriotas. Nada fácil não revidar às incitadas, indesejáveis e densas reações que desgovernam qualquer nau interna. O manejamento do plausível se faz necessário para que as viagens não se encerrem e possam abrir-se ainda mais para países estimados, supostos e outros incógnitos.

Chegar a um continente! A confiança de todos nesse propósito!

O Lácio... e o laço a um continente que abrigasse, oferecesse condições de pensamentos e realizações. Outra terra para chamar de mãe, com fartos mananciais eclodindo novas nascentes de sentido, de subjetividade, de complexidade.

Em tantos dos trechos percorridos, se pudermos abstrair de cada acontecimento o que ele pode nos trazer de sonhável, muitas e valorosas serão as viagens que então empreenderemos no processo de saber sobre nós mesmos. E de nos permitirmos maior flexibilidade diante da vida, a fim de desfazer nós e angústias que nos paralisam e nos aprisionam.

A morte de Palinuro chega quando Eneias não precisa mais de um guia terrestre. As piores encostas, os mais graves entornos, já foram adormecidos. E os sons de vida acentuaram-se nos cais de sua alma... uma nova paz chamava a confiança e a esperança para embarcarem nele próprio.

O Palinuro, revisitado em Eneias, colocava seus mesmos dedos das mãos, agora invisíveis, na passagem do timão a este último. Mas o fazia como se dissesse: "Carregue agora não o peso de um pai em suas costas nem a medida do peso deste leme que um dia tomei por meu! Mas siga a rota... a que chama por sua... com seus próprios passos, com a medida do seu suportável!... Somos, seu pai e eu, agora 'desnecessários', mas sempre um porto seguro, quando precisar decidir atracar!".

Bem... a jornada vai chegando ao fim...

E o "estacionamento" ao qual me referi no início? Este, que agora trago, tem um sentido afetivo muito próximo àquele inicial.

Texto-sonho talvez um tanto longo, dessa sonhadora submetida a ele na escrita. Muito marulhar nas docas. Pudera eu ter conseguido pintá-lo com a poesia de uma jangada ao mar. Ainda não sei fazê-lo. A miopia de minha alma permite-me – espero que apenas por enquanto – somente um navio cargueiro de palavras, muito grandão.

Confio no olhar de vocês, como sagazes e criativos práticos,[1] retirando-me do "estacionamento" desses referenciais que lhes trago aqui, colaborando para que eu possa, um dia, quem sabe, tornar-me mais "prática", como tantos de vocês!

Minha gratidão à comissão do Espaço Cultural da SBPRP e ao seu conselho diretor vigente pela experiência que me trouxeram no conjunto desses encontros, imantando tantas das diversas direções mítico-afetivas de minha existência em um espaço compartilhado em confiança.

Essas palavras todas que aqui deixei puderam ser desamarradas do meu "emocionário",[2] estiveram a boiar nos longínquos pontos cardeais, colaterais, subcolaterais de minha realidade psíquica.

Obrigada, Palinuro – Palinuro de Márcio, Palinuro de Antônio, daquelas tantas vozes sentadas ao meu lado –, por desadormecer muitas de minhas vivências "anoitecidas" e encorajar-me na travessia desse mar que me trouxe às margens dessas folhas. Muitas ideias disputaram as vestes dessa apresentação... Mesmo em mortes, houve parto: meu desejo de contar e de re-inventar!

---

1 Prático: profissional aprovado em processo seletivo público, devidamente treinado e altamente qualificado. Trabalha com embarcações durante o trânsito nas zonas de praticagem (ZPs). Protegem a segurança marítima, evitando possibilidades de tragédias. Postados em seus pequenos barcos, orientam naus imensas, principalmente no estacionamento destas.

2 Emocionário: neologismo fazendo alusão às palavras "emoção" e "dicionário".

# Referências


Amati-Mehler, J., Argentieri, & Canestri. (2005). *A Babel do Inconsciente; língua materna e línguas estrangeiras na dimensão psicanalítica*. Rio de Janeiro: Imago. (Trabalho original publicado em 1990).

Andrade, C. D. (2001). *A rosa do povo*. Rio de Janeiro: Record.

Atos dos Apóstolos (1985). In *A Bíblia de Jerusalém*. São Paulo: Paulus.

Bakhtin, M. (2010). *Problemas da poética de Dostoiévski* (Paulo Bezerra, Trad., 5ª ed. rev.). Rio de Janeiro: Forense Universitária.

Beckett, S. (2002). *Fim de partida* (Fábio de Souza Andrade, Trad.). São Paulo: Cosac Naify. (Trabalho original publicado em 1957).

*Bíblia de Jerusalém* (1995). São Paulo: Paulinas.

*Bíblia de Jerusalém* (2001). (E. M. Balancin et al., Trads.) São Paulo: Paulus.

Bion, W. R. (1957). Sobre a arrogância. In W. R. Bion, *Volviendo a pensar*. Buenos Aires: Horme.

Bion, W. R. (1966a). *O aprender com a experiência*. Rio de Janeiro: Zahar. (Trabalho original publicado em 1962).

Bion, W. R. (1966b). *Os elementos da psicanálise*. Rio de Janeiro: Zahar. (Trabalho original publicado em 1963).

Bion, W. R. (1973). *Atenção e interpretação*. Rio de Janeiro: Imago. (Trabalho original publicado em 1970).

Bion, W. R. (1977a). Attention and Interpretation. In W. R. Bion, *Seven Servants: Four Works by Wilfred R. Bion*. New York: Jason Aronson. (Trabalho original publicado em 1970).

Bion, W. R. (1977b). Learning from Experience. In W. R. Bion, *Seven Servants: Four Works by Wilfred R. Bion*. New York: Jason Aronson. (Trabalho original publicado em 1962).

Bion, W. R. (1977c). *Textos completos dos seminários de Bion em Roma* (José Américo Junqueira de Mattos, Trad.). (Trabalho original publicado por Renzo Birolini).

Bion, W. R. (1977d). The Grid. In W. R. Bion, *Two Papers: The Grid and Caesura* (pp. 9-39). Rio de Janeiro: Imago.

Bion, W. R. (1977e). Transformations. In W. R. Bion, *Seven Servants: Four Works by Wilfred W. Bion*. New York: Jason Aronson. (Trabalho original publicado em 1965).

Bion, W. R. (1977f). Sobre a arrogância. In W. R. Bion. *Volviendo a pensar*. Buenos Aires: Horme. (Trabalho original publicado em 1957).

Bion, W. R. (1992). Conferência nove. In W. R. Bion, *Conversando com Bion* (Paulo César Sandler, Trad.). Rio de Janeiro: Imago.

Bion, W. R. (1996). *Uma memória do futuro: a aurora do esquecimento.* Rio de Janeiro: Imago (Trabalho original publicado em 1991).

Bion, W. R. (2000). *Cogitações.* (Ester Hadassa Sandler & Paulo C. Sandler, Trads.). Rio de Janeiro: Imago. (Trabalho original publicado em 1992).

Bion, W. R. (2004). *Transformações: do aprendizado ao crescimento* (Paulo Cesar Sandler, Trad.). Rio de Janeiro: Imago. (Trabalho original publicado em 1965).

Bion, W. R. (2016a). A grade. In W. R. Bion, *Domesticando pensamentos selvagens* (pp. 13-35). São Paulo: Blucher. (Trabalho original publicado em 1963).

Bion, W. R. (2016b). Sem título. In W. R. Bion, *Domesticando pensamentos selvagens.* São Paulo: Blucher. (Trabalho original publicado em 1977).

Bion, W. R. (2017). *Seminários italianos.* São Paulo: Blucher. (Trabalho original publicado em 1985).

Bollas, C. (2000). As funções do pai. In C. Bollas, *Hysteria.* São Paulo: Escuta.

Bonnafé, A. (1985). *Eros e Éris: mariages divins et mythe de succession chez Hésiode.* Lyon: Presses Universitaires de Lyon.

Borges, J. L. (2001). *Ficções.* São Paulo: Globo.

Bottéro, J. (1993). *Il était une fois la Mésopotamie.* Paris: Gallimard.

Brandão, J. L. (2019). *Ao Kurnugu, terra sem retorno: descida de Ishtar ao mundo dos mortos.* Curitiba: Kotter.

Bremmer, J. (1987). Oedipus and the Greek Oedipus Complex. In J. Bremmer (Ed.), *Interpretations of Greek Mythology.* London: Routledge.

Broch, H. (2001). *A morte de Virgílio*. São Paulo: Mandarim. (Trabalho original publicado em 1958: *Der Tod des Vergil*. Zurich: Rhein-Verlag).

Buarque, C., & Lobo, E. (1983). *O grande circo místico* (LP, Vários intérpretes). Som Livre. (Relançamento em CD: Biscoito Fino).

Büchner, K. (1963). *Virgilio*. (Gino Cecchi, Trad., Mario Bonaria, Ed.). Brescia: Paideia.

Burkert, W. (1984). *Die orientalisierende Epoche in der griechischen Religionund Literatur*. Heidelberg: Carl Winter.

Camões, L. (1963). *Obra completa*. Rio de Janeiro: Aguilar.

Camus, A. (1999). *O avesso e o direito*. Rio de Janeiro: Record.

Castelo Filho, C., & Trachtenberg, R. (2016, 18 de novembro). Estados mentais religiosos que revelam a existência de um deus que se opõe à individualidade, à curiosidade e ao crescimento. Trabalho apresentado em Reunião Científica da Sociedade Brasileira de Psicanálise de São Paulo.

Cavigneaux, A., & Al-Rawi, F. N. H. (2000). *Gilgamesh et la Mort: Texts de Tell Haddad VI, avec un appendice sur les texts funéraires sumériens*. Groningen: Styx.

Charpin, D. (2010). *Reading and Writing in Babylon*. (Jane Marie Todd, Trad. ingl.). Cambridge: Harvard University Press.

Chuster, A. (2011). *O objeto psicanalítico: fundamentos de uma mudança de paradigma na psicanálise*. Porto Alegre: Ed. do Autor.

Chuster, A. et al. (1999). *A psicanálise: dos modelos científicos aos princípios ético-estéticos*. Rio de Janeiro: Companhia de Freud.

Chuster, A. et al. (2003). *A psicanálise: dos princípios ético-estéticos à clínica*. Rio de Janeiro: Companhia de Freud.

Derrida, J. (2014). *A escritura e a diferença*. São Paulo: Perspectiva.

Détienne, M., & Vernant, J.-P. (2008). *Métis: as astúcias da inteligência* (Filomena Hirata, Trad.). São Paulo: Odysseus.

Diakonoff, I. M. (1990). Language Contacts in the Caucasus and the Near East. In T. L. Markey, & J. A. C. Greppin (Eds.). *When Worlds Collide: Indo-Europeans and Pre-Indo-Europeans* (pp. 53-65). Ann Arbor: Karoma.

Dietrich, B. C. (1997). Death and Afterlife in Minoan Religion. *Kernos*, *10*, 19-38.

Enriquez, M. (1999). *Nas encruzilhadas do ódio*. São Paulo: Escuta.

Ésquilo (2004). *Oresteia* (JaaTorranc, Trad.). São Paulo: Iluminuras.

Ferro, A. (1995). *A técnica na psicanálise infantil*. Rio de Janeiro: Imago.

Fiorin, J. L. (1996). *As astúcias da enunciação: as categorias de pessoa, espaço e tempo*. São Paulo: Ática.

Fiske, A. (1969). Death: Mythand Ritual. *Journal of the American Academy of Religion*, *37*(3), 249-265.

Flusser, V. (2002). *Da religiosidade: a literatura e o senso de realidade*. São Paulo: Escrituras. (Trabalho original publicado em 1967).

Freud, S. (1965). *Inhibition, symptôme et angoisse*. Paris: PUF. (Trabalho original publicado em 1926).

Freud, S. (1974). Totem e tabu. In S. Freud, *Obras completas*. Rio de Janeiro: Imago. (Trabalho original publicado em 1913-1914).

Freud, S. (1975). Carta de 25/05/1916. In S. Freud, *Correspondência completa Sigmund Freud/Lou Salomé (1912-1936)* (pp. 65-66).Rio de Janeiro: Imago.

Gadotti, A. (2014). *"Gilgamesh, Enkidu and the Netherworld" and the Sumerian Gilgamesh Cycle*. Boston/Berlin: Walter de Gruyter.

Gênesis (1985). In *A Bíblia de Jerusalém*. São Paulo: Paulus.

George, A. R. (2003a). *The Babylonian Gilgamesh Epic: Introduction, Critical Edition and Cuneiform Texts*. Oxford: Clarendon.

George, A. R. (2003b). The Death of Bilgames. In A. R. George, *The Epic of Gilgamesh: The Babylonian Epic Poem and Other Texts in Akkadian and Sumerian*. (A. George, Trad. ingl., Introd., pp. 195-208). London: Penguin.

Grotstein, J. S. (2007). *Um facho de intensa escuridão: o legado de Wilfred Bion à Psicanálise*. Porto Alegre: Artmed.

Guimarães, M. R. (2006). Em busca da proto-língua. *Revista Letras, 58*, 185-209.

Gurney, O. R. (1960). The Sultantepe Tablets (continued) VII. The Myth of Nergal and Ereshkigal. *Anatolian Studies, 10*, 105-131.

Harvey, P. (1987). *Dicionário Oxford de Literatura Clássica Grega e Latina* (Mário da Gama Kury, Trad.). Rio de Janeiro: Jorge Zahar.

Heidel, A. (1949). *The Gilgamesh Epic and Old Testament Parallels*. Chicago: The University of Chicago Press.

Hesíodo (1978). *Works and Days* (M. L. West, Prolegomena and Commentary). Oxford: Claredon Press.

Hesíodo (1995). *Teogonia* (Jaa Torrano, Trad., Notas, Coment., 3ª ed.). São Paulo: Iluminuras.

Hesíodo (2002). *Os trabalhos e os dias* (Mary de C. N. Lafer, Trad., Introd., Notas). São Paulo: Iluminuras.

Hesíodo (2008). *Os trabalhos e os dias* (Mary M. de Camargo Neves Lafer, Introd., trad. e notas). São Paulo: Iluminuras.

Homero (1960). *Odisseia*. Rio de Janeiro: Difel.

Homero (2014). *Odisseia* (Christian Werner, Trad.). São Paulo: Cosac Naify.

Horowitz, W. (1998). *Mesopotamian Cosmic Geography*. Winona Lake: Einsenbrauns.

Jensen, P (1902). Das *Gilgamiš*-Eposund Homer. *Zeitschriftfür Assyriologie, 16*, 125-134.

Katz, D. (2003). *The Image of the Netherworld in the Sumerian Sources*. Bethesda, MD: CDL Press.

Kiekegaard, S. (1968). *O conceito de angústia*. São Paulo: Hemus.

Klein, M. (1967). *Essais de Psychanalyse*. Paris: Payot.

Klein, M. (1996). A importância da formação dos símbolos no desenvolvimento do ego. In M. Klein, *Amor, culpa e reparação* (André Cardoso, Trad.). Rio de Janeiro: Imago. (Trabalho original publicado em 1930).

Kramer, S. N. (1944). The Epic of Gilgamesh and its Sumerian Sources. *Journal of the American Oriental Society, 64*(1), 7-23.

Kriwaczek, P. (2018). *Babilonia: a Mesopotâmia e o nascimento da civilização*. Rio de Janeiro: Zahar. (Trabalho original publicado em 2010).

Lam, J. (2010). The Invention and Development of the Alphabet. In C. Woods, G. Emberling, & E. Teeter (Eds.), *Visible Language: Invention of Writing in Ancient Middle East and Beyond* (pp. 189-195). Chicago: Oriental Institute of the University of Chicago.

Lambert, W. G., & Millard, A. R. (1999). *Atrahasīs: the Babylonian Story of the Flood* (with "The Sumerian Flood-story" by M. Civil). Winona Lake: Eisenbrauns.

Lapinkivi, P. (2010). *The Neo-Assyrian Myth of Ishtar's Descent and Resurrection* (P. Lavinki; Introd., cuneiform text, and transliteration with a translation, glossary and extensive commentary). Helsinki: The Neo-Assyrian Text Corpus Project.

Lavedan, P. (1952). *Dictionnaire illustré de la mythologie et des antiquités grecques et romaines*. Paris: Hachette.

Levi, P. (2005). Desfibragem. In P. Levi, *71 contos de Primo Levi*. São Paulo: Companhia das Letras.

Machado de Assis, J. M. (1992). *Memórias póstumas de Brás Cubas*. São Paulo: Ática.

Mallory, J., & Adams, D. (2006). *The Oxford Introduction to Proto-indo-european and Proto-indo-european World*. Oxford: Oxford University Press.

Marinho, F. (2000). Mudanças catastróficas e o inesperado em análise. Trabalho apresentado em Jornada internacional, na Sociedade psicanalítica de Caracas.

Martinet, A. (1986). *Des steppes aux océans. L'indo-européen et les "Indo-Européens"*. Paris: Payot.

Mattos, J. A. M., & Braga, J. C. (2009). Consciência Moral Primitiva: um vislumbre da mente primordial. Trabalho apresentado no Encontro Internacional de Bion.

Meltzer, D. (1978). *The Kleinian Development, Parts I, II, III*. Perthshire: Clunie Press. (Reprinted London: Karnac, 1999).

Meltzer, D. (1987). *Vida onírica: una revision de la teoria y de la técnica psicoanalitica*. Madrid: Tecnipublicaciones. (Trabalho original publicado em 1983).

Meltzer, D. (1990). *Metapsicologia ampliada: aplicações clínicas de las ideas de Bion*. Buenos Aires: Spatia. (Trabalho original publicado em 1986).

Meltzer, D. (1992). *The Claustrum*. Oxford: Clunie Press.

Meltzer, D., & Williams, M. H. (1995). *A apreensão do belo*. Rio de Janeiro: Imago. (Trabalho original publicado em 1988).

Milton, J. (1994). *Paraíso Perdido*. Belo Horizonte: Vila Rica.

Milton, J. (2000). *O Paraíso Perdido*. Rio de Janeiro: Ediouro. (Trabalho original publicado em 1667).

Nassar, R. (2001). *Lavoura arcaica*. São Paulo: Companhia das Letras. (Trabalho original publicado em 1975).

Oiticica, J. (1919). *Sonetos (1911-1918)*. Maceió: Linotypia da Casa Ramalho.

Ovídio (2007). *Metamorfoses*. (Paulo Farmhouse Alberto, Trad.). Lisboa: Cotovia.

Panofsky, D., & Panofsky, E. (1978). *Pandora's Box: The Changing Aspects of Amythical Symbol*. Princeton: Princeton University Press.

Platão (2006). *República*. São Paulo: Perspectiva.

Pollock, S. (2008). Death of a Household. In N. Laneri, *Performing Death: Social Analyses of Funerary Traditions in the Ancient Near East and Mediterranean* (pp. 189-208). Chicago: The Oriental Institute of the University of Chicago.

Pucci, P. (1977). *Hesiod and the Language of Poetry*. Baltimore: The Johns Hopkins University Press.

Ramnoux, C. (1982). *Mythologie ou la Famille Olympienne*. Brionne: Gérard Monfort.

Ramos, G. (2015). *Linhas tortas*. São Paulo: Record.

Rezende, A. M. (1999). *Ser e não ser: sob o vértice de O*. Taubaté: Cabral.

Ross, D. O. (2007). *Virgil's Aeneid: A Reader's Guide*. Oxford: Blackwell.

Rovelli, C. (2017). *A realidade não é o que parece*. São Paulo: Companhia das Letras.

Saïd, S. (1993). *Approches de la mythologie grècque*. Paris: Nathan.

Santos, M. A. S. M. (2016). Uma história atual (1768-1992): retratos de um segredo. *Revista Brasileira de Psicanálise*, *50*(4).

Sapienza, A. (2016). *Reflexões teórico-clínicas em psicanálise* (A. C. N. D. Teixeira, A. M. M. da R. Pinotti, C. M. Kurkdjian, M. A. T. de O. Avancine, & M. M. B. Altimari, Orgs.). São Paulo: Blucher.

Saviolli, M. N. (1995). *Curso sobre Filosofia Grega*. Ribeirão Preto.

Schermann, E. (2003). *O gozo en-cena: sobre o masoquismo e a mulher*. São Paulo: Escuta.

Scott, W. (2017). *Marmion: A Tale of Flodden Field*. South Carolina: Create Independent Publishing Platform (Trabalho original publicado em 1808).

Sin-léqi-unnínni (2017). *Ele que o abismo viu: epopeia de Gilgámesh* (Jacyntho Lins Brandão, Trad., Introd., Coment.). Belo Horizonte: Autêntica.

Sófocles (1959). Edipo en Colono. In Sófocles, *Tragedias: Edipo Rey – Edipo en Colono*. Barcelona: Alma Mater.

Sófocles (1961). Édipo rei. In *Teatro grego*. São Paulo: Cultrix.

Stitzman, L. (2016). Framework, acaso e dom. *Revista Berggasse*, *7*(1).

Thomas, J. (1981). *Structures de l'imaginaire dans l'Enéide*. Paris: Les Belles Lettres.

Ungaretti, G. (1992). Recitativo de Palinuro. In G. Ungaretti, *Vita d'un uomo: tutte le poesie*. Milano: Mondadori.

Verderame, L. (2014). Aspetti spaziali nella costruzione dell'immaginario infero dell'antica Mesopotamia. *Studi e materiale di Storia delle Religioni, 80*(1), 23-41.

Vernant, J.-P. (1973). *Mito e pensamento entre os gregos*. (Haiganuch Sarian, Trad.). São Paulo: Difel/Edusp.

Virgílio (1959). *Énéide (livres I-VI)*. (Texte établi par Henri Goelzer et traduit par André Bellessort, 9e éd.). Paris: Les Belles Lettres.

Virgílio (1983). *Eneida*. São Paulo: Abril Cultural.

Virgílio (2009). *Aeneis*. (Gian Biagio Conte, Recensuit atque apparatu critico). Berlin: Walter de Gruyter.

Virgílio (2011). *Aeneid Books III-VI (Conington's Virgil)*. (John Conington, Text and commentary reproduced from Volume II of *The Works of Virgil*, fourth edition revised by Henry Nettleship). Exeter, UK: Bristol Phoenix.

Virgílio (2014). *Eneida*. São Paulo: Editora 34.

West, M. L. (1997). *The East Face of Helicon: West Asiatic Elements in Greek Poetry and Myth*. Oxford: Clarendon.

Wetmore, M. N. (1961). (Herausgegeben und Bearbeitet). *Index verborum vergilianus*. Darmstadt: Wissenschaftliche Buchgesellschaft.

Woods, C. (2010). Visible Language: The Earliest Writing Systems. In C. Woods, G. Emberling, & E. Teeter (Eds.). *Visible Language: Invention of Writing in Ancient Middle East and Beyond* (pp. 15-27). Chicago: The Oriental Institute of the University of Chicago.

Woolley, L. (1934).*Ur Excavations* (Vol. II: *The Royal Cemetery: A Report on the Predynasticans Sargonic Graves Excavated between 1926 and 1931*). Great Britain: The Trustees of the Two Museums. (Publications of the Joint Expedition of the British Museum and of the Museum of the University of Pennsylvania to Mesopotamia).

Woolley, L. (1946). *Ur: The Firstphases.* London/New York: The King Penguin.

Yaguello, M. (1984). *Les fous du langage: des langues imaginaires et de leurs inventeurs.* Paris: Seuil.

*Filmes*

Bergman, I. (1957). *O sétimo selo.*

Bial, P. (1999). *Outras estórias* (Intérpretes: Cacá Carvalho, Paulo José, Enrique Diaz, Giulia Gam e outros, DVD, 120 min). Rio de Janeiro: Riofilme.

Carvalho, L. F. (2001). *Lavoura arcaica* (2 DVDs, 171 min, ed. especial, 2007). Barueri: Europa Filmes.

Huston, J. (1966). *A Bíblia.*

Iñarritu, A. G. (2006). *Babel.* [DVD, 135 min]. EUA/México.

Oliveira, M. de (2003). *Um filme falado.*

Peck, R. (2016). *Eu não sou seu negro* (Documentário).

Rosi, G. (2016). *Fogo no mar* (Documentário).

# Comissão organizadora

**Martha Maria de Moraes Ribeiro:** Médica formada pela Faculdade de Medicina de Ribeirão Preto da Universidade de São Paulo, em 1970. Trabalhou como médica endocrinologista até 1984. Psicanalista formada pela Sociedade Brasileira de Psicanálise de São Paulo (SBPSP), tornando-se membro associado em 1992 e membro efetivo em 1999. Pertenceu ao grupo fundador da Sociedade Brasileira de Psicanálise de Ribeirão Preto (SBPRP), desde a formação do Núcleo de Psicanalistas, em 1984. Tornou-se membro efetivo dessa sociedade em 1998 e analista didata em 2000. Foi diretora do Instituto de Psicanálise de Ribeirão Preto, na primeira gestão como sociedade componente da International Psychoanalytical Association (IPA), em 2005. Coordenou o Curso Pré-Congresso Bion 2018: As Matrizes Míticas na Obra de Bion, dentro do Espaço Cultural da SBPRP. Atualmente, exerce funções de membro efetivo e analista didata da SBPRP. É autora de artigos psicanalíticos publicados em livros e revistas nacionais e estrangeiras.

**Andréa Ciciarelli Pereira Lima:** Psicóloga, formada pela Faculdade de Filosofia, Ciências e Letras de Ribeirão Preto da Universidade de São Paulo (FFCLRP-USP). Psicanalista, membro associado da Sociedade Brasileira de Psicanálise de Ribeirão Preto (SBPRP).

**Cláudia Fernanda Bianchi:** Psicanalista, membro associado da Sociedade Brasileira de Psicanálise de Ribeirão Preto (SBPRP). Psicóloga pela Universidade Estadual Paulista "Júlio de Mesquita Filho" (Unesp), especialista em Psicologia Clínica pelo Conselho Regional de Psicologia (SP).

**Débora Agel Mellem:** Psicóloga formada pela Faculdade de Filosofia, Ciências e Letras de Ribeirão Preto da Universidade de São Paulo (FFCLRP-USP). Especialista em Psicologia Clínica pelo Conselho Regional de Psicologia (SP). Psicanalista, membro associado da Sociedade Brasileira de Psicanálise de Ribeirão Preto. Docente de cursos de pós-graduação em Psicoterapia Psicanalítica.

**Lídia Neves Campanelli:** Psicanalista, membro associado da Sociedade Brasileira de Psicanálise de Ribeirão Preto (SBPRP). Psicóloga, mestre em Psicologia Clínica pela Faculdade de Filosofia, Ciências e Letras de Ribeirão Preto da Universidade de São Paulo (FFCLRP-USP).

**Paulo de Moraes Mendonça Ribeiro:** Membro efetivo da Sociedade Brasileira de Psicanálise de São Paulo (SBPSP) e membro efetivo com funções didáticas da Sociedade Brasileira de Psicanálise de Ribeirão Preto (SBPRP), coordenador-geral do Congresso Internacional Bion 2018 e presidente da SBPRP em 2016-2018.

**Sônia Maria de Godoy:** Graduada em Letras (Português-Inglês) pela Universidade Estadual Paulista "Júlio de Mesquita Filho" (Unesp), de Franca (SP), Psicóloga formada pela Universidade de Franca (Unifran). Mestre em Psicologia Clínica pela Pontifícia Universidade Católica de São Paulo (PUC-SP). Psicanalista: formação psicanalítica e membro associado da Sociedade Brasileira de Psicanálise de Ribeirão Preto (SBPRP). Participação em congresso da Federação Brasileira de Psicanálise (Febrapsi), com apresentação de trabalho. Artigos publicados pela *Revista Berggasse 19*, da SBPRP.

# Sobre os autores

**Ana Márcia Vasconcelos de Paula Rodrigues:** Médica pela Universidade Federal do Triângulo Mineiro (UFTM), especialização em Psiquiatria pela Universidade de São Paulo (USP) de Ribeirão Preto, membro associado da Sociedade Brasileira de Psicanálise de Ribeirão Preto (SBPRP).

**Antonio Sapienza:** Médico, psicanalista pela Sociedade Brasileira de Psicanálise de São Paulo (SBPSP). Membro da Federação de Psicanálise da América Latina (Fepal) e *full member* da International Psychoanalytical Association (IPA). Como membro efetivo e analista didata da SBPSP, ocupou papel proeminente na coordenação de grupos no estudo e na transmissão da obra de Bion. Foi representante da Associação Brasileira de Candidatos; participou da equipe editorial da *Revista Brasileira de Psicanálise*; foi diretor científico em duas diretorias da SBPSP e secretário da Associação Brasileira de Psicanálise (atual Federação Brasileira de Psicanálise – Febrapsi). É autor de capítulos em diversos livros sobre psicanálise, como: *Em busca do feminino*, *Perturbador mundo novo*, *Ressonâncias de Bion em São Paulo*, *Bienal de Psicanálise*. Em 2016, publicou pela editora Blucher o livro *Reflexões teórico-clínicas em psicanálise*.

**Arnaldo Chuster:** Médico psiquiatra e psicanalista, membro titular e didata da Sociedade Psicanalítica do Rio de Janeiro (SPRJ), filiada à International Psychoanalytical Association (IPA), membro titular e didata do Newport Psychoanalytical Institute (Califórnia), membro da Associação Brasileira de Psiquiatria e da Associação Psiquiátrica do Rio de Janeiro, professor do Instituto Wilfred Bion (Porto Alegre). Coordenador de grupos de estudos em Porto Alegre, Ribeirão Preto, Rio de Janeiro, São Paulo, Goiânia e Fortaleza. Autor de diversos livros e artigos sobre a obra de Bion, entre eles *W.R.Bion: a obra complexa.*

**Eva Maria Migliavacca (SBPSP):** Psicanalista. Membro efetivo da Sociedade Brasileira de Psicanálise de São Paulo (SBPSP). Professora titular no Departamento de Psicologia Clínica do Instituto de Psicologia da Universidade de São Paulo (USP). Pesquisa intersecções da psicanálise com a mitologia, em especial os mitos e a tragédia grega. Tem publicações no Brasil e no exterior.

**Flávio Ribeiro de Oliveira (Unicamp):** Graduado em Filosofia pela Universidade de São Paulo (USP), mestre e doutor em Letras Clássicas pela USP (com estágio na Universitàdi Roma La Sapienza), fez pós-doutorado no Centre Léon Robin de Recherches sur la Pensée Antique (Université Paris-Sorbonne). Professor da área de língua e literatura gregas na USP (1992-1994), na Universidade Estadual Paulista "Júlio de Mesquita Filho" (Unesp – 1995) e na Universidade Estadual de Campinas (Unicamp – 1996 até hoje). Seu objeto de pesquisa é, sobretudo, a tragédia grega. Publicou estudos e traduções da *Medeia* de Eurípides (editora Odysseus), *Aias* de Sófocles (editora Iluminuras), *Hipólito* de Eurípides (Odysseus), *As Traquínias* de Sófocles (editora da Unicamp) e *Rei Édipo* de Sófocles (Odysseus). Atualmente é diretor do Instituto de Estudos da Linguagem (IEL) da Unicamp e coordenador do Centro de Estudos Clássicos do IEL/Unicamp.

**Jacyntho Lins Brandão (UFMG):** Professor titular da área de língua e literatura grega da Universidade Federal de Minas Gerais (UFMG). Foi vice-reitor (1994-1998) e diretor da Faculdade de Letras (1990-1994 e 2006-2010). Professor-visitante da Universidade de Aveiro (Portugal, 1998-1999) e diretor convidado de estudos da École de Hautes Études en Sciences Sociales de Paris (França, 2001). Publicou, entre outros, livros sobre a literatura grega antiga (*A poética do hipocentauro*, Editora UFMG, 2001; *A invenção do romance*, Editora UnB, 2005; *Antiga Musa: arqueologia da ficção*, Relicário, 2015), sobre a recepção do mito grego pelos escritores cristãos do segundo século (*Em nome da (in)diferença*, Editora da Unicamp, 2014) e sobre a historiografia antiga (*Luciano de Samósata: Como se deve escrever a história*, Tessitura, 2009). Publicou uma tradução comentada do poema babilônico de Gilgámesh (*Ele que o abismo viu*, Autêntica). Atualmente trabalha as conexões entre tradições gregas e acádias, em especial as relativas à morte e aos mortos, do ponto de vista de como se dão os processos de compartilhamento na ampla zona de convergência cultural que tem seu ponto axial no Oriente Médio antigo.

**Maira Cecília Avi:** Membro filiado ao Instituto da Sociedade Brasileira de Psicanálise de Ribeirão Preto (SBPRP), psicóloga pela Universidade de São Paulo (USP) de Ribeirão Preto.

**Márcio Thamos**: Doutor em Estudos Literários e docente da área de língua e literatura latina da Universidade Estadual Paulista "Júlio de Mesquita Filho" (Unesp), na Faculdade de Ciências e Letras de Araraquara (SP). A tradução de poesia romana e a análise semiológica de textos clássicos, bem como o estudo das relações entre palavra e imagem, formam uma base constante de seus interesses como professor e pesquisador. Tem se dedicado também à adaptação de narrativas da mitologia greco-romana e à produção de textos literários para crianças. Publicou *O umbigo do rei*

(Escrituras) e *As armas e o varão: leitura e tradução do canto I da Eneida* (Edusp).

**Maria Aparecida Sidericoudes Polacchini**: Psicóloga, formada pela Faculdade de Filosofia, Ciências e Letras de Ribeirão Preto (FCLRP-USP). Especialização em Orientação Psicodinâmica pelo Instituto Sedes Sapientiae, em São Paulo. Psicanalista com formação psicanalítica e membro associado na Sociedade Brasileira de Psicanálise de São Paulo (SBPSP). Membro efetivo com funções didáticas na Sociedade Brasileira de Psicanálise de Ribeirão Preto (SBPRP). Participação em congressos da Federação Brasileira de Psicanálise (Febrapsi), com apresentação de trabalhos. Artigos publicados pelo Livro da Febrapsi e pela *Revista Berggasse* 19, da SBPRP.

**Maria José Bottino Roma**: Graduada em Letras (Português-Inglês), pela Pontifícia Universidade Católica de Campinas; possui especialização em fundamentos da leitura crítica da literatura pela Universidade Estadual Paulista "Júlio de Mesquita Filho" (Unesp), em Araraquara, e mestrado em estudos literários pela Unesp de Araraquara.

**Maria Luiza Soares Ferreira Borges**: Psicóloga, psicanalista em formação pela Sociedade Brasileira de Psicanalise de Ribeirão Preto (SBPRP), membro filiado, mestre em Psicologia Aplicada (Intersubjetividade) pela Universidade Federal de Uberlândia. Especialista em Clínica Psicanalítica pela Universidade Federal de Uberlândia. Membro do Núcleo de Psicanálise de Uberlândia e do Centro de Estudos e Eventos Psicanalíticos de Uberlândia.

**Marisa Giannecchini Gonçalves de Souza:** Graduada em Letras Românicas e Letras (Grego) pela Universidade Estadual Paulista "Júlio de Mesquita Filho" (Unesp). Possui mestrado e doutorado em Relações Intersemióticas e Estudos Literários (área de concentração: grego antigo) pela Unesp. Pesquisadora da pós-graduação da Unesp de Araraquara. Membro do ateliê sobre semiótica na Pontifícia Universidade Católica de São Paulo (PUC-SP). Tradutora e parecerista de livros, artigos e teses. Tem publicações em revistas científicas. Consultora de trabalhos acadêmicos. Sócia pesquisadora da Associação Brasileira de Estudos Semióticos (Abes). Coordenadora da Evohé Espaço Cultural, em Ribeirão Preto (SP).

**Mary Macedo de Camargo Neves Lafer:** Professora da área de língua e literatura grega na Universidade de São Paulo (USP) desde 1980. Formada em Letras Clássicas pela Faculdade de Filosofia, Letras e Ciências Humanas da USP em 1974. Possui "Diploma de Estudos Aprofundados" na École des Hautes Étudesen Sciences Sociales de Paris, sob orientação da professora Nicole Loraux, tendo frequentado cursos dos professores Jean-Pierre Vernant, Pierre Vidal-Naquet e Marcel Detienne (1975-1979). Fez sua dissertação de mestrado sobre *Os trabalhos e os dias*, de Hesíodo, e sua tese de doutoramento sobre *A figura de Afrodite no hino homérico a Afrodite*. Foi pesquisadora na Fondation Hardt, em Genebra, e fez dois pós-doutorados em Paris: o primeiro na Bibliothèque de l'École Normale Supérieure de Paris e o segundo na Bibliothèque de la Sorbonne. Tem artigos publicados em diversos jornais e revistas nacionais sobre temas de literatura clássica, literatura brasileira contemporânea e textos de ficção.

**Patrícia Rodella de Andrade Tittoto**: Está, "sempre que possível", tentando se envolver em atividades que dizem respeito a família, psicanálise, fotografia, cinema, teatro, teologia, artes plásticas, literatura, mitologia, línguas estrangeiras, semiótica. Formada em Psicologia pela Faculdade de Filosofia, Ciências e Letras de Ribeirão Preto da Universidade de São Paulo (FCLRP-USP – 1989); membro associado da Sociedade Brasileira de Psicanálise de Ribeirão Preto (SBPRP), desde 2013, filiada a International Psychoanalytical Association (IPA).

**Raul Hartke**: Psiquiatra, analista didata da Sociedade Psicanalítica de Porto Alegre, da qual foi diretor científico, presidente e diretor do Instituto. É supervisor de psicoterapia psicanalítica no Departamento de Psiquiatria da Faculdade de Medicina da Universidade Federal do Rio Grande do Sul (UFRGS). Autor de vários artigos e capítulos de livros, em publicações psicanalíticas nacionais e estrangeiras, sobre sexualidade, perversões, trauma psíquico, processo psicanalítico, técnica psicanalítica e psicanálise aplicada a obras de arte e música popular brasileira.

**GRÁFICA PAYM**
Tel. [11] 4392-3344
paym@graficapaym.com.br